汽车维修技能与技巧点拨丛书

汽车底盘控制系统维修技能与技巧点拨

刘春晖 主编

机械工业出版社

本书结合一线汽车底盘控制系统维修工作实践，以汽车维修实践操作及检测维修技能为核心、以解决实际故障为主线，详细解答了汽车底盘控制系统维修工作中经常遇到的操作技能与检测维修方面的问题，重点介绍了常见的汽车底盘控制系统维修中的新技术、新的诊断设备、新的诊断方法以及新的维修理念。全书内容包括 ABS 维修技能与技巧点拨、巡航控制系统维修技能与技巧点拨、电控悬架系统维修技能与技巧点拨、电控动力转向系统维修技能与技巧点拨，以及轮胎压力检测系统维修技能与技巧点拨 5 个方面。书中内容涉及面广，基本涵盖了汽车底盘控制系统维修工作的各个方面。

本书简明实用、通俗易懂、易学实用，内容均为汽车底盘控制系统维修所必须掌握的操作技能和故障检测、诊断的关键技巧。

本书主要供汽车维修人员、汽车机电维修人员、汽车维修电工、汽车维修一线管理人员使用，也可供职业院校、技工学校汽车运用与维修、汽车检测与维修技术、汽车电子技术、汽车维修专业的师生学习和参考。

图书在版编目(CIP)数据

汽车底盘控制系统维修技能与技巧点拨/刘春晖主编. —北京：机械工业出版社，2020.6

（汽车维修技能与技巧点拨丛书）

ISBN 978-7-111-66089-7

Ⅰ.①汽… Ⅱ.①刘… Ⅲ.①汽车-底盘-电气控制系统-车辆检修 Ⅳ.①U472.41

中国版本图书馆 CIP 数据核字(2020)第 122917 号

机械工业出版社（北京市百万庄大街22号 邮政编码100037）
策划编辑：陈 越　　　责任编辑：连景岩
责任校对：肖 琳 陈 越　封面设计：马精明
责任印制：孙 炜
保定市中画美凯印刷有限公司印刷
2020 年 9 月第 1 版第 1 次印刷
184mm×260mm · 16 印张 · 396 千字
0 001—1 900 册
标准书号：ISBN 978-7-111-66089-7
定价：59.90 元

电话服务　　　　　　　　网络服务
客服电话：010-88361066　　机 工 官 网：www.cmpbook.com
　　　　　010-88379833　　机 工 官 博：weibo.com/cmp1952
　　　　　010-68326294　　金 书 网：www.golden-book.com
封底无防伪标均为盗版　机工教育服务网：www.cmpedu.com

前言

随着电子技术的快速发展，汽车电子控制系统在汽车底盘控制系统上的应用越来越广泛，数量越来越多，同时电子控制系统的结构变得越来越复杂，新的技术不断被应用到汽车底盘控制系统中，因此故障也变得更加隐蔽。

广大维修人员在实际维修过程中渴望掌握一些相关的维修技能与技巧，以便能更加快捷地诊断故障，达到修复的目的。本书作者正是基于这样的目的，结合多年的一线汽车底盘控制系统维修工作经验和多年的汽车维修教学经验，将汽车底盘控制系统维修中的常用技能展现出来，密切结合汽车维修一线的实际内容，以使一线的汽车维修人员快速入门为切入点，内容全部为来自一线的汽车维修实践操作及检测维修方面的技能技巧与实际故障排除实例，有很强的指导意义，是汽车维修人员，特别是汽车机电维修人员初学入门及日常维修难得的学习资料。

本书以汽车底盘控制系统维修技能与技巧知识为重点，联系实际操作过程中经常遇到的一些重点、难点问题，重点强化维修人员的实践操作及检测维修技能，同时采用较多篇幅介绍目前新型车辆所采用的新技术、新的诊断设备、新的诊断方法以及新的维修理念，力求做到理论与实践相结合。本书从汽车使用与维修的角度出发，介绍了汽车底盘控制系统的结构、使用、检测、维修方面的内容，重在拓宽和提升维修人员的维修思路和维修操作技能，力求使维修人员在维修工作中达到举一反三的目的。

汽车维修技能与技巧点拨丛书包括《汽车电工维修技能与技巧点拨》《汽车发动机维修技能与技巧点拨》《汽车底盘控制系统维修技能与技巧点拨》《汽车车身控制系统维修技能与技巧点拨》《中控门锁与防盗系统维修技能与技巧点拨》《汽车空调系统维修技能与技巧点拨》《汽车车载网络系统维修技能与技巧点拨》《汽车自动变速器维修技能与技巧点拨》《汽车维修技能与技巧点拨》《新能源汽车维修技能与技巧点拨》。

本书由刘春晖主编，参加编写工作的还有王桂波、尹文荣、方玉娟、王淑芳、何运丽、吴云、刘玉振和陈明。由于编者水平所限，书中难免有错误和不当之处，恳请广大读者批评指正。

目 录

前 言

第一章　ABS 维修技能与技巧点拨 ·· 1
　第一节　奔驰车系 ·· 1
　　一、奔驰 C200 行驶中 ESP 停止工作 ··· 1
　　二、奔驰 S350 ABS 故障灯和 ESP 故障灯异常点亮 ························ 4
　　三、奔驰自适应制动系统（ABR）工作原理 ································ 6
　　四、奔驰 R320 ABS、ESP 故障灯异常点亮 ·································· 7
　　五、2012 款奔驰 R300 仪表显示 ESP、ABS 停止工作，转向重 ········· 8
　　六、奔驰 GLE320 ESP 报警，加速无力 ····································· 11
　　七、奔驰 GLK260 车辆行驶中仪表显示 ESP/ABS 报警，挂档有时发冲 ···· 13
　　八、奔驰仪表显示 ESP 报警，定速巡航不能使用 ························ 15
　　九、奔驰 SL300 发动机故障灯亮、ESP 报警 ······························ 18
　第二节　大众车系 ·· 19
　　一、奥迪 A8 ABS 警告灯偶尔报警 ··· 19
　　二、2016 款奥迪 Q7 ABS 故障灯报警 ······································· 20
　　三、2013 款迈腾自动泊车功能无法正常工作 ······························ 22
　　四、大众迈腾 ESP 警告灯长亮 ··· 23
　　五、大众迈腾 ESP 和 ABS 指示灯报警 ····································· 24
　　六、2013 款迈腾轻踩制动踏板时 ABS 频繁工作 ························· 25
　　七、2013 款迈腾 ESP 指示灯点亮 ··· 26
　　八、2010 款迈腾 ABS 与 ESP/TCS 警告灯点亮，制动功能失效 ······· 27
　　九、2014 款高尔夫 ABS 灯偶发点亮 ·· 28
　　十、大众甲壳虫 ABS、ESP 灯亮 ·· 29
　　十一、大众 POLO ABS 灯报警 ··· 29
　　十二、新速腾 ABS 故障灯报警 ·· 30
　　十三、2009 年新宝来 ABS 灯报警 ·· 31
　　十四、2013 款全新宝来 EPC 和 ABS 指示灯长亮、车速表失效 ······· 33
　　十五、2013 款大众 CC ABS 警告灯偶发性闪亮 ·························· 34
　　十六、斯柯达野帝 ABS 控制单元故障导致蓄电池亏电 ················· 36
　第三节　通用车系 ·· 37

一、2014 款通用 GL8 ABS 灯亮 ·· 37
　　二、2012 款上海通用别克英朗 ABS 泵电动机长转 ······················· 41
　　三、2014 款雪佛兰 Aveo 更换前轮轴承后 ABS 异常 ····················· 43
　　四、2005 款别克君越侧滑灯长亮 ·· 45
　第四节　丰田车系 ···47
　　一、雷克萨斯 ES350 ABS 故障灯和驻车制动灯异常点亮 ············· 47
　　二、丰田雅力士低速制动时异响 ·· 49
　第五节　福特车系 ···50
　　一、蒙迪欧 ABS 故障灯长亮 ·· 50
　　二、福特福克斯 ESP 灯闪烁,发动机加速无力 ···························· 52
　　三、福特翼虎仪表提示"坡道辅助功能不可用" ······························ 53
　第六节　其他车系 ···54
　　一、2008 款路虎发现 ABS 警告灯点亮 ······································· 54
　　二、2010 款奇瑞 A3 ABS 故障灯异常点亮 ·································· 55
　　三、吉普指南者 ABS、ESP 故障灯亮 ·· 60
　　四、东风本田思域 ABS 灯长亮 ··· 61
　　五、2012 款现代伊兰特 ABS 故障灯时亮时不亮 ·························· 62
　　六、2017 款云度 π1 纯电动汽车无制动助力 ································ 63
　　七、东风雪铁龙 C5 左转弯时 ESP 故障灯闪烁 ···························· 65

第二章　巡航控制系统维修技能与技巧点拨 ································68
　第一节　宝马车系 ···68
　　一、2015 款宝马 740Li（G12）显示屏报警"驾驶辅助系统受限" ···· 68
　　二、宝马 M5 定速巡航系统无法工作 ·· 69
　第二节　奥迪车系 ···71
　　一、2012 款奥迪 A8 主动巡航失效 ··· 71
　　二、奥迪 A8L 仪表提示"ACC 及扩展制动辅助装置不可用" ········· 73
　第三节　通用车系 ···74
　　一、2016 款上汽通用凯迪拉克仪表提示"自适应巡航系统暂时不可用" ···· 74
　　二、2014 款凯迪拉克 XTS 行驶中自动制动且自适应巡航不工作 ···· 76
　　三、2016 款上海通用昂科威自适应巡航不能使用 ······················· 77
　　四、2015 款别克昂科威巡航无法使用 ··· 80
　　五、别克君越没有巡航功能 ··· 83
　　六、2013 款上汽通用别克英朗巡航有时无法使用 ······················· 84
　第四节　大众车系 ···87
　　一、2012 款大众 CC 2.0T 主动巡航系统功能无法使用 ················· 87
　　二、一汽大众 CC 主动巡航功能失效 ·· 88
　　三、2015 款凌渡自适应巡航不工作 ·· 91
　　四、凌渡自适应巡航和前部辅助系统不可用 ······························· 92
　　五、一汽大众高尔夫 6 定速巡航偶尔失效 ·································· 95

    第五节　其他车系 ... 99
        一、雷克萨斯 RX450H 仪表显示"检查巡航控制系统" ... 99
        二、2017 款玛莎拉蒂 Levante ACC 功能受限 ... 101
        三、路虎极光定速巡航不能用 ... 107

第三章　电控悬架系统维修技能与技巧点拨 ... 109
    第一节　奔驰车系 ... 109
        一、奔驰 C260 车速在 60~80km/h 紧急制动时车辆向左跑偏 ... 109
        二、奔驰 GL550 后减振器行驶中降到最低 ... 110
        三、奔驰 S500 右前悬架太低，无法升高 ... 112
        四、奔驰 AIRmatic 空气悬架系统的工作原理 ... 113
        五、奔驰 ML400 行驶中空气悬架报警 ... 114
        六、奔驰 S600 过减速带时仪表台报警 ... 117
        七、奔驰 GLS400 仪表提示"车身升降故障" ... 119
        八、奔驰 S350 仪表提示"车身升降故障" ... 120
    第二节　宝马车系 ... 122
        一、2015 款宝马 740Li 行驶中高度调节系统故障灯点亮 ... 122
        二、2015 款宝马 740Li 左后空气悬架下塌 ... 123
        三、宝马 7 系（G12）空气悬架系统结构与功能 ... 125
        四、宝马 7 系（G12）空气悬架系统偶尔下沉 ... 127
        五、2010 款宝马 730Li 空气弹簧无法升起 ... 128
    第三节　奥迪车系 ... 130
        一、奥迪 Q7 自适应空气悬架的工作原理 ... 130
        二、2010 款奥迪 Q7 空气悬架前高后低 ... 131
        三、2009 款奥迪 Q7 空气悬架无法升降 ... 133
        四、2012 款奥迪 Q7 水平悬架故障灯点亮 ... 135
    第四节　捷豹路虎车系 ... 137
        一、路虎发现 4 空气悬架故障 ... 137
        二、捷豹 XJ 空气悬架故障灯点亮 ... 137
        三、2012 款路虎揽胜行政版行驶中组合仪表提示悬架故障 ... 139
        四、2017 款捷豹 XJ 组合仪表交替提示"悬架故障、自适应减振系统故障" ... 140
    第五节　保时捷车系 ... 142
        一、保时捷卡宴悬架故障灯点亮 ... 142
        二、保时捷卡宴空气悬架无法升降 ... 144
    第六节　凯迪拉克车系 ... 146
        一、2014 款凯迪拉克 CTS 悬架系统故障 ... 146
        二、2014 款凯迪拉克 CTS 仪表提示"维修悬架系统" ... 149
    第七节　其他车型 ... 152
        一、雷克萨斯 LX570 底盘升降无法正常工作 ... 152
        二、途锐 NF3.0 TSI 的 ABS/侧滑/悬架同时报警 ... 154

第四章　电控动力转向系统维修技能与技巧点拨 ··· 156
第一节　宝马车系 ··· 156
一、宝马 730Li 转向无助力，故障灯点亮 ··· 156
二、宝马 730Li 转向助力突然消失 ··· 157
三、2013 款宝马 F06 转向盘故障灯点亮 ··· 158
四、2013 款宝马 640i 转向系统故障灯亮 ··· 159
五、2011 款宝马 X5 转向异响 ··· 162
六、2011 款宝马 535GT 转向系统报警 ··· 163
第二节　路虎车系 ··· 164
一、路虎揽胜行驶中仪表多个故障灯点亮 ··· 164
二、2015 款路虎揽胜转向沉重无助力 ··· 164
三、路虎神行者 2 侧滑灯亮 ··· 167
四、2017 款路虎发现转向沉重 ··· 168
第三节　大众车系 ··· 170
一、2014 款奥迪 A6L 组合仪表故障灯点亮，电子转向机无助力 ··· 170
二、奥迪 A6L 黑屏，转向无助力，玻璃不能升降，驻车制动灯报警 ··· 171
三、奥迪 A4L 仪表侧滑灯和电动转向机故障灯长亮 ··· 174
四、2012 款奥迪 A4L 助力转向系统故障 ··· 176
五、奥迪车系电动机械式助力转向系统工作解析 ··· 177
六、2013 款奥迪 A1 无转向助力 ··· 180
七、上海大众凌渡多功能转向盘按钮失灵且开灯光开关时背景灯不亮 ··· 181
八、2015 款全新朗逸转向系统无通信 ··· 184
九、2017 款大众朗逸助力转向警告灯点亮 ··· 187
十、一汽 - 大众捷达维修后转向机故障灯点亮 ··· 188
第四节　通用车系 ··· 189
一、迈锐宝转向系统故障灯亮 ··· 189
二、雪佛兰科帕奇行驶时转向沉重 ··· 189
第五节　其他车型 ··· 191
一、2018 款威马 EX5 纯电动汽车转向助力异常 ··· 191
二、2012 款东风悦达起亚 K5 转向异响 ··· 194
三、雷克萨斯 ES250 转向盘重且故障灯点亮 ··· 195
四、2014 款长安福特翼虎仪表提示"助力转向故障请检修" ··· 199
五、2017 款宾利添越转向机故障，转向助力失效 ··· 202
六、红旗 CA7201A 行驶过程中，偶发电液助力转向及变速器故障 ··· 205
七、怎样检测本田 EPS 电感式转矩传感器 ··· 208
八、怎样进行电动转向助力系统的设置 ··· 210

第五章　轮胎压力检测系统维修技能与技巧点拨 ··· 212
第一节　奥迪车系 ··· 212
一、奥迪 Q3 行驶过程中胎压灯亮 ··· 212

二、奥迪 A3 仪表显示胎压故障，电子风扇长转 ········· 214
　　三、奥迪 TT 轮胎压力警告灯长亮 ········· 215
第二节　大众车系 ········· 216
　　一、2017 款大众途昂胎压灯长亮 ········· 216
　　二、高尔夫 A7 胎压警告灯经常点亮 ········· 217
　　三、2012 款帕萨特胎压警告灯、防侧滑灯亮 ········· 219
　　四、一汽大众 CC 胎压警告灯报警 ········· 220
第三节　宝马车系 ········· 223
　　一、宝马 7 系胎压指示灯报警 ········· 223
　　二、2011 款宝马 X5 仪表显示"轮胎压力监控系统失效" ········· 226
　　三、宝马 X5 多个故障指示灯报警 ········· 228
第四节　现代车系 ········· 230
　　一、2011 款北京现代第八代索纳塔轮胎警告灯点亮 ········· 230
　　二、2018 款现代悦动胎压警告灯不能正常点亮 ········· 232
第五节　丰田车系 ········· 234
　　一、丰田塞纳轮胎压力警告灯报警 ········· 234
　　二、雷克萨斯 ES250 胎压监测无法显示 ········· 235
第六节　其他车型 ········· 237
　　一、长城哈弗 H1 胎压故障灯和 ESP 故障灯点亮 ········· 237
　　二、2015 款捷豹 XFL 胎压警告灯异常点亮 ········· 238
　　三、2012 款雪铁龙 C5 仪表显示右后轮胎压低 ········· 241
　　四、江淮瑞风 S7 胎压警告灯点亮 ········· 242
　　五、福特锐界胎压监测系统偶尔无法正常显示 ········· 244
　　六、2016 款荣威 E550 HYBRID 有时无法起动，侧滑灯/胎压灯亮 ········· 246

第一章

ABS维修技能与技巧点拨

第一节　奔驰车系

一、奔驰C200行驶中ESP停止工作

故障现象　一辆新款奔驰C200，205底盘。行驶中ESP停止工作。

故障诊断　接车后检查车辆，仪表显示“ESP停止运作，参见驾驶人手册”（图1-1）。

图1-1　仪表显示

连接诊断仪对电控系统进行快速测试，诊断结果如图1-2~图1-4所示。

在ESP控制模块中有当前的故障码：转向角度传感器信号故障。在碰撞辅助控制模块和电子转向机中都有来自ESP控制模块的CAN信号故障，都应该是ESP传输的信号错误所致，导致故障的根本原因是转向角度传感器故障。因为这两个控制模块进行功能控制都需要来自ESP的转向角度传感器的信号，所有故

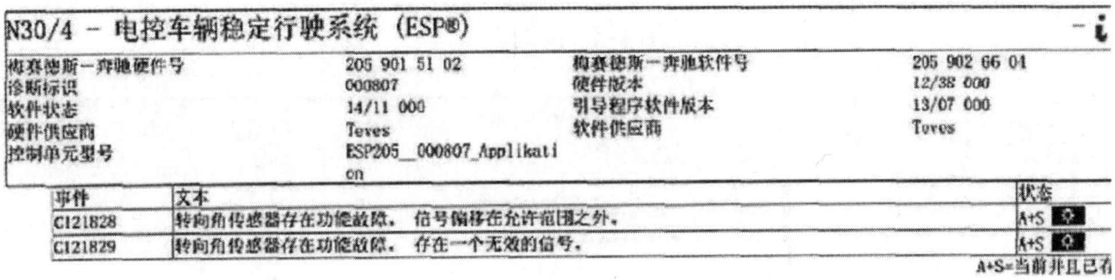

N30/4 - 电控车辆稳定行驶系统（ESP®）

梅赛德斯—奔驰硬件号	205 901 51 02	梅赛德斯—奔驰软件号	205 902 66 04
诊断标识	000807	硬件版本	12/38 000
软件状态	14/11 000	引导程序软件版本	13/07 000
硬件供应商	Teves	软件供应商	Teves
控制单元型号	ESP205__000807_Applikation		

事件	文本	状态
C121828	转向角传感器存在功能故障。信号偏移在允许范围之外。	A+S
C121829	转向角传感器存在功能故障。存在一个无效的信号。	A+S

A+S=当前并且已存

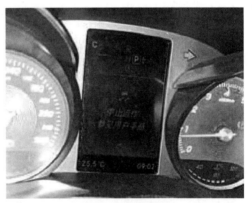

图1-2　故障码1

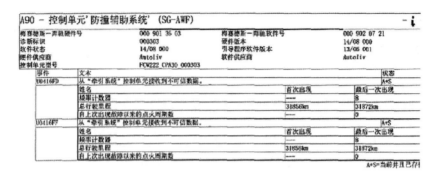

A90 - 控制单元'防撞辅助系统'（SG-AWF）

梅赛德斯—奔驰硬件号	000 901 35 03	梅赛德斯—奔驰软件号	000 902 07 21
诊断标识	000303	硬件版本	14/08 000
软件状态	14/08 000	引导程序软件版本	13/06 001
硬件供应商	Autoliv	软件供应商	Autoliv
控制单元型号	FCW222_CPA30_000303		

事件	文本			状态
U0416FD	从"牵引系统"控制单元接收到不可信数据。			A+S
	姓名	首次出现	最后一次出现	
	频率计数器	---	8	
	总行驶里程	31856km	31872km	
	自上次出现故障以来的点火周期数	---	0	
U0416FF	从"牵引系统"控制单元接收到不可信数据。			A+S
	姓名	首次出现	最后一次出现	
	频率计数器	---	8	
	总行驶里程	31856km	31872km	
	自上次出现故障以来的点火周期数	---	0	

A+S=当前并且已存储

图 1-3　故障码 2

N68 - 电动动力转向（ES）

梅赛德斯—奔驰硬件号	205 901 28 04	梅赛德斯—奔驰软件号	205 902 76 04
诊断标识	001405	硬件版本	13/42 001
软件状态	14/25 000	引导程序软件版本	13/03 002
硬件供应商	Valeo	软件供应商	ThyssenKrupp
控制单元型号	EPS205_TK_EPS205_1405		

事件	文本			状态
U041500	从"牵引系统"控制单元接收到不可信数据。			A+S
	姓名	首次出现	最后一次出现	
	研发数据（Additional failure info）	01 03 00 00 00 00	---	

图 1-4　故障码 3

障都指向了转向角度传感器。进行导向测试，如图 1-5 所示。经检查仅存储了故障信息，不能说明什么问题，那就只有看实际值了，如图 1-6 所示。

相应的故障代码的状态

C121885	转向角传感器存在功能故障。有一个信号高于允许的极限值。	不存在 ✓
C124185	转向角传感器的转向角速度处于允许范围之外。有一个信号高于允许的极限值。	不存在 ✓
C124529	方向盘转向计数器存在故障。存在一个无效的信号。	不存在 ✓
C220564	转向角传感器存在内部故障。存在一个不可信的信号。	不存在 ✓

相应的实际值状态

姓名	实际值	标准值
转向角	6.7°	[-720.0 .. 720.0]
转向角传感器存在内部故障。	否	否
转向角传感器的状态	已初始化	已初始化

可能的原因

- 控制单元内部的转向角传感器程序过程识别到一个故障。
- 转向角传感器的转向角速度处于允许范围之外。
- 未接收到转向角传感器信号。
- 转向角在允许范围之外。

可能的补救措施

- 关闭后重新接通点火开关。
- 进行控制单元编程。
- 更换部件'N80（转向柱管模块控制单元）'。

提示：

更换部件'N80（转向柱管模块控制单元）'并进行诊断时，必须同时提供控制单元记录。
检测结束

图 1-5　导向测试

选择

- 转向角
- S4（组合开关）
- S110（左侧多功能方向盘按钮组）
- S111（右侧多功能方向盘按钮组）
- 方向盘换档按钮
- 电压

转向角

实际值

编号	姓名	实际值	标准值
319	转向角	409.7°	[-720.0 .. 720.0]
707	转向角传感器存在内部故障。	否	否
638	转向角传感器的状态	已初始化	已初始化

图 1-6　读取实际值

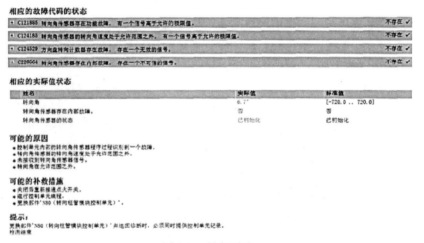

实际值也是正常的,看不出什么问题来。按照以往车型的维修经验,转向角度传感器出现问题一般都是存储有故障信息并且实际值正常。由于此车是新车。只能进行保修。由于此传感器在转向柱模块内,只能和转向柱模块一起更换,订货回来后更换交车。

第二天车主打电话过来,仪表又显示 ESP 停止运作。再次用诊断仪检查故障码,发现与第一次的故障码一模一样,还是转向角度传感器信号功能故障不可信,既然转向角度传感器已经更换,难道是新的也有问题吗?再换上一个正常车的传感器,试车故障依旧。看来真的是还有其他问题。

仔细研究故障码,显示信号错误,难道是信号发生器有问题?结合以往的维修经验,一般转向角度传感器有问题,转向柱模块也会报传感器故障的,但是这个故障转向柱模块没有报转向角度传感器故障,如图 1-7 所示。

N80 - 转向柱模块 (转向柱管模块 (MRM))			
梅赛德斯-奔驰硬件号	205 901 64 04	梅赛德斯-奔驰软件号	205 902 67 02
诊断标识	022409	硬件版本	13/02 000
软件状态	13/35 000	引导程序软件版本	12/26 000
硬件供应商	Kostal	软件供应商	Kostal
控制单元型号	SCCM222_Kostal_0x2409		

图 1-7 转向柱模块故障存储

这就再一次证明了转向角度传感器没有问题,之前的诊断是有问题的。

既然是信号错误,且传感器已经更换,那就只能检查传感器的信号发生器了。要检查信号发生器,首先要清楚转向角度传感器的作用,其信号是怎样产生的。转向角度传感器给 ESP 提供转向盘的转角信号,ESP 据此来控制施加的制动力矩,以控制车辆的稳定性,保证车辆不会跑偏。它还和 ESP 的偏航传感器进行信号对比,来检查车辆的悬架是否有物理变形,车辆的物理运动轨迹是否符合控制要求。

转向系统的机械部件是影响传感器信号产生的首要因素,因为它直接安装在转向柱上。经检查发现,该车的原厂轮胎已经被调换了,车主在外面改装过轮胎,导致轮胎尺寸改变(图 1-8)。

图 1-8 轮胎规格

故障排除 原厂的轮胎是 225/40R18,此车轮胎 245/40R18,轮胎的宽度增加了,转向时车辆的运动轨迹发生变化,因此转向角度传感器信号也变了,超出了极限值,导致报警。换回原厂轮胎试车,故障消除。

技巧点拨： 故障诊断的经验固然重要，但是弄清楚原理比诊断更重要。用原理修车比经验修车更重要，诊断新车型故障时一定要小心谨慎。

二、奔驰 S350 ABS 故障灯和 ESP 故障灯异常点亮

故障现象 一辆 2012 款奔驰 S350，行驶里程 11 万 km，搭载型号为 M272 的 V6 发动机，配有自适应制动系统（ABR，含 ESP 控制模块）。据驾驶人反映，车辆在正常行驶过程中，仪表上的 ABS 故障灯和 ESP 故障灯异常点亮，并出现“停止运作 参见驾驶人手册”的提示信息（图1-9）。

图 1-9 故障车的仪表

故障诊断 接车后，试车验证故障，故障现象确实如车主所述。连接故障检测仪调取故障码，得到图 1-10 所示的故障码。对故障码进行分析可知，多个控制单元内均存储有无法接收到 ESP 控制模块 CAN 信息的故障码，而且故障检测仪检测不到 ABR。由此判断，问题应该出在 ABR，决定重点对 ABR 及其相关线路进行检查。

ME9.7-发动机电控系统9.7 -F-

MB号码	HW版本	SW版本	诊断版本	插针
0034467740	07.38	08.08	8/21	101

FW号码	FW号码(数据)	FW号码(Boot-SW)
0094489240	0064475940	

编码	文本	状态
1425	车轮转速信号不可信	当前的和已存储的

FSCU-燃油泵 -√-

MB号码	HW版本	SW版本	诊断版本	插针
2215401401	06.17	07.08	20/10	101

FW号码	FW号码(数据)	FW号码(Boot-SW)
2214420671		

EGS-电子变速器控制系统 [i]

MB号码	HW版本	SW版本	诊断版本	插针
003446的10	47.2006	19.2008	84/2	101

FW号码	FW号码(数据)	FW号码(Boot-SW)
0114482110		

编码	文本	状态
D04A	未曾收到控制单元N47-5(ESP控制模块)的CAN信息	事件"当前"和已存储

ISM-智能伺服模块 [i]

MB号码	HW版本	SW版本	诊断版本	插针
1642700352	06.11	07.39	0/5	101

FW号码	FW号码(数据)	FW号码(Boot-SW)
0044486310		

编码	文本	状态
1961	未曾收到控制单元N47-5(ESP控制模块)的CAN信息	事件"当前"和已存储

ABR-自适应制动器 -!-

MB号码	HW版本	SW版本	诊断版本	插针
				101

EFB-电动驻车制动器 [i]

MB号码	HW版本	SW版本	诊断版本	插针
2214300649	05.02	05.50	0/2	101

FW号码	FW号码(数据)	FW号码(Boot-SW)
2214420536		

编码	文本	状态
584F	控制单元N47-5(ESP控制模块)的CAN信号'车轮转速'不可信	事件"当前"和已存储

图 1-10 故障检测仪读取到的故障码

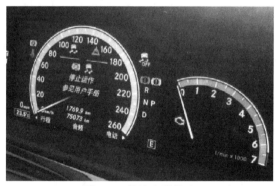

查阅相关电路图（图1-11），断开 ABR（N47-5）的导线插接器，测量其导线侧端子1、端子2和端子32与搭铁（端子16或端子47）之间的电压，均为12.6V，由此说明 ABR 的供电是正常的。将导线插接器装复，用示波器测量导线插接器端子18和端子19的 CAN 波形（图1-12），也正常。由此说明 ABR 的信号线路也是正常的。供电、搭铁和通信线路均正常，怀疑 ABR 故障。尝试更换 ABR 后试车，故障依旧，至此故障排除陷入僵局。

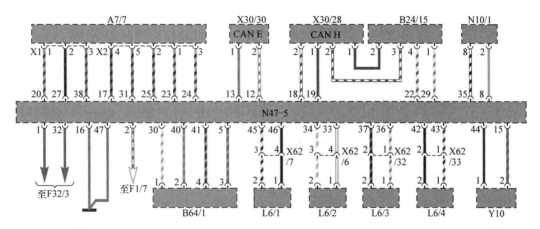

图1-11 ABR 电路

A7/7—辅助制动系统（BAS）制动助力器　B24/15—角速度、横向和纵向加速度传感器　B64/1—制动真空传感器
F1/7—仪表板左侧熔丝盒　F32/3—发动机室熔丝盒　L6/1—左前轮速传感器　L6/2—右前轮速传感器
L6/3—左后轮速传感器　L6/4—右后轮速传感器　N10/1—前 SAM 模块　N47-5—ABR 控制模块
X30/28—CAN H（动态行驶控制器区域网络）　X30/30—CAN E（底盘控制器区域网络）　Y10—车速感应转向系统电磁阀

仔细梳理故障诊断流程，新配件有问题的可能性不大，且供电、搭铁和 CAN 线通信均正常，为什么故障检测仪始终无法检测到 ABR 呢？维修人员抱着怀疑的态度，用故障检测仪查看底盘 CAN 总线中 ABR 的实际值，结果意外发现 ABR 的实际值显示为"有"（图1-13），由此说明 ABR 是能够通信的，可是为什么故障检测仪无法与其进行通信呢？

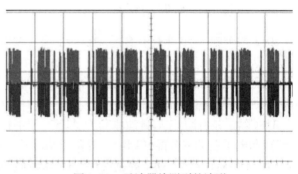

图1-12 示波器检测到的波形

控制单元	CAN标准配置	CAN实际配置
EZS(电子点火开关)	有	有
发动机控制模块	有	有
AB-安全气囊	有	有
BSG(蓄电池控制模块)	有	没有
RevGUS-VL-左前可转换的安全带拉紧器	有	有
RevGUS-VR-右前可转换的安全带拉紧器	有	有
SGR-雷达测距传感器控制单元	没有	没有
ESP-电子稳定程序/ABR-自适应制动器	有	有
MRM(转向柱模块)	有	有
悬架	有	有

图1-13 底盘 CAN 总线的实际值

查阅相关资料得知，出于安全考虑，在车辆行驶过程中 ABR 不允许故障检测仪与其进行通信。虽然此时车辆未行驶，但如果系统错误地认为车辆处于行驶状态，也可能造成故障检测仪无法与 ABR 通信。经过仔细思考，维修人员将矛头指向轮速传感器。因为如果一个或多个轮速传感器信号出现问题，则可能影响系统对行车状态的判断。

为了验证这一猜测，维修人员用举升机将车辆举升，断开 4 个轮速传感器的导线插接器，再次用故障检测仪检测，ABR 的通信恢复正常。由此可以证实，故障就是轮速传感器信号异常导致的。将轮速传感器的导线插接器装复，用故障检测仪查看其实际值（图 1-14），发现右后轮速传感器数据异常。

控制单元：ABR				
编号	名称	标准值	实际值	单位
001	L61/1（左前转速传感器）	[0.0...250.0]	0.6	km/h
002	L61/2（右前转速传感器）	[0.0...250.0]	0.6	km/h
003	L61/3（左后转速传感器）	[0.0...250.0]	0.6	km/h
004	L61/4（右后转速传感器）	[0.0...250.0]	320.6	km/h

图 1-14 轮速传感器的实际值

故障排除 更换右后轮速传感器后试车，故障排除。

> **技巧点拨**：对于 ABS 来说，一旦 ABS 故障指示灯点亮，ABS 将会停止工作，制动系统进入传统常规制动。

三、奔驰自适应制动系统（ABR）工作原理

2012 款奔驰 S350 车配有自适应制动系统（ABR），由 ABR 控制模块、ABR 执行器、制动真空传感器、辅助制动系统（BAS）制动助力器、轮速传感器、车速感应转向系统、角速度传感器、横向和纵向加速度传感器等组成。ABR 属于主动安全系统，可以在突发情况下协助驾驶人对车辆进行有效制动。

ABR 除了具有防抱死制动系统（ABS）、加速稳定系统（ASR）、电子车身稳定系统（ESP）和电子制动力分配（EBD）等基础功能外，还具有如下辅助功能。

（1）预制动功能 ABR 控制模块通过发动机控制模块提供的加速踏板位置传感器信号，监测驾驶人的驾驶行为。当监测到加速踏板松开后，ABR 控制模块会控制相关执行器工作使制动摩擦片与制动摩擦盘接触，从而在驾驶人踩下制动踏板之前，提前消除制动间隙，达到节省制动时间和缩短制动距离的目的。如果驾驶人在松开加速踏板后没有踩下制动踏板，制动摩擦片会在稍后恢复初始位置。

除此之外，ABR 控制模块会根据角速度、横向和纵向加速度传感器、转向角传感器和轮速传感器等信号判断车辆的行驶情况，适时启动预制动功能，以缩短 ESP 等系统的响应时间。

（2）辅助制动功能 ABR 控制模块通过制动助力器中的膜片行程传感器和液压单元中的压力传感器，对制动情况进行判断。如果 ABR 控制模块判断此时需要紧急制动，即控制辅助制动系统（BAS）制动助力器工作，以增加足够的制动力。

(3) 自适应制动灯　当制动时的减速度大于 7.5m/s² 或制动的初速度超过 50km/h，自适应制动灯会以一定频率闪烁，以便向后方车辆发出紧急制动的警告。这样可显著增加对后车的提示作用，大大缩短后车的反应时间，降低追尾风险。如果制动时的车速超过 70km/h，危险警告灯会在车辆减速时启用。只有再次起步，且车速超过 10km/h 时，危险警告灯才会熄灭。

(4) 制动器干燥功能　车辆在行驶过程中，当雨量传感器探测到降水时，信号被传递给前 SAM 控制模块，控制刮水器工作。同时，ABR 控制模块在接收到信号后，会根据雨量情况定期开启制动器干燥功能。该功能启动时，在液压的作用下，制动摩擦片和制动摩擦盘接触，以消除制动摩擦片和制动摩擦盘之间的水膜。

(5) 轮胎压力监测功能　ABR 控制模块通过 4 个车轮的转速传感器，实时监测车轮转速。当某个轮胎的压力显著降低时，该车轮的转速会比其他车轮高（胎压降低导致轮胎半径减小）。当监测到轮速异常时，ABR 会向仪表发出胎压异常警告。

(6) 防溜车（HOLD）功能　车辆停止时，可通过再次稍微用力踩下制动踏板的方式启用该功能。仪表板上"HOLD"指示灯点亮，表示 HOLD 功能已启用。该功能启用后，ABR 控制模块通过激活制动助力器内部的电磁阀，建立制动压力。此压力一直保持，直到驾驶人踩下加速踏板。踩下加速踏板时，制动辅助系统电磁阀回到不工作状态，从而停止制动，车辆开始起步。此外，HOLD 功能还可以通过再次踩下制动踏板来停用。

(7) 坡道起步辅助功能　驾驶人无需借助驻车制动器或 HOLD 功能，即可轻松完成坡道起步。当车辆在施加了行车制动的情况下停车时，纵向加速度传感器会记录车辆的倾斜角度。在车辆处于上坡路段，变速杆位于 D 位，或车辆处于下坡路段，变速杆位于 R 位，坡道起步功能将进入备用状态。如果驾驶人此时松开制动踏板，制动力不会降低甚至可以根据需要而增加，从而确保车辆不溜车。该压力将保持 1s，之后制动压力会明显降低，车辆开始移动。因此，驾驶人需要在松开制动踏板 1s 内，踩下加速踏板，使发动机产生足够的牵引力。

> **技巧点拨**：奔驰自适应制动系统（ABR）的功能包括：①预制动功能；②辅助制动功能；③制动器干燥功能；④轮胎压力监测功能；⑤防溜车（HOLD）功能；⑥坡道起步辅助功能。

四、奔驰 R320 ABS、ESP 故障灯异常点亮

故障现象　一辆奔驰 R320，驾驶人反映该车 ABS、ESP 故障灯异常点亮，不久前因同样故障在其他 4S 店更换了相关配件，一切正常，但行驶了约 5 天后，故障现象重现。

故障诊断　接车后对该车故障进行了验证，确认故障现象属实。利用故障检测仪读取故障码：5151——横向偏摆率传感器信号错误（图 1-15）。

但是根据维修记录，该车已在其他 4S 店更换过该传感器，难道该传感器再次损坏？带着疑问技师查阅了横向偏摆率传感器的功能。

造成该车故障的可能原因有横向偏摆率传感器本身故障（信号采集错误）、相关传输信号线故障、ESP 控制单元故障。

汽车底盘控制系统维修技能与技巧点拨

Control unit: ESP3			
Code	Text	No.	Status
5151	B24/15 (Micromechanical yaw rate sensor AY pickup): Signal fault (Lateral acceleration)	0	STORED

Name	Current values (first/last)	Unit
Frequency counter (This counter indicates the frequency of the fault since the last time the fault memory was erased.)	2	
Kilometer reading (The mileage reading is only updated approximately every 16 km.)	4388 | 4408	km
Vehicle speed	61 | 10	km/h

图 1-15　读取的故障码

查阅横向偏摆率传感器电路得知，该传感器有 4 根导线，其中 2 根为供电线，另外 2 根为 CAN 线，直接连接至 ESP 控制单元。如果通信线路存在故障，不会只报横向加速信号错误，而会报线路短路、断路故障或未收到任何信号。况且测量所有的相关线路也未发现有断路或短路现象。据此，拆除横向偏摆率传感器（横向偏摆率传感器安装在前排乘员侧地毯下方）的相关附件，初步检查并未发现异常。

进一步拆检横向偏摆率传感器时发现，该传感器可以有 2 种安装位置，怀疑横向偏摆率传感器安装位置错误导致监测的信号不对。查阅相关维修资料，明确标注了该传感器的安装位置，即横向偏摆率传感器标签上的箭头必须朝前。但是该车型的横向偏摆率传感器上并未标注箭头或安装方向，发现在线束插接器上有一个固定卡，横向偏摆率传感器的安装位置如图 1-16 所示。

故障排除　按图 1-17 所示，重新装复横向偏摆率传感器，并初始化该传感器后反复试车未见故障灯再亮起，交付使用半个月后电话回访驾驶人，一切正常。

图 1-16　横向偏摆率传感器错误的安装位置

图 1-17　横向偏摆率传感器正确的安装位置

技巧点拨：横向偏摆率传感器主要检测车辆绕垂直轴的转动角度及车辆在转弯或急转弯运动时的横向加速度，并将以上信号转换为电信号后，通过 CAN 总线发送至 ESP 控制单元（N47-5）。

五、2012 款奔驰 R300 仪表显示 ESP、ABS 停止工作，转向重

故障现象　一辆 2012 款奔驰 R300，配置 272 发动机、722.9 变速器，行驶里程 98333km。仪表显示 ESP、ABS 停止工作，转向重。

故障诊断　接车，测试车辆功能，仪表显示 ABS、ESP 停止工作，并且转向很重。连接诊断仪，对电控系统进行快速测试，发现有相关故障码，如图 1-18 所示。

ESP - 电控行车稳定系统　- f -

MB 号码	HW 版本	SW 版本	诊断版本	插针
1645458332	07.05	08.40	3/3	101

FW 号码	FW 号码(数据)	FW 号码(Boot-SW)
2519020000		

编码	文本		状态
5116	该故障可以忽略和删除。	*	已存储的
5136	该故障可以忽略和删除。	*	已存储的
5981	Y10 (PML(车速感应转向系统)电磁阀)：电气故障		已存储的
5994	Y10 (PML(车速感应转向系统)电磁阀)：电气故障		已存储的

图 1-18　故障码

ESP 中有转向机电磁阀的故障存储，这个故障码和故障现象是高度吻合的。转向机电磁阀的功能就是低速转向时，控制转向机的助力。低速时需要转向变轻，这时 ESP 控制模块就供给 Y10 转向机电磁阀大的电流，改变它的开度，以此来改变流过转向机的液压油流量，增大转向机的助力，让驾驶人操作更轻便。而当车速很快时，需要转向角度改变较小，并且从安全角度考虑，需要强化转向力的感觉，这时需要小的助力，此时，ESP 控制模块就供给电磁阀小的电流，流过的液压油减少，从而使驾驶人有了转向力感。其功能原理如图 1-19 所示。

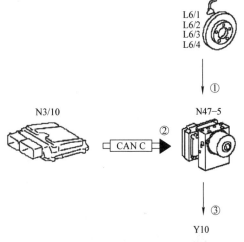

图 1-19　功能原理

以上分析了转向机电磁阀的作用原理，下面就对此故障进行诊断。按照经验，故障码报某个具体的故障部件就可以直接根据导向测试来做判断。根据导向测试此时应先激活电磁阀，如图 1-20 所示。

FIN　WDCCB6FE1AA106167　结构系列 / 款式　251.165
任务号码　牌照

Y10 (PML(车速感应转向系统)电磁阀)

Y10 (PML(车速感应转向系统)电磁阀)	0 mA
车速感应转向系统	已安装
检测的前提条件: - 发动机正在运行。 按下按钮F3时的标准值:900-1100 mA 按下按钮F4时的标准值:0-200 mA	
F3: 转向系活动自如。	已激活
F4: 转向系不灵活。	

文件名：　C:\Program Files\Mercedes-Benz\DAS\bin\..\trees\Pkw\Traktion\esp3\ps\ps_y10.s
单元格坐标：　1 , 5

图 1-20　导向测试

根据导向测试，转向机电磁阀不能激活，没有电流的实际值显示。再进一步根据导向测试测量电磁阀的电阻值，标准电阻值范围在 5 ~ 12Ω，可在一定的温度范围内变化，经过测试其电阻值为8Ω，正常，如图1-21所示。

根据导向测试检查完毕后，诊断仪提示检查相关线束及插头，没有进一步的导向说明。既然是电磁阀，还可以检查它的供电，发现不论是保持插头测量，还是拔下插头测量都没有电压，看来问题的关键点找到了，它的供电出现了问题。再进一步查看相关实际值，发现ESP控制模块87电的实际值不正确，如图1-22所示。

经过分析它们之间一定存在某种联系，因为ESP控制模块有几个供电回路，它们的作用都是不一样的，有的是为ESP控制模块供电，有的是为电磁阀供电。查阅ESP控制模块的电路图，如图1-23所示。

图1-21 电阻

图1-22 实际值

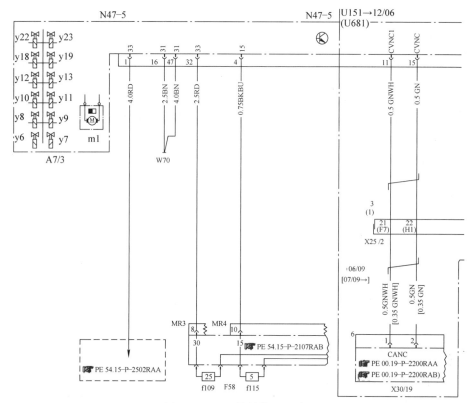

图1-23 ESP控制模块电路

经过分析和对比线束的颜色，这里的 15 电就是控制模块所指的 87 电，它是专门为 ESP 控制模块供电的，经检查它的供电正常，那为什么控制模块自己没有实际值显示呢？这就有点奇怪了。再转念一想，如果没有这个供电，那为什么在 ESP 控制模块能测试出来，又能测试其实际值呢？只有一种可能，那就是 ESP 控制模块自己不能识别这个供电电路，因此不能显示它的实际值，从而导致 ESP 控制模块不能控制给转向机电磁阀的供电，最终导致故障的发生。

故障排除　订货 ESP 控制模块，更换后问题解决。

技巧点拨：某个控制模块的部件出问题，要从功能原理控制逻辑上分析它，分析它的一些属性，最终才能很好地找到故障点，这样才不会走弯路。

六、奔驰 GLE320 ESP 报警，加速无力

故障现象　一辆奔驰 GLE320，配备 276.8 双涡轮增压发动机、722.5 九速变速器，行驶里程 3207km。行驶中仪表显示 ESP 报警，加速无力，换档发闯。

故障诊断　接车后，确认故障，确实仪表显示 ESP 报警。连接诊断仪对电控系统进行快速测试，有相关故障码，如图 1-24 ~ 图 1-26 所示。

N3/10 - 内燃机'M276 涡轮增压器'的发动机电子设备'MED177V6LA'（ME（发动机电子设备））　- f -

梅赛德斯-奔驰硬件号	276 901 61 00	梅赛德斯-奔驰软件号	000 904 10 00
梅赛德斯-奔驰软件号	276 902 73 00	梅赛德斯-奔驰软件号	276 903 92 02
诊断标识	022451	硬件版本	12/14 00
软件状态	12/26 00	软件状态	15/39 00
软件状态	16/41 00	引导程序软件版本	12/26 00
硬件供应商	Bosch	软件供应商	Bosch
软件供应商	Bosch	软件供应商	Bosch
控制单元型号	M276LA VC16		

故障	文本	状态
C003108	左前车轮转速传感器存在功能故障。存在一个信号故障或信息有错误。	S

姓名	首次出现	最后一次出现
控制器区域网络（CAN）总线的状态（总线关闭）	0.00	0.00
研发数据（DA_Ecu_IgnSw_State）	28.00	28.00
研发数据（DA_Ecu_NM_State）	0.00	0.00
研发数据（DA_Ecu_SM_State）	118.00	103.00
控制器区域网络（CAN）总线的状态（BNS）	0.00	0.00
控制器区域网络（CAN）总线的状态（中央网关（ZGW））	0.00	0.00
研发数据（DA Sys DCDC State）	0.00	0.00
研发数据（DA_Sys_DSI_State）	0.00	0.00
控制器区域网络（CAN）总线的状态（制冷压缩机）	0.00	0.00
控制器区域网络（CAN）总线的状态（电子点火开关（EZS））	0.00	0.00
研发数据（DA Sys EM1 State）	0.00	0.00
研发数据（DA_Sys_EM2_State）	0.00	0.00
控制器区域网络（CAN）总线的状态（EFB）	0.00	0.00
控制器区域网络（CAN）总线的状态（PSCU）	0.00	0.00

21.06.2017 08:53:54	05/2017	WDCDA6CB2HA901191
Copyright 1999 Daimler AG	166.062	第'1'页，共'8'页

图 1-24　故障码 1

Y3/8n4-9挡变速器的变速器控制系统（启动离合器油压传感器（VGS））　- i -

梅赛德斯-奔驰硬件号	000 901 50 00	梅赛德斯-奔驰软件号	000 000 00 00
梅赛德斯-奔驰软件号	000 902 84 33	梅赛德斯-奔驰软件号	000 000 00 00
诊断标识	000908	硬件版本	15/30 00
软件状态	14/49 00	软件状态	16/12 00
软件状态	16/12 00	引导程序软件版本	14/49 00
硬件供应商	Bosch	软件供应商	Bosch
软件供应商	MB	软件供应商	MB
控制单元型号	VGSNAG3 000908		

事件	文本	状态
U140900	接收到不可信的左前车轮速度信号。	S

姓名	首次出现	最后一次出现
输出转速	982.00 r/min	861.00 r/min
蓄电池电压	14.80V	14.80V
变速器油温度	50.00°C	55.00°C
实际挡位	4. Gang	4. Gang
目标挡位	4. Gang	4. Gang
涡轮转速	1604.00 r/min	1413.00 r/min
用于研发部门的故障停帧数据	01 1B 01 1A 01 1B 01 1B FF FF FF FF FF FF	00 F7 00 F8 00 F8 00 F5 FF FF FF FF FF FF
频率计数器	---	2
总行驶里程	3200km	3200km
自上次出现故障以来的点火周期数	---	0
点火开关接通后已过去的时间[s]	---	387

S=已存储

图 1-25　故障码 2

以上是发动机、变速器以及 ESP 控制模块中的相关故障码，仔细分析故障码不难发现，

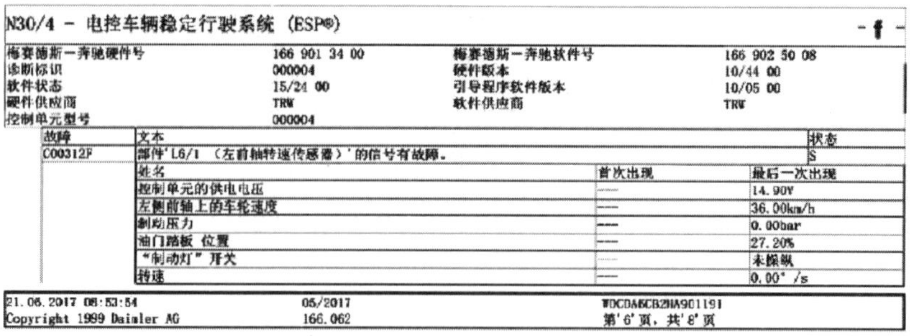

N30/4 - 电控车辆稳定行驶系统（ESP®）

梅赛德斯－奔驰硬件号	166 901 34 00	梅赛德斯－奔驰软件号	166 902 50 08
诊断标识	000004	硬件版本	10/44 00
软件状态	15/24 00	引导程序软件版本	10/05 00
硬件供应商	TRW	软件供应商	TRW
控制单元型号	000004		

故障	文本	状态
C00312F	部件'L6/1（左前轴转速传感器）'的信号有故障。	S

姓名	首次出现	最后一次出现
控制单元的供电电压	——	14.90V
左侧前轴上的车轮速度	——	36.00km/h
制动压力	——	0.00bar
油门踏板 位置	——	27.20%
"制动灯" 开关	——	未操纵
转速	——	0.00°/s

21.06.2017 08:53:54　05/2017　WDCDA6CB2HA901191
Copyright 1999 Daimler AG　166.062　第'6'页，共'8'页

图 1-26　故障码 3

发动机和变速器中的故障码都指向了 ESP 控制模块中的左前轮速传感器，发动机的加速无力也是由它引起的。接下来重点解决 ESP 控制模块的故障码，简单的传感器故障首先要从故障码的导向测试开始。

首先，通过实际值检查轮速传感器和信号发生器的间隙，正常。再进行下一步导向测试。检查多极环的脏污情况，一般的做法就是拆开轮速传感器，用手电筒观察其孔洞，未发现异常的情况，再观察其实际信号值，如图 1-27 所示。

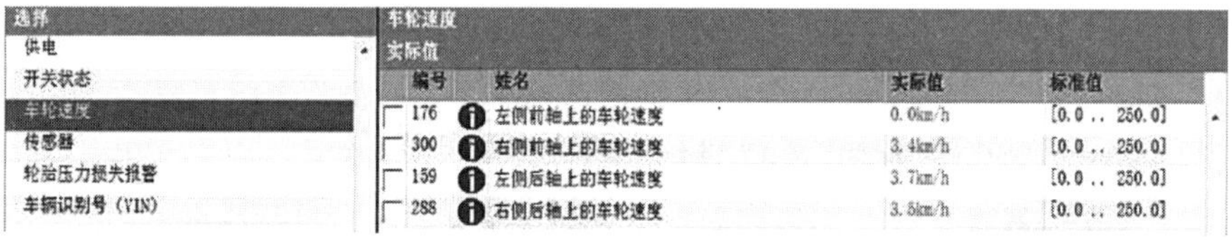

选择：供电、开关状态、车轮速度、传感器、轮胎压力损失报警、车辆识别号（VIN）

车轮速度 — 实际值

编号	姓名	实际值	标准值
176	左侧前轴上的车轮速度	0.0km/h	[0.0 .. 250.0]
300	右侧前轴上的车轮速度	3.4km/h	[0.0 .. 250.0]
159	左侧后轴上的车轮速度	3.7km/h	[0.0 .. 250.0]
288	右侧后轴上的车轮速度	3.5km/h	[0.0 .. 250.0]

图 1-27　实际值

观察实际信号值发现，左前轮速传感器确实没有实际信号值的变化，并且一直是零的状态。看来确实是有问题的，由于一时还无法断定是哪里出现了问题，只能用对换配件的方式来确定故障的原因。由于两前轮的轮速传感器是一样的，于是对调两前轮的轮速传感器，对调后试车，故障依旧。看来这个问题不是想象得那么简单，在 ESP 控制模块插头一侧，再进一步对调左前和右前轮速传感器的针脚，测试故障依旧。现在故障原因要么是 ESP 控制模块，要么是信号发生器。但是信号发生器已经检查过了，没有问题。难道真是 ESP 控制模块损坏了吗！由于 ESP 控制模块价格昂贵，只有百分之百的把握才能更换。

难道对多极环的检查有疏漏的地方？由于多极环固定在左前轮轴承上，为了谨慎起见，拆开左前轮轴承进行仔细检查，果然有了重大发现，如图 1-28 所示。

多极环上黏附有铁屑，从而产生了错误的信号。既然是错误的信号，为什么信号一直是零呢？这是因为 ESP 控制模块检测到了错误的信号，为了不影响其工作，所以 ESP 控制模块就把左前轮速传感器的供电关掉了，信号也就一直显示零了。

图 1-28　左前轮轴承

故障排除　奔驰的轮速传感器是霍尔式传感器，外部磁场强度和方向的改变会使传感器内部的电阻发生改变。通过整合在轮速传感器中的电子分析系统（由电控车辆稳定行驶系统控制模块供电）产生了一个方波信号，其频率取决于转速，而振幅恒定不变。根据车轮向右和向左运动

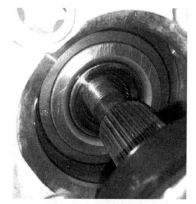

的不同，方波可检测出运动方向。多极环原理和轮速传感器波形如图1-29所示。

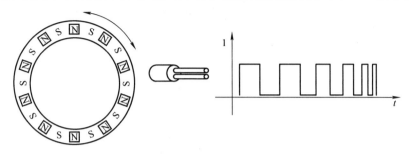

图1-29 多极环原理和轮速传感器波形

> **技巧点拨**：这个故障看似简单，其实其中所走的弯路是十分值得总结的。其实故障导向测试很早就告诉我们诊断思路了，但由于自己的疏忽，导致走了弯路。诊断故障还是要结合诊断仪和系统的功能原理入手，千万不可马虎了事。

七、奔驰GLK260车辆行驶中仪表显示ESP/ABS报警，挂档有时发冲

故障现象 一辆奔驰GLK260，配备274发动机、7速变速器722.9，行驶里程49241km。驾驶人投诉车辆行驶中，仪表显示ESP/ABS报警，挂档有时发冲。

故障诊断 接到车辆，测试车辆功能，仪表显示ESP/ABS停止工作，且挂档有时发冲。连接诊断仪对电控系统进行快速测试，有相关故障码，如图1-30、图1-31所示。

N30/4-电控车辆稳定行驶系统（ESP®）			
梅赛德斯-奔驰硬件号	204 901 00 04	梅赛德斯-奔驰硬件号	172 902 24 03
诊断标识	000006	硬件版本	10/32 00
软件状态	11/28 00	引导程序软件版本	10/22 00
硬件供应商	Teves	软件供应商	Teves
控制单元型号	000006		
故障	文本		状态
C111200	部件'L6/2（右前轴转速传感器）'的信号不可信。		S
事件	文本		状态
C327100	前轴上的转速传感器数值不可信		S
C326600	后续故障		S

图1-30 故障码1

Y3/8n4-全集成化变速器控制（启动离合器油压传感器（VGS））			
梅赛德斯-奔驰硬件号	000 901 32 00	梅赛德斯-奔驰硬件号	000 000 00 00
梅赛德斯-奔驰硬件号	000 902 28 24	梅赛德斯-奔驰硬件号	000 000 00 24
诊断标识	000805	硬件版本	13/08 01
软件状态	10/44 01	软件状态	14/36 00
	04/84 00	引导程序软件版本	11/10 00
硬件供应商	Continental	软件供应商	Continental
软件供应商	MB	软件供应商	MB
控制单元型号	VGS40 000805h		
事件	文本		状态
U140A00	接收到不可信的右前车轮速度信号。		S

图1-31 故障码2

分析上述故障码，二者之间是有因果关系的，ESP中右前轮速传感器的信号不可信导致变速器控制模块挂档发冲，因此只要解决了ESP的故障，那么变速器的故障就迎刃而解了。

13

接下来分析 ESP 中的故障码，由于 ESP 中是右前轮速传感器故障，是一个单一的部件故障，只需要按照导向进行测试就可以了。导向测试如下：

① 检测车轮轴承间隙。
② 检测部件"转速传感器"的固定和安装位置。
③ 检测部件"转速传感器"是否损坏、腐蚀或接触不良。
④ 检测多极环到转速传感器的间距，标准值必须为 1mm。
⑤ 检测多极环是否安装牢固、正确，有无机械损坏。

很明显，导向测试就是检查相关的间隙，或者检查线路有无腐蚀的情况，经检查一切正常。由于存储了故障码，根据自己的诊断经验，故障点很可能就在轮速传感器本身。更换右前轮速传感器后试车，刚出厂区大门仪表又显示 ESP/ABS 报警。看来问题的关键点不在轮速传感器本身。

连接诊断仪进行快速测试，还是右前轮速传感器故障。连接诊断仪试车，查看实际值，如图 1-32 所示。

从实际值可以看出，在行车过程中，右前轮速传感器的实际值一直没有变化，根本就没有产生信号。看来问题的症结还在于信号的产生方面，自己之前的检查忽略了一些东西。奔驰轮速传感器是霍尔式电流型的，它的信号发生器要么在半轴上，要么在半轴轴承的齿圈上。GLK 车型在轴承的齿圈上，拆开右前半轴轴承端，如图 1-33 所示。

故障排除 原来这个轴承是换过的，维修人员把正反面装反了，把轴承有信号齿圈的装在了外面，把没有信号齿圈的装在了里面，最终导致轮速传感器没有信号产生，进而造成 ESP/ABS 报警。正确的装配如图 1-34 所示。进一步了解情况，驾驶人在外地出事故后在其他修理厂更换了半轴轴承。看来这是一起人为的故障，由于自己的不细心，导致走了弯路。

> **技巧点拨**：回顾整个故障诊断过程，其实这不是一个很复杂的故障，由于自己的一些经验主义错误，导致故障诊断走了一些弯路。

在这里有必要讲解一下奔驰轮速传感器的相关知识。现在奔驰车型几乎都采用霍尔式轮速传感器，它是电流型的，不能测量它的电压，当拔掉轮速传感器的插头时是不能测量它的信号的，一定要保持插头的原始状态测量。不同数量的轮速传感器出现故障会影响车辆不同的功能，例如只有一个轮速传感器不能用时车辆的 ESP、ASR、ETS、ABS、BAS 无法工作，当大于一个轮速传感器出问题时，除了上述系统工作不正常外，EBD 也无法工作，因此轮速传感器的好坏对于车辆的制动功能是相当关键的。

车轮速度实际值				
编号		姓名	实际值	标准值
492	ⓘ	L6/1（左前轴转速传感器）	11.52km/h	[00..250.00]
320	ⓘ	L6/2（右前轴转速传感器）	0.68km/h	[00..250.00]
956	ⓘ	L6/3（左后轴转速传感器）	10.94km/h	[00..250.00]
580	ⓘ	L6/4（右后轴转速传感器）	11.92km/h	[00..250.00]

图 1-32 实际值

图 1-33 轴承

图 1-34 正确装配轴承

八、奔驰仪表显示 ESP 报警，定速巡航不能使用

故障现象 一辆奔驰 W212.147，配置 271 发动机、722.9 变速器，行驶里程 5687km。仪表显示 ESP 报警，ECO 起停功能不能使用，智能前照灯停止工作，定速巡航不能使用。

故障诊断 接车后，对车辆进行功能测试，发现仪表显示 ESP 停止工作，如图 1-35 所示。并且路试发现没有 ECO 起停功能、定速巡航停止运作、智能前照灯报警。

图 1-35 仪表显示

连接诊断仪对电控系统进行快速测试，相关控制模块故障码如图 1-36 所示。在转向柱模块、前照灯控制模块、ESP 控制模块、变速器控制模块都有相关故障码并且都是和故障现象相关的。接下来分析故障码之间的相互关系，ESP 控制模块、变速器控制模块、前照灯控制模块都报和转向柱模块的通信故障，可以总结出它们报故障码都是由于转向柱模块引起的，可能原因要么是转向柱模块的供电、搭铁故障，要么是转向柱模块的 CAN 线故障或者由于传感器不能发送相关信号引起与控制模块的通信故障，在这里转向柱模块能够测试出来，说明它的供电、搭铁是正常的。转向柱模块的故障码是方向角度传感器故障，是历史故障码。那这个故障码与以上模块有什么关系呢？查阅图 1-37 ~ 图 1-39 所示前照灯控制模块、ESP 控制模块、变速器控制模块相关功能原理图。

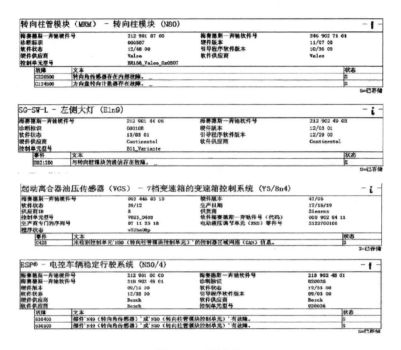

图 1-36 故障码

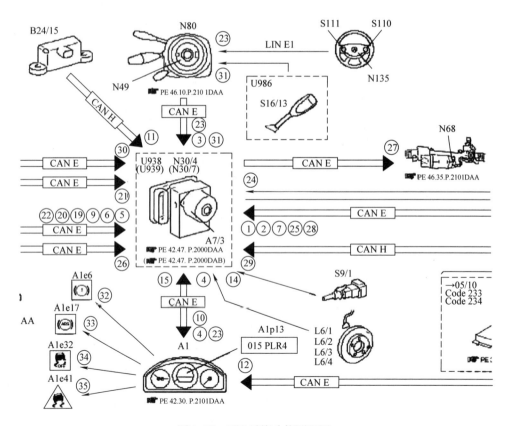

图 1-37 ESP 系统功能原理图

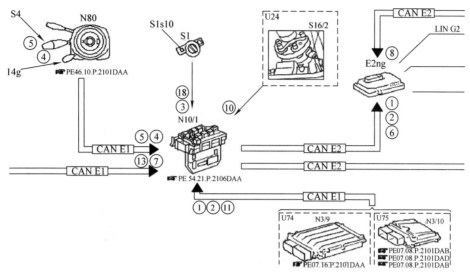

图 1-38　前照灯系统功能原理图

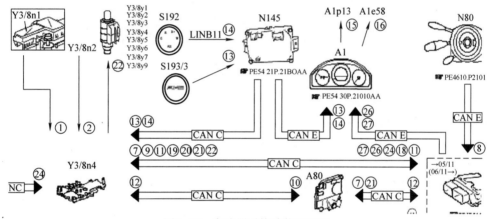

图 1-39　变速器系统功能原理图

通过以上功能原理图分析，变速器控制模块、前照灯控制模块、ESP 控制模块都需要方向角度传感器的信号，而这个信号又是由转向柱模块发送的，如果没有此信号相关功能就不能正常使用，并且还会报警。

故障排除　现在故障原因基本清楚了，就是由于方向角度传感器故障引起的，根据故障码导向，检查方向角度传感器的实际值，如图 1-40 所示。

图 1-40　实际值

技巧点拨：对于上述故障，故障的分析是至关重要的，只要将问题分析清楚，就能够更快准确地找到故障点。

九、奔驰 SL300 发动机故障灯亮、ESP 报警

故障现象　一辆奔驰 SL300，配备 272 发动机、722.9 变速器，行驶里程 29628km。行驶在坏路时仪表上的发动机故障灯突然点亮，ESP 报警，发动机前部噪声大。

故障诊断　接车后确认故障现象，如驾驶人所述，起动发动机，电子风扇高速运转，仪表显示发动机故障灯点亮，ESP 报警，如图 1-41 所示。

图 1-41　仪表显示

并且在没有起动发动机时，打开车门时仪表显示制动系统报警，如图 1-42 所示。连接诊断仪对电控系统进行快速测试，有很多故障码，有当前的，有历史的。首先结合驾驶人的投诉来分析。发动机故障灯亮，从故障码分析是由于失火引起的。此故障是 272 发动机的常见毛病，它主要是由于进气系统易于积炭，在冷车起动时由于积炭具有吸附性，吸收燃油造成混合气过稀，从而导致发动机失火。只需要对进气支管进行积炭清洗就行了。但这不是诊断的重点，还有一个当前的故障码，即风扇的功率要求不可信，这个故障码才是解决问题的关键。风扇功率要求不可信，意思就是说风扇的速度输出不正常。通过功能原理分析，对风扇速度输出要求的有发动机和空调控制模块，这里发动机的温度正常，再结合空调控制模块里有当前的故障码，应该指的就是空调。

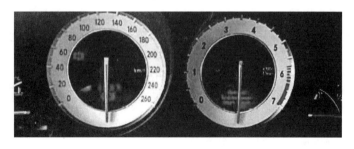

图 1-42　制动系统报警

分析清楚发动机故障灯点亮原因后，再进一步分析 ESP 灯点亮。故障码显示为车载电网故障，进行导向测试，需要检查发电机、车载蓄电池功能，感觉有点不太理解。现在车辆能够起动，并且没有亏电的情况。既然是历史故障码，先不考虑。

驾驶人说一上车仪表就报警，红色的指示灯点亮，应该是指制动系统。进一步分析全部故障码，发现有两个特点：第一，有很多控制模块报电压低；第二，有关空调控制模块的故障都是当前的故障码。目前空调控制系统无法通信，难道这二者之间又有什么千丝万缕的联系吗？

既然找不到问题的突破口，那就只有一步一步进行检查了。首先从小处入手，找到空调控制模块的供电和搭铁，检查一切正常。既然外围数据一切正常，那就只有拆开检查了。此时得到了一个很有价值的信息，驾驶人说吃早餐时一不小心把豆浆打翻在前面的水杯架处。检查水杯架的位置，发现空调控制模块就在水杯架的下面，

图1-43　空调控制模块

难道是液体豆浆进入空调控制模块了。拆开空调控制模块，果不其然，里面全是豆浆，如图1-43所示。

此时找到了发动机中当前故障码的原因了，由于空调控制模块里面有豆浆，导致对风扇的不合理功率要求，从而导致电子风扇高速运转。分析空调控制模块的供电，发现对其供电的是30Z端子，是常供电端子，由于空调控制模块中有豆浆，会不会导致空调控制模块在发动机熄火或者锁车的情况下仍然控制呢？熄火锁车，不一会儿，就听到空调鼓风机嗡嗡狂转，导致车载电网缺电，这时仪表的制动灯报警，因此ESP控制模块存储了车载电网的故障码。

故障排除　订货空调控制模块，更换后故障排除。

> **技巧点拨**：车辆越来越智能化，排除车辆故障时，要从整个车辆的控制功能入手，不能单一地看一个控制模块，各控制模块之间存在着千丝万缕的联系。要宏观把握，把原理吃透。

第二节　大　众　车　系

一、奥迪A8 ABS警告灯偶尔报警

故障现象　一辆2012年产德国原装奥迪A8 D4轿车，搭载CGW型发动机，行驶里程82946km，驾驶人反映ABS警告灯偶尔报警。

故障诊断　与驾驶人一同试车，发现ABS警告灯报警，询问驾驶人得知上次在某汽修厂针对此故障更换过后轮轴承、轮速传感器及ABS总成，但故障依旧。检测ABS控制单元，存储的故障码见表1-1。根据故障码提示，读取右后轮速传感器数据流，举升车辆，使车轮悬空，用手转动两后车轮，数据流显示两后车轮速度正常。

表 1-1　ABS 控制单元存储的故障码

故障码	故障内容	故障性质
C101D14	右后轮速传感器，断路/对地短路	偶发
C101D07	右后轮速传感器，机械故障	偶发

由于故障性质为偶发，故清除故障码试车，捕捉发生故障的条件。在各种路况下行驶，发现车速达到110km/h时，ABS警告灯报警。用诊断仪检测故障码依旧，但是由偶发转为静态。此车已经更换了后轮轴承、轮速传感器及ABS控制单元，故暂且不考虑这三个部件故障。举升车辆，根据电路图（图1-44）检查线路，测量ABS控制单元至右后轮速传感器G44线路，正常。

奥迪A8配备自适应空气悬架系统，在高速行驶中为保证车辆的行驶稳定性，将车身高度降低。维修人员手动将车辆高度降到最低，这时发现ABS警告灯报警。分析ABS警告灯错误报警受到车身高度影响，于是观察车辆底盘，发现当车身高度降至最低位置时，右后轮速传感器的线束折成死角，检查死角处，发现铜线已断开。连接断开电线并做好绝缘，试车后故障排除。

故障排除　右后轮速传感器电线断路。

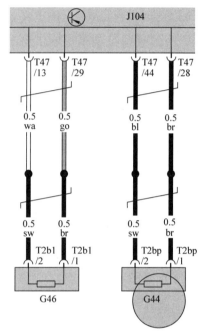

图 1-44　后轮速传感器电路图
J104—ABS控制单元　G46—左后轮速传感器
G44—右后轮速传感器

技巧点拨：该案例故障码提示的故障点非常准确，只需略微检查便可找到故障点，此前修理时更换三个部件非常盲目。奥迪A8在车速超过100km/h后，为保证行驶安全，车身高度会自动降至最低。该车行驶里程约8万km，高速行驶的时间较长，车身高度长时间处于最低状态，使右后轮速传感器电线变形过大、变形频次高，于是就出现了电线断开的情况。

二、2016款奥迪Q7 ABS故障灯报警

故障现象　一辆2016款奥迪Q7，配置3.0TFSI发动机（CREC）、0D5变速器，行驶里程2000km。仪表ABS警告灯亮。

故障诊断　连接大众VAS6160诊断仪，进入03 ABS制动器电子控制单元，读取故障码"C050900——右前轮速传感器对正极短路（偶发）"，其他一些控制单元都有故障码"U041500——ABS制动器控制单元不可信信号"。

因为该车仅在下雨天行驶，组合仪表ABS故障灯报警，天气好转后故障消失，每次出现故障都是在下雨天，非常有规律。检查右前轮速传感器的插头和导线，无异常，检查ABS控

制单元的插头和导线,也未发现异常,此刻维修技师试换右前轮速传感器,无效,故障依旧。

因驾驶人描述该故障只有在下雨时才会出现,为模拟故障现象,将车辆开到洗车场,对车辆进行长时间冲水,冲水一段时间后 ABS 电控系统报故障码 C050900。根据诊断仪诊断系统引导型故障查询提示,断开 ABS 控制单元的插头(同时断开 G45 轮速传感器插头),用万用表跨接测量右前轮速传感器 G45 的两根导线,有 0.52V 电压,按照大众诊断仪系统要求该电压必须低于 0.5V。

在车辆停放一会儿后,过段时间再去检测,该电压会逐渐降低为 0,此现象比较符合驾驶人所描述的天气好了故障就会消失的情况。G45 导线上的电压从何而来?该导线在车身主线束内,由于线束走向不明,外包胶管,检查有点难度。

此时,维修人员又断开蓄电池正极桩头,同时断开 ABS 控制单元插头,分别测量 G45 的两根导线与蓄电池正极端有 20kΩ 以上的电阻,原则上该电阻应为无穷大,尽管测量的电阻值比较大,仍说明 G45 导线与正极有潜在的隐藏接触电阻。

汽车中的电气系统较为复杂,为了保护不同的电气电路,会将电源进行一定程度的隔离,使用熔丝盒作为保护各个负载的手段,这也使汽车电子模块往往会经受更多潜在的电路路径的侵袭,导致很多本不该存在的情况。根据故障现象,我们认为该故障并不是某个元器件失效引起的,有三种可能:①由系统设计方案中非预想状态引起的,此状态下,系统会存在某些汽车电气设计者未认识到的电路回路,不同程度地传递某种能量流、信息流或控制流,系统的有关部分一旦被这些潜在流所激发,就会产生非预期的功能或抑制预期的功能,引起系统失效。②电磁干扰,也就是传导干扰和辐射干扰,传导干扰是通过导线等元件将电磁噪声的能量传递到其他电路中,辐射干扰是通过辐射干扰源以电磁波的形式在空间中转播。③线路破损。

ABS 的右前轮速传感器 G45 两根导线间的 0.52V 电压又是从哪里来的,在线束中一定存在着某些问题,是否存在第三种可能。为了解开这个迷,维修人员对主线束一一进行检查,沿着主线束进入前排水槽内,扒开主线束的外裹胶布后,果然发现 G45 的两根导线有破皮现象(图 1-45)。G45 的两根线束已经露铜了,检查其附近其他的线束,均没有发现表皮破损。

图 1-45　破损位置

故障排除　将 G45 两根破损的线束用防水胶布包好,外面再用黄蜡管封装好,重新包好主线束并安装到原位。试车没有发现异常,经过驾驶人多次雨天行驶后反馈,再也没有发现 ABS 灯亮,故障排除。

技巧点拨:该车 G45 线束为什么会破损?会不会是主线束制作过程中在用刀割断外面包带时,正好划到 G45 线束,让两根线束不同程度受损露铜,其他原因不得而知。因为 G45 线束破损,特别是在雨天,该线束又处在排水槽内,水慢慢渗透到主线束中,与其包在一起的平行主线束之间有主电源线,存在一定电磁干扰,G45 两根线露铜点被水包围,形成了电感应的耦合通道,使有负载的电源线对 G45 产生了电磁干扰,从而影响了 G45 信号线的正常工作。由于 G45 的感应电压大于 ABS 标定的域值,系统存储故障码。

三、2013 款迈腾自动泊车功能无法正常工作

故障现象 一辆 2013 款迈腾轿车，装备 CEA 缸内直喷发动机，驾驶人反映自动泊车功能无法正常工作。

故障诊断 维修人员首先进行试车，故障现象如驾驶人所述，自动泊车系统可以正常打开，然后自动寻找车位。但是找到车位换入 R 位后，系统就自动结束泊车（图 1-46）。

图 1-46 换入 R 位后系统自动结束泊车

连接故障诊断仪检查故障存储器，车辆系统一切正常。分析故障原因如下。
① 自动泊车控制单元损坏。
② 某个传感器信号问题。
③ 编码和匹配问题。
④ 线束和传感器装配问题。
⑤ 条件限制。

根据故障原因分析，与正常车辆对比传感器数据和编码，均未发现异常，于是尝试调换自动泊车控制单元。将故障车的控制单元安装在正常车辆上，系统正常，说明控制单元本身没有问题。动态读取各传感器信号未发现异常，与正常车辆调换传感器，故障依旧，因此确定传感器无故障。

此车辆可正常寻找车位，说明系统可以正常工作，但换入 R 位后泊车自动结束，分析故障原因为系统有条件限制或其他原因。查询此车的维修记录，此车辆半年前因 ABS 指示灯偶尔点亮，到 4S 店更换过 ABS 泵，因此怀疑泊车系统失效为更换 ABS 泵引起。于是寻找同样配置的车辆对比 ABS 的编码和通道号，未发现异常。

再次读取动态数据流，对比故障车与正常车数据，发现当仪表显示自动泊车结束的时候，也就是转向机开始介入时，正常车转向助力请求为"是"，而故障车转向助力请求为"否"（图 1-47）。随后又对比了"44 - 助力转向系统"的数据流和匹配通道，故障车转向力矩曲线为"000"，而正常车转向力矩曲线为"196"（图 1-48）。据此分析此故障为功能故障，由于已排除自动泊车控制单元、线束传感器和编码问题，为了验证 ABS 是否有问题，

与同配置车辆调换 ABS 泵，试车故障现象消失，自动泊车恢复正常。

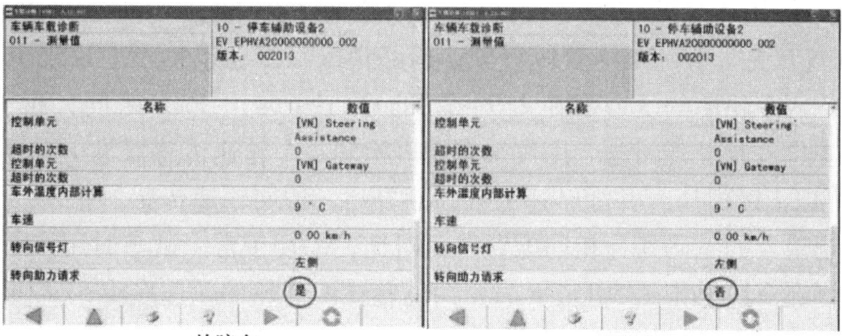

图 1-47　故障车与正常车数据对比

图 1-48　故障车转向力矩曲线为"000"

根据上述情况，维修人员分析故障还是出在 ABS 控制单元上。但是之前对比了数据和通道均未发现问题，于是又重新检查了需要登录码的通道号，重新对比通道时发现了问题（图 1-49）：故障车 94 通道停车转向辅助数值为"0"，而正常车此处数值为"1"（0 为未激活，1 为激活）。据此现象判断故障原因为：更换 ABS 泵后通道号未匹配，停车转向辅助未激活，导致自动泊车系统不起作用。

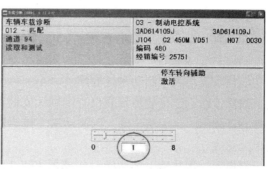

图 1-49　正常车 94 通道停车转向辅助数值为"1"

故障排除　使用故障诊断仪激活停车转向辅助后故障排除，具体操作方法：03—16 访问认可—输入登录码 70605—012 匹配—094—将 0 改为 1，激活停车转向辅助。

技巧点拨：在故障排除过程中，对相应故障现象的深入分析是非常必要的，这是找准故障部位的前提所在。

四、大众迈腾 ESP 警告灯长亮

故障现象　一辆 2012 款大众迈腾轿车，行驶里程 12 万 km，驾驶人反映车辆行驶中仪表 ESP 警告灯长亮。

故障诊断 使用 KT600 故障诊断仪,检查各系统无故障码。进行道路试验,超过 30km/h 时 ESP 灯点亮,实际车辆直线行驶,道路情况良好,车辆不应出现上述现象。用胎压表检查胎压,四个轮胎的压力都在 2.3~2.5bar($1bar = 10^5 Pa$)之间,属于正常范围内,对轮胎尺寸检查也没有发现问题。用汽车万用表检测 4 个轮速传感器输出电压信号,当转动车轮时出现 2V 以上的电压,并随转速的升高而升高,说明轮速传感器正常。读取 ESP 控制单元和仪表控制单元的编码并与相同配置车辆对比,一切正常。试车时用诊断仪读取动态数据流,发现车辆在车速表指示 50km/h 时,两前轮比两后轮的轮速多出 5km/h 的偏差,初步判断问题在后轮存在电磁干扰或轮速信号的稳定性上。

故障排除 根据工作原理和检测数据分析问题应在两个后轮轴承上。拆卸轮胎,检查两个后轮轴承发现有轻微松旷,引起行驶过程中的侧滑。更换两轴承后试车,ESP 指示灯不再点亮。

> **技巧点拨**:ESP 通过方向盘转角传感器及各车轮轮速传感器了解驾驶人的意图,同时 ECU 采集横向偏摆和加速度传感器的数据进行比较。若汽车偏离正常行驶路线,ESP 通过对相应车轮施加制动进行修正。车轮的前后轮轮毂轴承内安装有磁性编码器,随着车轮旋转,轮速传感器检测到磁性编码器上的磁铁极性变化,ESP 控制装置根据车轮转速传感器收到的信号计算进行控制。

五、大众迈腾 ESP 和 ABS 指示灯报警

故障现象 一辆 2008 款一汽-大众迈腾轿车,装备 BYJ 缸内直喷发动机。驾驶人反映该车驻车时,车身电子稳定系统(ESP)和 ABS 指示灯报警、驻车制动指示灯闪烁、电子驻车制动系统(EPB)指示灯闪烁。车辆起动后,除上述指示灯闪烁外,EPC 指示灯点亮,多功能仪表显示驻车制动系统故障。

故障诊断 连接故障诊断仪查询网关安装列表,发现在 ABS 控制单元内存储了制动压力传感器故障,且无法消除。因制动压力传感器集成在 ABS 控制单元内,于是更换 ABS 控制单元总成。

更换后,用故障引导功能对传感器 G85 和制动压力进行基本设定,均能成功,但进行横向加速度传感器 G200、纵向加速度传感器 G251 和偏航率传感器 G202 的基本设定时,总是无法执行。查询故障存储器,结果如下。

01—发动机中检测到 3 个故障码:049448——与驻车控制单元没有联系;053271——未知错误编码;053271——未知错误编码。

03—ABS 中检测到 4 个故障码:01042——控制单元没有编码;01542——偏航率传感器 G202 没有或错误的基本设定;01423——横向加速度传感器 G200 没有或错误的基本设定;01279——纵向加速度传感器 G251 没有或错误的基本设定。

53—EPB 系统中检测到 5 个故障码:01087——没有进行基本设定;03182——未知故障码 010——对正极开路或短路;01316——检查 ABS 控制单元故障存储器;01042——控制单元未编码;01279——纵向加速度传感器没有或错误的基本设定。

根据以上各控制单元存储的故障码分析，判断故障为：纵向加速度传感器 G251 没有成功设定。查询维修手册，G200、G202 和 G251 都集成在电子驻车制动系统控制单元 J540 内，因此怀疑 J540 控制单元损坏，于是更换 J540 控制单元，结果故障依旧。于是向厂家技术人员咨询，对方建议用 VAS5051 的自诊断功能在 ABS 内测试通道号 061。

故障排除 维修人员按照 03—16—40168—04—061 的操作步骤进行调试，ESP 故障灯熄灭，且故障码可清除，但仪表上 EPB 指示灯仍然报警。于是重新对 J540 控制单元进行基本设定，设定成功后，EPB 和 EPC 指示灯熄灭，发动机故障码可清除，故障彻底排除。

> **技巧点拨**：因制动压力传感器集成在 ABS 控制单元内，传感器损坏时需要更换 ABS 控制单元。更换 ABS 控制单元后需要做匹配。因 VAS5051 故障引导内的引导项可能与国产车的通道存在差异，故无法用故障引导功能的匹配功能对横向加速度传感器 G200、偏航率传感器 G202、纵向加速度传感器 G251 进行匹配，因此需要使用特殊通道 03—16—40168—04—061 完成这 3 个传感器的匹配。

六、2013 款迈腾轻踩制动踏板时 ABS 频繁工作

故障现象 一辆 2013 款迈腾轿车，装备 BYJ 缸内直喷发动机。驾驶人反映车辆轻踩制动踏板时 ABS 频繁工作，且 ABS 指示灯点亮。

故障诊断 用 VAS5052A 故障诊断仪检测到制动系统和变速器系统有图 1-50 所示的故障码。清除故障码后进行试车，起步后轻踩制动踏板，ABS 工作，当车速达到 60km/h 时，ABS 故障指示灯点亮。其间连接 VAS5052A 读取 4 个车轮的动态转速数据流，4 个车轮转速呈均匀上升，未见异常。由于 2 个车轮同时出现问题的可能性很小，首先对左前轮进行了检查，未发现碰撞痕迹，插头线束无断路和短路故障。对左前轮速传感器和靶轮进行清理后，故障依旧。

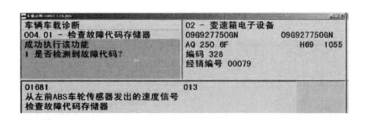

图 1-50 相关故障码

用故障引导功能进行检查，发现变速器系统故障码异常。运用引导性故障查询及车载诊断检查故障存储器两种不同的检测方式，检测结果显示同样的故障码 01681 却有不同的中文解释，车载诊断结果显示为左前轮故障，而引导性故障查询结果显示为左后轮故障（图 1-51）。因之前已检查左前轮无故障，于是对左后轮转速传感器和靶轮进行检查，发现靶轮严重脏污，于是进行清洁，试车后故障排除。

故障排除 对左后轮转速传感器和靶轮进行清理，故障彻底排除。

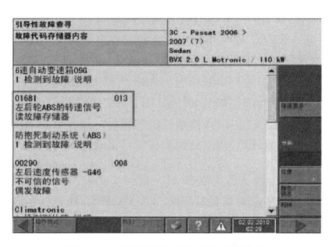

图 1-51 引导性故障查询为左后轮故障

> **技巧点拨**：左后轮转速传感器和靶轮脏污引起转速信号偶尔不可靠。注意：VAS5052A 中的中文翻译存在错误，误导维修诊断思路，导致走了弯路。

七、2013 款迈腾 ESP 指示灯点亮

故障现象　一辆 2013 款迈腾轿车，装备 CEA 缸内直喷发动机，驾驶人反映 ESP 指示灯点亮。

故障诊断　正常情况下，发动机运转后，ESP 指示灯自检后熄灭，ESP 自动启用。如果发动机运行中，仪表板上的 ESP 指示灯长亮，说明 ESP 功能已停用，此时车辆在某些行驶状况下可能出现打滑的风险。使用 VAS5052A 故障诊断仪检测，制动器电子系统中有 2 个故障码（图 1-52）：00642——右前 EDL 转换阀 - N166 损坏（静态）；00003——控制单元损坏（静态）。故障码无法清除。

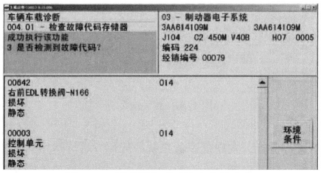

图 1-52 制动器电子系统中的故障码

该车 ABS 泵、阀体、ESP 控制单元集成于一体。检查发现 ESP 控制单元线束连接状况良好，根据故障码内容"前 EDL 转换阀 - N166 损坏"与"控制单元损坏"，判断为 ABS 泵内部故障，必须更换 ABS 泵总成。

故障排除　更换 ABS 泵总成（图 1-53），故障排除。

技巧点拨：ESP 控制单元内部损坏，将激活 ESP 指示灯报警。ESP 启用后会监控行驶稳定性和牵引力，即轮胎和路面之间的动力传递。当 ESP 识别出车轮正在滑转或车辆处于打滑的临界状态，ESP 介入工作，通过限制发动机的功率输出和对单个车轮采取精确制动来稳定车辆。ESP 指示灯长亮，则 ESP 停用，但不会影响正常的制动功能，只是在特定的行驶情况下，出现车轮打滑时，无法通过 ESP 的介入稳定车辆。

八、2010 款迈腾 ABS 与 ESP/TCS 警告灯点亮，制动功能失效

故障现象 一辆 2010 款一汽-大众迈腾轿车，装备 BYJ 缸内直喷发动机，驾驶人反映 ABS 与 ESP/TCS 警告灯点亮，ABS 及电子机械式驻车制动功能失效。

故障诊断 查询故障存储，03 与 53 系统无法进入，02 系统中存储了 1 个故障："ABS 控制单元无通信"，17 与 19 系统中同时存储 2 个相同的故障码："ABS 控制单元无通信"与"电子式驻车制动控制单元无通信"，故障码无法清除。

图 1-53　ABS 泵总成

查阅图 1-54 所示电路图，J104 与 J540 共用熔丝 SD2，于是检查 SD2 熔丝，发现已熔断。更换熔丝后故障码可清除，ABS 及驻车制动系统恢复正常。交车给驾驶人使用一周后故障再次出现，检查时发现 SD2 熔丝再次熔断。

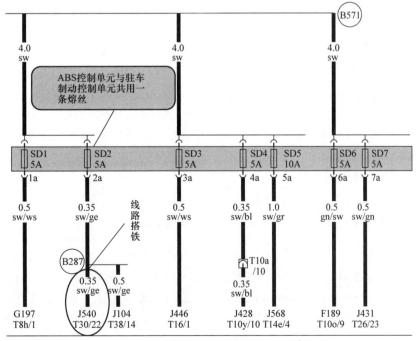

图 1-54　相关电路图

根据以上情况分析故障原因可能为线路与搭铁短路、ABS 控制单元内部短路和驻车制动控制单元内部短路。

首先检查是否因控制单元短路所致。将控制单元逐一更换，结果证实控制单元无短路故障。既然控制单元无短路，证明线路中存在与搭铁短路现象，于是逐一检查 J104 与 J540 到熔丝 SD2 间的线路。首先检查 J104 到熔丝 SD2 的线路无故障，问题应为 J540 与 SD2 之间的线路短路，于是对该段线路进行拆检。拆下扶手箱支架检查线束，采用摇动扭曲方式逐段排查，最终发现线束中有一段与档位机构固定螺栓碰在一起产生摩擦，导致线束破损，与搭铁短路（图 1-55）。

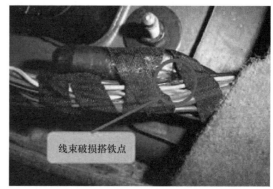

图 1-55　破损的线束

故障排除　对破损线束进行修复，清除故障码，系统恢复正常，故障排除。

> **技巧点拨：**线束由于行车过程中的晃动、挤压以及其他方面的原因导致破损出现故障的情况屡见不鲜，维修过程中进行常规检查往往能发现这方面的故障。

九、2014 款高尔夫 ABS 灯偶发点亮

故障现象　一辆 2014 年的大众高尔夫，ABS 灯偶发点亮。

故障诊断　首先用 VAS5053 读取故障码，故障码提示内容为"右后轮转速传感器机械故障，偶发"，清除故障码后进行路试（以 10~20km/h 的车速），从诊断仪数据流中读取的 4 个轮速无偏差，数据显示正常。可能造成右后轮速传感器故障的原因有：①线路接触不良或信号干扰；②右后轮轴承故障（因为轴承中分布着均匀的磁场）；③右后轮速传感器本身故障。本着由简单到复杂的排除方法，首先更换一个右后轮传感器，试车故障依旧；拔下右后轮传感器插头时诊断仪中变速器系统内报故障码"右后轮转速传感器电路电器故障，静态"，无法用诊断仪清除。排除电路故障的可能；升起车轮拆下右后轮轮速传感器，从传感器的安装位置观察，当慢慢转动车轮时，发现在右后轮轴承上吸附着一个小铁片。先不取下此小铁片进行路试，并观察诊断仪中 03 的数据流变化情况，发现当车速达到 60km/h 后，右后轮的转速不稳定地变化（从 60km/h 的车速突然降到 20~30km/h，而后又会马上升上来），而其他三个车轮数据变化正常。

故障排除　取下右后轮轴承上吸附的小铁片后进行路试，不再出现上述现象，故障灯也不再亮起，故障排除。

> **技巧点拨：**该车由于小铁片吸附在轴承上，造成右后轮转速传感器在检测时有不正常的磁场信号，从而使 ABS 报故障码。在排除大众车系故障时遵循的原则是，有故障码要先按故障内容排查，但是故障码往往只是给出一个范围，具体分析时要根据工作电路的原理进行排查。本案例虽然报右后轮转速传感器故障，但是实际上问题出在机械零件上。

十、大众甲壳虫 ABS、ESP 灯亮

故障现象 一辆 2009 款大众甲壳虫轿车,行驶里程 6 万 km,驾驶人反映仪表中的 ABS、ESP 灯长亮。

故障诊断 首先用 VAS5051B 进行诊断,检测到相关故障内容为 00778——转向角传感器;01316——制动系统控制单元。

经查电路得知,S9 熔丝(5A)为 E256、ASR/ESP 按钮、J104 防抱死制动系统(ABS)、G85 转向角传感器供电。发现 S9 熔断,更换后故障排除,但是没过几天故障重现,怀疑存在线路短路。经仔细检查没有发现任何可疑之处,所有线束完好无损,于是又再次更换 S9 熔丝,并观察了很久,但故障没有重现。由于始终没有找到故障原因,也不好随意更换 S9 所"管辖"的任何模块,于是再次交车,正当驾驶人要走时,故障重现。

询问驾驶人,起步之前做了哪些动作,经驾驶人反映,调整过座椅和后视镜,根据驾驶人叙述重新更换熔丝并验证故障现象,发现只要调节后视镜,熔丝马上熔断。

故障排除 再次查找相关线路没有发现任何可疑点,其中 S9 同时也为 J351 后视镜控制单元供电,于是拆卸并检查 J351,结果闻到焦味,于是更换 J351,故障排除。

> **技巧点拨**:有些故障的原因很难被发现,要学会总结故障现象规律,缩小检查范围,才能更高效地排除故障。

十一、大众 POLO ABS 灯报警

故障现象 一辆 2006 年大众 POLO,搭载 BMH 发动机和 5 档手动变速器,行驶里程 10.6 万 km。仪表板上的 ABS 灯点亮并伴随制动警告灯闪烁。

故障诊断 接车后,首先试车验证故障。接通点火开关并起动发动机,仪表板上 ABS 灯长亮(图 1-56),且制动警告灯闪烁,并伴随有"嘀嘀嘀"的报警声。对故障车辆进行路试,车速达到 40km/h 以上后紧急制动,ABS 不起作用。连接故障检测仪读取故障码,ABS 控制单元(J104)中存储有故障码:01201——ABS 泵的供电电压/静态,00301——ABS 回流泵/不可靠信号,静态;用故障诊断仪清除故障码,ABS 灯熄灭,但再次起动发动机,车辆运行后故障码依然存在。分析故障码,推断可能的故障原因为 J104 及其线路故障。

图 1-56 ABS 灯长亮

拆下 J104 导线插接器 T47（图1-57），用万用表测量导线插接器 T47 端子 1 与搭铁之间的电压，为 0V（正常应为蓄电池电压），不正常；测量端子 32 与搭铁之间的电压，为 0V（正常应为蓄电池电压），不正常；接通点火开关，测量端子 4 与搭铁之间的电压，为 12.8V，正常。检查熔丝 S178 和熔丝 S179，均已熔断；更换熔丝后试车，故障依旧。重新测量导线插接器 T47 端子 1 与搭铁之间的电压，为 12.8V，正常；测量端子 32 与搭铁之间的电压，也为 12.8V，正常；测量端子 47 与发动机室内搭铁点之间的电阻，为 0.3Ω（标准值为小于 1.5Ω），正常；测量端子 16 与发动机室内搭铁点之间的电阻，为 0.3Ω（标准值为小于

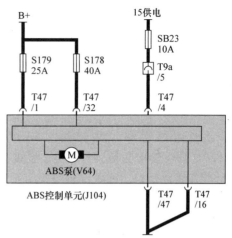

图 1-57　ABS 供电和搭铁电路

1.5Ω），也正常。为防止存在搭铁不良现象，再次拆下发动机室内的搭铁点接线柱螺栓，确认搭铁良好后重新装复，故障依旧。诊断至此，怀疑 J104 损坏。

故障排除　更换 J104 并编码后试车，ABS 灯熄灭，故障排除。

> **技巧点拨**：在有关电子控制系统的维修诊断中，对于控制单元故障的诊断，应在最后确认各个故障点、怀疑故障部位完全没有问题后，才将问题集中在控制单元上，一方面控制单元出现故障的概率很小，另一方面控制单元价位相对比较高。

十二、新速腾 ABS 故障灯报警

故障现象　一辆大众新速腾车，车辆在进行事故维修后，仪表 ABS 故障灯及防侧滑故障灯闪烁报警。

故障诊断　使用诊断仪 6150B 进入 03 制动电控系统，检测到故障码 00003——控制单元损坏（图1-58），初步分析为控制单元损坏或未执行元件终端设置。

故障存储器中存有故障码 00003——控制单元，可能原因是未进行基本设置/匹配或进行了错误的基本设置/匹配。成功完成进气门和分离阀的基本设置后会生成偶发故障记录。结束引导型故障查询后，可以顺利清除此故障记录。

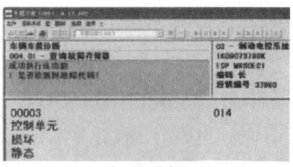

图 1-58　故障码

如果已开始对进气门和分离阀进行基本设置但未成功结束，则会生成静态故障记录，结束引导型故障查询后，可以顺利清除此故障记录。只有在排除所有其他故障原因后才能更换控制单元。

故障原因分析：①蓄电池曾经长期处于亏电状态，导致系统电压过低，或者拆装蓄电池造成瞬时电压过高导致控制单元内部损坏。②ABS控制单元本身内部故障。③ABS控制单元内部进/出油阀没有完成相关的基本设置（查询诊断软件后台引导数据库，发现数据库针对00003这个故障码有另外一种解释，分析可能是翻译错误导致故障码失真）。

故障排除　根据故障原因分析，首先对ABS泵内部的进/出油阀做基本设置。连接VAS6150B进入03制动电控系统，选择16安全访问，输入40168登录成功后，进入基本设置25通道激活基本设置，屏幕显示数据为116/129（通过制动踏板使压力数值达到116～129即可），同时保持压力直至数据显示为000/000，此时ABS泵内会自动将制动压力释放；然后松开制动踏板并且等待下一个压力数据出现，并重复上述操作步骤直至显示000/000，并且不再有压力数据出现，则进油阀基本设置完成；出油阀基本设置方法同上。经过上述基本设置后，ABS警告灯及防侧滑警告灯熄灭，将点火开关关闭并重新起动车辆后，仪表故障灯报警解除。

> **技巧点拨**：针对进/出油阀进行基本设置必须满足2个前提条件：①外界温度不得高于27℃，如果高于此温度则进/出油阀的设置将不成功，所以对进/出油阀进行基本设置的时候如果发现外界温度高于27℃，则应将发动机舱盖打开或者用风扇对ABS泵进行降温散热，如果效果不佳则可以用水枪直接对ABS机械泵体部分进行散热。②发动机应保持运行状态，保证基本设置时可以通过制动踏板产生足够的制动压力。

十三、2009年新宝来ABS灯报警

故障现象　一辆2009年新宝来，行驶里程92215km。在行驶过程中，有时会出现仪表上的ABS灯报警点亮故障。

故障诊断　首先观察是否存在故障现象，起动发动机，发现仪表上ABS灯没有点亮。接着使用专用诊断仪VAS6150B检测，发现在03制动电子装置（即ABS控制单元）中存有故障码01044——控制单元编码错误（机械故障）（图1-59）。根据故障码分析，可以将故障范围锁定为以下三种情况：①ABS控制单元本身编码存在问题；②ABS控制单元相关线路接触不良；③ABS控制单元本身故障。

根据由简到繁的检查方法，首先清除故障码，发现故障码可以清除；检查编码为20753，在线查询编码也是20753（图1-60），说明编码正确，尝试手动写入编码，可以成功执行。接着根据电路图检查发现ABS控制单元的供电正常、搭铁良好。路试行驶一段距离，并反复试验制动系统性能均没有问题，ABS功能也可以正常工作。

图1-59　故障码

图1-60　编码

由于反复试车故障没有再现,驾驶人将车辆开走。但在三天后,车辆在行驶过程中,ABS 灯再次点亮,驾驶人再次到店检查,发现故障码 01044——控制单元编码错误(机械故障),与上次检查故障码相同。为了排除编码错误故障原因,又对比了同款车型,发现编码同样为 20753,与该车编码一致;至此维修人员将故障点锁定为 ABS 控制单元本身。为了准确地排除故障,采用备件替换的方法,替换了一个新的 ABS 控制单元,跟踪试验发现车辆在行驶 60km 后,仪表上的 ABS 灯再次点亮。关闭点火开关,重新起动后观察该故障灯自动熄灭。驾驶人再次回站检查,使用专用诊断仪 VAS6150B 检测,发现故障码没有任何变化。

此时维修陷入了僵局,寻求技术支持,首先了解了该车的故障现象、维修过程,并对该车型故障码进行了分析,分析结果与维修人员的分析结果一致。

① ABS 控制单元本身编码存在问题(编码已经对比过同款车型,可以排除编码错误故障)。

② ABS 控制单元相关线路接触不良(需要根据电路图检查,供电、搭铁线路已进行过检查)。

③ ABS 控制单元本身故障(采用配件替换的方法试换过,可以排除)。

根据以上分析结果,决定查阅该车型的电路图进行分析,在查阅电路图的过程中发现 ABS 插接器有两条短连接线(图 1-61),不知道是什么用途。经查阅维修资料中的 ABS 控制单元插脚含义(图 1-62)了解到这两条线路是控制单元编码跳线。考虑到控制单元中有故障码"控制单元编码错误",与这两条编码跳线是否有相关联系呢?会不会是该线路存储问题导致故障的出现呢?思考至此,与维修人员一起重新检查 ABS 控制单元的线路,经检查发现 ABS 控制单元插接器的 22 插脚内部有锈蚀现象(图 1-63)。

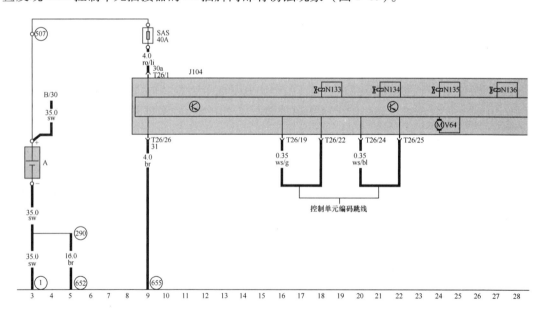

图 1-61 ABS 控制系统电路

故障排除 从 ABS 控制单元的插接器上拆下该编码跳线,清洁锈蚀痕迹,重新安装后试车,故障没有再现,通过跟踪回访驾驶人确认故障排除。

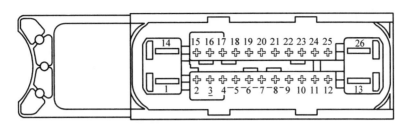

图 1-62　ABS 控制单元插脚含义

1—连接柱 KL30　2—左后转速传感器(-)　3—左后转速传感器(+)　4、7、10、13～15、17、18—未占用
5—右前转速传感器(+)　6—右前转速传感器(-)　8—左前转速传感器(-)　9—左前转速传感器(+)
11—右后转速传感器(+)　12—右后转速传感器(-)　16—制动灯开关信号　19—控制单元编码跳线(连接 22 脚)
20—接线柱 KL15　21—CAN L　22—控制单元编码跳线(连接 19 脚)　23—CAN H　24—控制单元编码跳线(连接 25 脚)
25—控制单元编码跳线(连接 24 脚)　26—接线柱 KL31

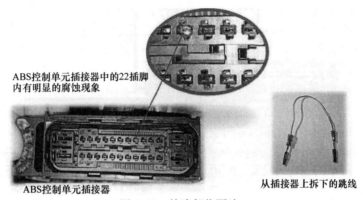

图 1-63　故障部位图片

技巧点拨：针对某控制单元出现"控制单元编码错误"的故障码，可以通过如下方法检查判断。

① 观察故障是否可以清除。假设编码错误，一般多为故障码不能清除；特殊情况下清除故障码后，重新启闭点火开关或使相应控制单元工作，程序进行自检，故障码将再现。

② 接着校对编码，部分车型可以采用对比同款车型，或在线编码的方式进行校对编码。

③ 如故障码可以清除，之后短时试车故障不能再现，校对编码正常，可以排除是编码本身问题；需要检查相应的控制单元是否有编码跳线情况，排除跳线问题，再考虑控制单元本身故障。

十四、2013 款全新宝来 EPC 和 ABS 指示灯长亮、车速表失效

故障现象　一辆 2013 款全新宝来轿车，装备 CLS 发动机，驾驶人反映车辆在颠簸路面行驶时，突然出现电子节气门（EPC）和 ABS 指示灯长亮、车速表失效的故障。

故障诊断　先明确全新宝来车速表信号传输工作原理：经 ABS 轮速传感器将车轮转速

信号传递给 ABS 控制单元，ABS 控制单元通过动力总线将轮速信号传递给仪表，因此 ABS 故障除影响自身不能正常工作之外，也将影响车速信号的正常传输。

使用故障诊断仪 VAS5052A 对车辆进行检测，网关安装列表显示 03 - 制动电控系统无法达到（图 1-64）。检查发动机电控系统故障码如下：49441 U0121 008——ABS 制动控制单元无通信，静态；01281 P0501 004——车速信号 1 不可靠信号（静态）；50197 U0415 008——制动器控制单元不可信信号，静态（图 1-65）。

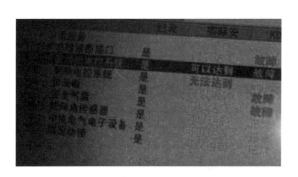 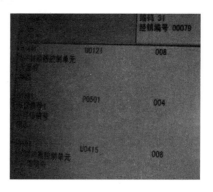

图 1-64　制动电控系统无法达到　　　　图 1-65　故障码 50197 U0415 008

对于控制单元无法达到故障，通常原因为控制单元没有供电或搭铁，其次为控制单元本身损坏及总线故障，据此分析故障可能原因如下。

① ABS 控制单元供电线路故障。
② ABS 控制单元搭铁线路故障。
③ ABS 控制单元总线故障。
④ ABS 传感器故障。
⑤ ABS 控制单元故障。

依据故障码内容分析，发动机系统故障是由 ABS 故障引起的，发动机系统无需检查，需重点检查 ABS。测量 SC2、SA1 和 SB1 供电，均有 12V 电压，测量 ABS 控制单元接地线，信号正常。拔下 SB1 熔丝检查，发现熔丝插口部位有烧蚀痕迹，说明熔丝与插口处虚接（图 1-66）。

图 1-66　熔丝插口部位有烧蚀痕迹

故障排除　处理 SB1 熔丝插口，故障排除。

技巧点拨： 由于 ABS 控制单元 30 供电的 SB1 熔丝虚接，导致插口接触片部位烧蚀，造成 ABS 故障。此案例也可通过测量线路电压的方法查明线路或熔丝虚接故障。

十五、2013 款大众 CC ABS 警告灯偶发性闪亮

故障现象　一辆 2013 款 CC 轿车，装备 CGM 发动机，驾驶人反映左后轮气压不足，但仪表上轮胎压力警告灯未报警点亮，同时 ABS 警告灯偶发性闪亮。

故障诊断　测量两后轮胎压，左后轮的胎压比右后轮的胎压低 80kPa，路试 10km，轮

胎压力确实未报警。在路试过程中驾驶人反映，之前胎压报警能起作用，最近车辆发生过一次事故，维修之后出现故障。

连接 VAS6150A 诊断仪未检测到故障码，打开点火开关时，仪表板上没有出现胎压监测警告灯。正常车辆在打开点火开关时，仪表板上的胎压监测警告灯会亮几秒钟，自检后熄灭。操作此车胎压复位校准键时也没有复位成功提示。胎压校准操作方法如图 1-67 所示。当轮胎压力出现缺失时，报警提醒如图 1-68 所示。

将轮胎气压按规定调整到标准值后按压校准开关，系统即开始校准。开始校准前，须按压校准开关2s，此时仪表内的警告灯会亮起并伴有一声锣声，接着警告灯熄灭，校准成功

图 1-67　胎压校准操作方法

一旦检测到压力损失，组合仪表内的轮胎压力监测警告灯将亮起，并发出一声锣声，以警告驾驶人，在系统重新校准前，警告灯会保持长亮，系统校准前，每次起动车辆时，均会发出锣声

图 1-68　轮胎压力出现缺失的报警提醒

根据轮胎压力监测原理，显示系统是一个不具备诊断地址的软件模块，安装于 ABS 控制单元 J104 中。防抱死制动系统的各种数据用于确定轮胎的滚动周长。然后，系统将轮胎的滚动周长与参考数据做比较，从细微的变化可察觉出胎压损失。

根据上述原理，分析判断为 ABS 控制单元中的胎压监测功能没有开通。检查此车辆 ABS 控制单元编码为 227（图 1-69），与另一辆相同配置正常车辆进行比较，发现正常车辆编码为 83171。

图 1-69　故障车 ABS 控制单元编码为 227

故障排除　对故障车辆重新进行在线编码（图 1-70），然后对车辆轮胎进行放气，在亏气状态下试车，轮胎压力出现报警，系统功能恢复正常，故障排除。

> **技巧点拨**：该车之前事故维修时，车辆断电引起 ABS 控制单元的编码改变，而编码的变化导致系统功能的缺失。

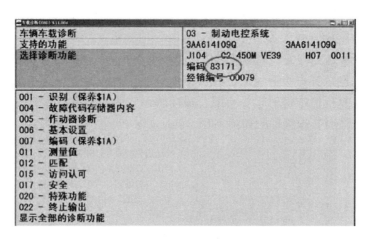

图 1-70 重新进行在线编码

十六、斯柯达野帝 ABS 控制单元故障导致蓄电池亏电

故障现象 一辆斯柯达野帝，行驶里程 4 万 km，因无法起动请求救援。救援人员到达现场后发现，是因为蓄电池亏电而导致的无法起动。在施救现场，救援人员还对车辆的静态电流进行了检测，该车静态电流为 40mA 左右，完全符合厂家规定的 60mA 以下，搭电后正常起动。救援人员初步判断可能是由于驾驶人忘记关闭用电器而导致的蓄电池亏电，再加上当时驾驶人急需用车，起动后驾驶人直接开车去办事了，未让其进店维修。

故障诊断 半月后，驾驶人自行开车进店报修。故障现象与上一次完全一样，蓄电池亏电而无法起动。

根据驾驶人反馈的信息，早起上班时车辆无法起动，而下班时虽然起动不是太顺畅，但终究还是能起动，初步判断充电系统工作正常，出故障的概率非常小。考虑到该车才使用了不到一年，蓄电池出问题的可能性也很小，但车辆漏电的可能性比较大。为保险起见，首先检查充电电压，为 15.1V 左右，在正常范围之内。接着又用瓦尔塔蓄电池检测仪检查蓄电池，显示严重亏电，于是用瓦尔塔充电机对其进行了充电，充满电后再次用瓦尔塔蓄电池检测仪检查蓄电池的状态，结果显示为"一般"。对车辆的静态电流进行了 15min 左右的监测，静态电流一直处于 40mA 左右，完全符合厂家要求。

至此，检查进入了死胡同。因驾驶人需要用车，建议先更换蓄电池。因为连续多次过度放电后，蓄电池的性能已急剧下降。

一个月后，这辆车再次回厂维修，故障现象依旧。至此，基本可以断定该车存在漏电情况。考虑到该车实际情况，再加上漏电检测耗时较长，驾驶人同意将车留厂观察，直到找到漏电原因并彻底排除故障为止。再次确认充电系统工作良好，并给蓄电池充好电，连接好电流钳后锁车，并安排一实习生时刻监视静态电流的变化情况，且叮嘱实习生发现异常要随时报告。

大概过了 20min 左右，实习生发现电流表的读数偶尔会达到 1A 多，也就是说静态电流高达 1000mA，在大电流出现时好像听到类似于冷却风扇起动的声音。经过观察确实发现锁车状态下冷却风扇异常起动，至此漏电点也基本确定。

对冷却风扇相关电路、元器件及控制模块逐一进行检测，经过技术会诊和反复检测、排查，费尽周折，终于找到真正的故障点：ABS 控制单元。原来，ABS 控制单元因为故障无法进入睡眠状态，在锁车期间，通过总线向外发送信息，发动机控制模块接收到错误信息后，起动了冷却风扇导致漏电，进而引发蓄电池亏电而无法起动发动机的故障。

故障排除 在更换 ABS 控制单元后，故障彻底被排除。

技巧点拨： 上面这个案例虽然有些极端，故障原因令人匪夷所思，但通过此案例再次证明，遇到蓄电池亏电而导致发动机无法起动的故障时，一定不能只是简单地换上新蓄电池就算完事，而一定要具体问题具体分析，不找到真正的故障点誓不罢休。只有这样才能真正赢得驾驶人的信任，迎来回头客。

第三节 通 用 车 系

一、2014 款通用 GL8 ABS 灯亮

故障现象 一辆 2014 款通用全新 GL8 豪华商务车，行驶里程 31233km。报修 ABS 灯亮。

故障诊断 用 GDS 诊断车辆，有相关故障码为车辆动力网关所有模块与电子制动模块失去通信（图 1-71）。清码后 ABS 灯灭，但试车不久又点亮，故障呈偶发状态。用数据通信诊断电子制动模块，无法通信（电子制动模块不显示），如图 1-72 所示。

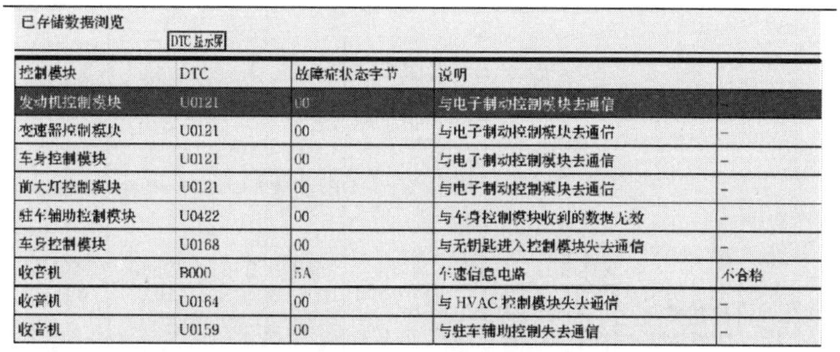
已存储数据浏览

DTC 显示屏

控制模块	DTC	故障症状态字节	说明	
发动机控制模块	U0121	00	与电子制动控制模块去通信	–
变速器控制模块	U0121	00	与电子制动控制模块去通信	–
车身控制模块	U0121	00	与电了制动控制模块去通信	–
前大灯控制模块	U0121	00	与电子制动控制模块去通信	–
驻车辅助控制模块	U0422	00	与车身控制模块收到的数据无效	–
车身控制模块	U0168	00	与无钥匙进入控制模块失去通信	–
收音机	B000	5A	车速信息电脑	不合格
收音机	U0164	00	与 HVAC 控制模块失去通信	–
收音机	U0159	00	与驻车辅助控制失去通信	–

图 1-71 故障码

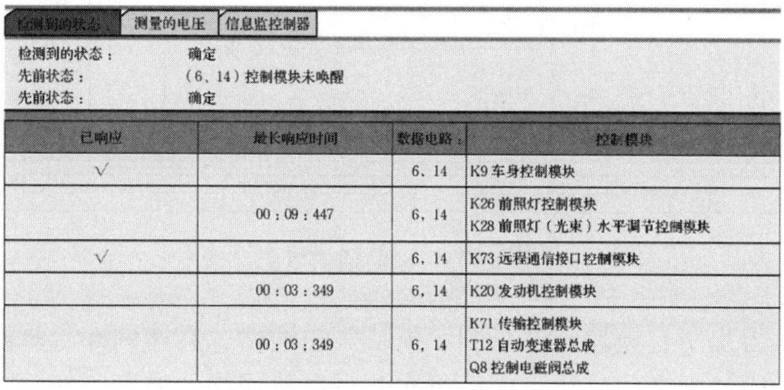
检测到的状态 | 测量的电压 | 信息监控制器

检测到的状态： 确定

先前状态： （6、14）控制模块未唤醒

先前状态： 确定

已响应	最长响应时间	数据电路：	控制模块
√		6，14	K9 车身控制模块
	00：09：447	6，14	K26 前照灯控制模块 K28 前照灯（光束）水平调节控制模块
√		6，14	K73 远程通信接口控制模块
	00：03：349	6，14	K20 发动机控制模块
	00：03：349	6，14	K71 传输控制模块 T12 自动变速器总成 Q8 控制电磁阀总成

图 1-72 数据通信

根据电路图（图1-73）测量网络的通信线路。关闭点火开关并断开蓄电池负极，用万用表测量诊断插头6号和14号脚电阻为64.4Ω，正常；连接蓄电池负极，测量6号脚与车身搭铁电压为2.42V，14号脚与车身搭铁电压为2.79V，对比正常车辆电压分别为2.21V、2.78V，6号脚与车身搭铁电压和正常车相差0.2V。

为了进一步确认故障，用数据诊断测量高速网6号脚、14号脚波形，结果显示6号脚波形异常，如图1-74所示。

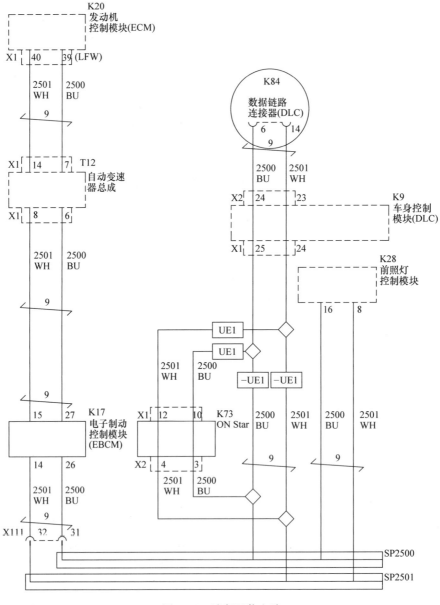

图1-73 诊断通信电路

根据诊断测试得出所有模块与电子制动模块失去通信，高速网6号脚波形异常。维修人员认为将电子制动模块网络通信线跨接后再次测量高速网络的波形，然后观察故障点应该是

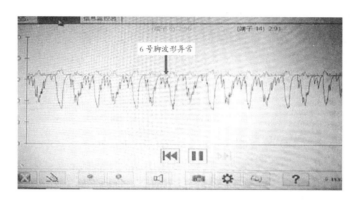

图 1-74　6 号脚波形

最快捷的方法。

将 K17 电子制动模块插接器 15 号脚与 14 号脚、27 号脚与 26 号脚短接后（图 1-75），测量动力网 6 号脚高速通信的波形。短接后的测试结果为波形正常，如图 1-76 所示。

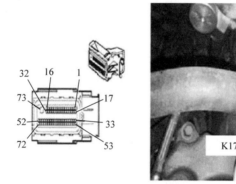

图 1-75　K17 插接器及位置

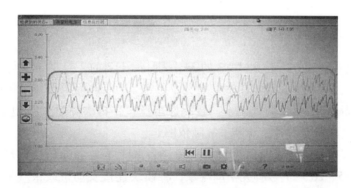

图 1-76　波形正常

在此情况下，认为故障可能是：①模块供电或搭铁不良；②插接器接触不良；③电子制动模块故障。根据分析，用试灯测试 1 号脚，试灯亮度正常；测量 25 号脚，试灯无法点亮。由此判定 25 号脚供电故障，继续查找 25 号脚故障点。

根据电路图，K17 电子制动模块 25 号电源线路（图 1-77）经过发动机舱熔丝盒 X2 的 34 号脚、中间插接器 112。用试灯测量插接器 X112 的 2 号脚，试灯无法点亮，根据线路图继续测试上一个插接器。

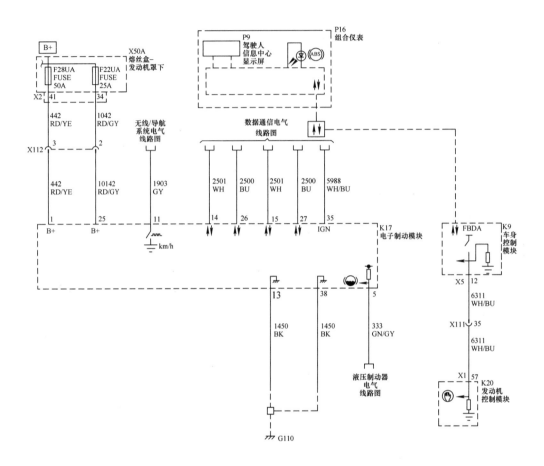

图 1-77　插接器 X112 电路

断开 X2 插接器，用万用表测试 X2 的 34 号脚与 X112 的 2 号脚导线电阻，为 0.5Ω，判定该导线正常。测量 X2 公插接器，试灯点亮，判定 X2 的 34 号脚母端子接触不良。挑开 X2 插接器后盖，重新处理 34 号脚母端子，装配好熔丝盒，再次测量 K17 电子制动模块 25 号脚，试灯点亮。装配所有部件后诊断，故障依旧。

根据维修过程判定，故障原因为模块故障或者 K17 插接器通信线母端子接触不良，用大头针测量 14、15、26、27 号脚无松动现象，将模块连接发动机线束（K17 插接器与发动机线束为一条线束），诊断数据正常，将模块装配完毕后故障依旧。

故障排除　根据故障判断，K17 的 26、27 号脚接触不良，因此处理完插接器后试车，呈偶发故障。尽管故障频率较低，但为了提高驾驶人满意度，还是给驾驶人更换了发动机线束，故障彻底排除。

技巧点拨：一般遇到偶发接触不良，比较难找到故障点。在维修类似故障时应首先观察故障现象，利用诊断工具，从寻找工作不正常的部件入手，查明故障源，最后解决疑点。

二、2012款上海通用别克英朗ABS泵电动机长转

故障现象 一辆2012年上海通用别克英朗，配置1.6L LDE自然吸气发动机、D16手动变速器，行驶里程123000km。车辆ABS泵电动机长转。

故障诊断 接车后确认故障，发现无论点火开关处于什么位置ABS泵电动机都处于不停运转的状态，同时发现蓄电池已经漏液。着车行驶一段距离，发现除了组合仪表ABS灯点亮外并无其他异常。连接诊断仪读取电子制动控制模块（集成了ABS控制模块）的故障码为C0110——泵电动机电路（图1-78）。因为泵电动机转动噪声很大，先将蓄电池负极断开。

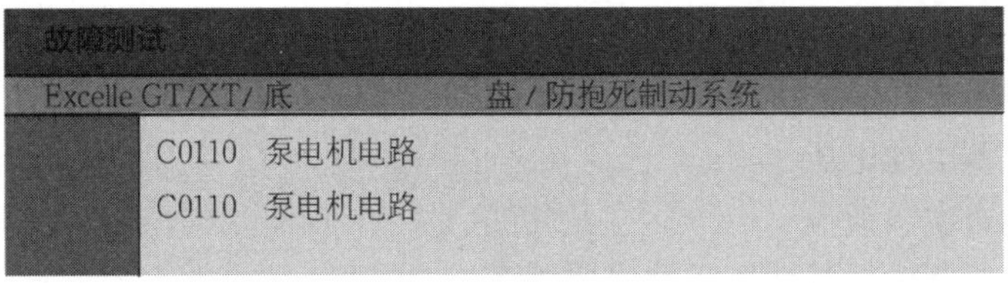

图1-78 故障码

从维修手册得知，泵电动机是制动压力调节阀总成的组成部件，同时泵电动机继电器与电子制动控制模块（EBCM）集成为一体。在系统正常工作时，泵电动机继电器不接合。当需要防抱死制动系统、牵引力控制或稳定性控制系统运行时（此车为低配车型，并无牵引力控制或稳定性控制程序），电子制动控制模块激活泵电动机继电器并打开泵电动机。即泵电动机控制并不存在外围线路，初步判断为电子制动控制模块线路板故障导致泵电动机继电器长接合或泵电动机继电器本身结构故障处于长接合状态，决定更换电子制动控制模块总成（包括电子制动控制模块和泵电动机）。

更换电子制动控制模块总成（拆车件）后（图1-79），连接蓄电池负极，泵电动机长转现象消失。打开点火开关，仪表自检后无异常出现，着车后发现组合仪表黑屏，用手转动转向盘，发现转向机无助力，紧接着散热器风扇也高速转了起来。这时再操作玻璃升降、中控、刮水器、天窗、前照灯、空

图1-79 更换下来的ABS总成

调等车身电器设备，全部处于瘫痪状态。只有驻车灯能正常点亮，且驾驶人加装的一套车载导航还能正常工作。

首先怀疑更换的配件有问题，不能与其他模块通信，导致了车身电气系统瘫痪。尽管发动机还能着车，但由于不能和电子制动控制模块通信也处于保护模式，即让冷却风扇高速运转。抱着一丝希望还是决定先给电子制动控制模块做在线编程和配置与设定，再看能不能清除故障，然而结果是编程失败。接着做配置与设定，可以成功。根据更换新君越拆车电子制动控制模块总成的经验，模块总成装车完毕后转向是有助力的，只不过是侧滑灯点亮，无须编程做配置与设定就可以。而英朗并不像新君越配置有自适应前照灯、驻车制动、电子稳定性程序、阻尼可变减振器等，这些配置需要采用电子制动控制模块的车速信息，其他模块需要采用电子制动控制模块车速信息的只有电子助力转向控制模块。通过在线配置与设定能成功和组合仪表无故障灯点亮这两点综合判断，可排除更换的电子制动控制模块的问题。

配置与设定完毕后着车试验，发现刚开始组合仪表能正常工作，电子助力转向也有助力，结果打转向盘半圈就与做配置与设定前一样了，还是转向无助力，冷却风扇高速运转，车身电气系统瘫痪。读取车身控制模块故障码如下：

- ◆ B1405——控制模块电压基准回路 2
- ◆ B1516——蓄电池电流传感器
- ◆ B1517——蓄电池电压
- ◆ B1527——寄生负荷
- ◆ B1529——控制模块基准电压输出回路 5
- ◆ B2575——前照灯控制回路
- ◆ B2699——右前照灯控制回路
- ◆ B2955——安全传感器数据回路
- ◆ B3101——无钥匙进入数据链接回路
- ◆ B3205——驾驶人车窗电动机
- ◆ C0277——制动踏板位置传感器回路
- ◆ C0890——控制模块电压基准输出回路 3
- ◆ B101E——电子控制元件软件
- ◆ B1325——控制模块电源回路
- ◆ U0078——控制模块通信低速 CAN 总线关闭
- ◆ U0100——与发动机控制模块失去通信
- ◆ U0121——与电子制动控制模块失去通信
- ◆ U0164——与 HVAC 控制模块失去通信
- ◆ U1515——LIN 总线 1 与设备 5 失去通信
- ◆ U1534——LIN 总线 3 与设备 4 失去通信
- ◆ U153A——LIN 总线 3 与设备 10 失去通信
- ◆ U1548——LIN 总线 4 与设备 8 失去通信
- ◆ U154A——LIN 总线 4 与设备 10 失去通信

由以上故障码可看出故障码主要分为车身控制模块通信和车身电气控制功能两种类型，几乎包含了车身控制模块的绝大部分功能，此外其他各模块如发动机控制模块、电子助力转向控制模块、组合仪表等都有故障码 B1325 控制模块电源回路存储。发动机控制模块有故障码 P0597 发动机冷却液恒温加热器控制回路。电子制动控制模块有防盗标识符错误的故障码。通过故障码 B1325 不禁联想到了各模块供电电压,这时再着车从 GDS2 界面的右下角发现车辆电压已达到 23V,熄火后电压很快下落到 12V。

故障排除　更换发电机后,车身电气系统各功能均恢复正常,只是发动机冷却风扇还在长转,根据故障码 P0597 更换节温器总成后恢复正常。

> **技巧点拨**:庆幸的是各模块均设计了过电压保护电路,一场维修下来还算是有惊无险。在此后的维修实践中,又遇到过上海大众朗逸类似故障,同样也是车身电气系统都不能使用。

三、2014 款雪佛兰 Aveo 更换前轮轴承后 ABS 异常

故障现象　一辆 2014 款爱唯欧(Aveo),行驶里程 56456km,因前轮轴承异响而送修,在更换了右前轮轴承后,驾驶人发现 ABS 灯长亮,而且在行驶中踩制动踏板,会明显感觉到踏板出现振动、弹脚,且伴有"咯咯咯"的响声,因而再次送修。

故障诊断　接车后,首先试车并验证故障现象,确实如驾驶人所述,ABS 指示灯长亮,且制动过程中 ABS 误起动。连接专用检测仪,发现系统存有历史故障码"DTC C1226 00——右前轮速传感器电路性能故障"。拆下右前轮轮速传感器并进行检测,未见异常。清除故障码后进行路试,故障现象消失,并交车。

没过几天,该车再次进站报修,而且故障现象与之前完全相同。

接车后连接专用诊断仪,调取故障码,与之前一样,系统内依旧存有历史故障码"DTC C1226 00——右前轮速传感器电路性能故障"。查询维修手册,详细了解该故障码的确切含义:右前轮速传感器没有数据传递给 EBCM。故障车制动时踏板抖动,ABS 误起动,说明 EBCM 监测到在制动时右前轮转速明显低于其他轮(或转速为"0"),所以 ABS 开始工作。

考虑到该车故障现象是在更换右前轮轴承之后出现的,故障原因与轴承应该有很大关系。该车使用的是霍尔式数字轮速传感器(图1-80),传感器的信号发生器(磁性编码环)集成在前轮轴承的油封上(图1-81)。如果这个集成了油封的磁性编码环损坏,就有可能导致上述故障现象。

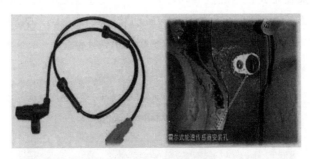

图1-80　霍尔式轮速传感器

拆下右前半轴,露出轴承上的磁性编码环,仔细检查发现磁性编码环上有一处非常轻微

图1-81 磁性编码环集成在轴承油封上

的凹陷,大约1mm。如果不仔细检查,很容易被忽略。这个轻微的"凹陷"导致编码环与传感器之间的间隙变大,传感器不能稳定地感知到车轮的转动(图1-82)。

这种分体式霍尔式轮速传感器的信号发生器,也就是磁性编码环(图1-83),通常集成在前轮轴承上。如果轴承装反或者安装时将编码环损坏,都会引起故障。

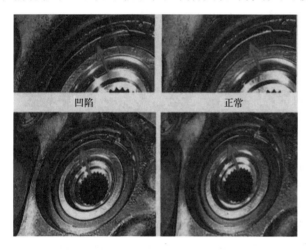

图1-82 轴承上磁性编码环的间隙对比

图1-83 传感器结构

因此,在安装前一定要检查新配件上的编码环是否完好,安装时注意轴承的安装方向,同时注意保护编码环;安装完成后应确认编码环完好,与传感器之间的间隙正常(图1-84)。

故障排除 更换全新且磁性编码环完好的右前轮轴承后,该车故障被彻底排除。

图1-84 轴承磁性编码环的检查方法

技巧点拨：该车的故障原因是新换的右前轮轴承上的磁性编码环存在凹陷变形，看似是配件质量造成的，但是深究起来，造成配件出现缺陷的原因是什么呢？是配件质量，还是运输保管不当，或者是安装过程中的失误造成的？这很难分辨清楚。但是，如果对传感器的原理和结构非常了解，在安装前仔细检查、安装中注意关键点、安装后进行确认，就不会让故障现象出现在驾驶人面前。

四、2005 款别克君越侧滑灯长亮

故障现象　一辆 2005 年别克君越，配置 2.4L 发动机和自动变速器，行驶里程 88199km。该车侧滑指示灯点亮，仪表提示检修车辆稳定系统。

故障诊断　接车确认侧滑指示灯点亮，询问驾驶人得知大概半年前出现此故障，后在几家修理店均未找到故障原因，而且开着也没有明显异常，所以拖了半年一直没修。

用原厂诊断仪 Tech2 诊断 PCM 存在故障码：P0856——牵引力控制转矩请求电路。ABS 模块存在故障码：C0241——动力系统控制模块（PCM）指示需求转矩故障。故障码如图 1-85 所示。

图 1-85　故障码

对该车牵引力控制系统进行了解：电子制动控制模块和动力系统控制模块同时控制牵引力控制系统，电子制动控制模块通过脉宽调制（PWM）信号向动力系统控制模块发送需求转矩信息，如图 1-86 所示。该信号的占空比用来确定电子制动控制模块请求动力系统控制模块提供的发动机转矩大小信息，正常的占空比在 10%～90%，当牵引力控制系统未激活时，信号占空比应为 90%，而当牵引力控制系统激活时，该值则较低。动力系统控制模块提供上拉电压，电子制动控制模块接地以产生信号。

设置故障码的条件：动力系统控制模块诊断需求转矩脉宽调制信号电路，并向电子制动控制模块发送 class2 串行数据信息，指示已出现故障，如果动力系统控制模块检测到以下情况中的一种，则电路中存在故障：需求转矩脉宽调制信号占空比低于 5% 或高于 95%；没有出现需求转矩脉宽调制信号的时间达 10s。

清除故障码的条件：设置故障码（非当前故障码）的条件消失，并用诊断仪的"清除故障码"功能清除故障码；经 100 个连续行驶周期后，如果未检测到当前故障码，电子制动控制模块将自动清除历史故障码。

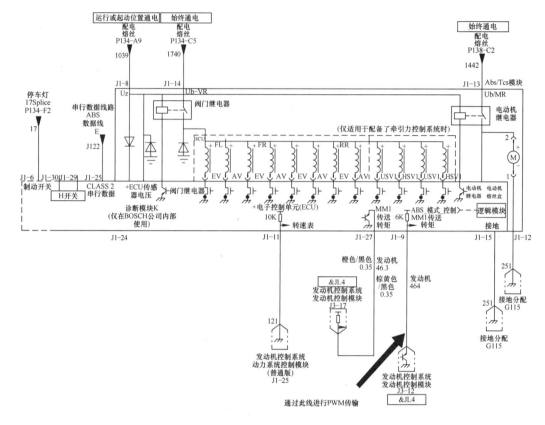

图 1-86 防抱死制动系统示意图

查找诊断仪 Tech2 并无此数据，但有相关数据，如图 1-87 所示。

故障排除 根据 EBTCM 至 PCM 请求转矩为 509N·m 及 PCM 至 EBTCM 输送转矩为 -6N·m，说明占空比低于 5%，可以判断脉宽调制信号电路 464 棕黄/黑色线存在数据传输错误。拆开空气滤清器壳体，检查相关线路发现，在 PCM 插头附近，该线被老鼠咬断，重新维修线路后，数据显示正常，故障彻底排除，如图 1-88 所示。

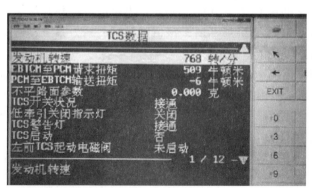

图 1-87 相关数据

图 1-88 维修线路

第一章 ABS 维修技能与技巧点拨

> **技巧点拨**：当遇到任何问题时，一定要对相关系统进行充分了解，只有明白原理，才能在维修过程中不盲目，进而快速找到故障原因，提高工作效率。

第四节 丰 田 车 系

一、雷克萨斯 ES350 ABS 故障灯和驻车制动灯异常点亮

故障现象 一辆雷克萨斯 ES350 轿车，搭载 2GR-FE 发动机，行驶里程 15 万 km。车辆因事故进行维修后，发现 ABS 故障灯和驻车制动灯异常点亮。

故障诊断 起动车辆，发现发动机故障灯和 ABS 故障灯异常点亮。检查制动液，无任何异常，使用诊断仪进入 ABS，发现 ABS 无法进入。于是参照电路图检查 ABS 的电源和搭铁（包括其通信线路），发现搭铁不良，最终发现其搭铁线路出现断路的情况。重新连接后，可以正常进入 ABS，无任何故障码存在。于是进行试车，刚行驶一会儿，ABS 故障灯再次异常点亮，再次使用诊断仪进行查看，发现存有图 1-89 所示故障码，为当前故障。保存故障码后，尝试删除故障码，可以正常删除。再次尝试试车，刚刚起步，ABS 故障灯再次点亮，说明故障当前就存在。

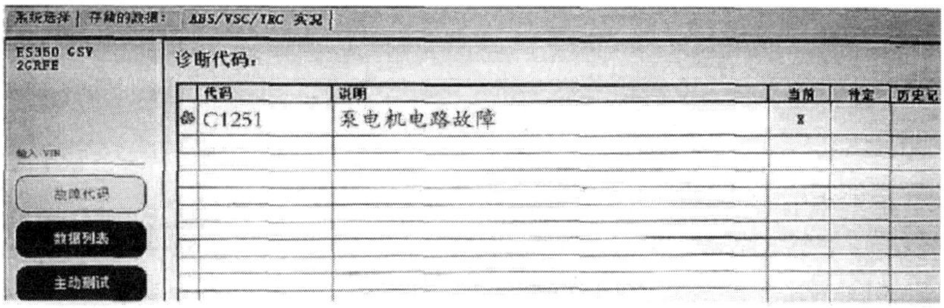

图 1-89 故障码

故障可能原因有：①泵电动机供电；②泵电动机搭铁；③泵电动机本身（防滑控制 ECU）。

内置在 ABS 防滑控制 ECU 的泵电动机，主要作用是在 ABS、TRC、VSC 或者 BA 任一系统工作时，防滑控制 ECU 会接通 VSC 继电器并激活制动执行器中的泵电动机。防滑控制 ECU 电路如图 1-90 所示。

首先，测量泵电动机的电源是否良好。打开发动机舱，拔下 VSC NO.1 号继电器，测量继电器的 5 号端子与搭铁的电压，为 12V，说明 1 号 ABS 的熔丝良好。为了快速判断泵电动机的供电端子 BM 在工作时是否存在 12V 的电压，决定直接使用万用表测量防滑控制 ECU 的 2 号端子 BM 的电压。将电源模式切换至 IG 状态下，测量其 2 号端子 BM 与搭铁的电压，为 0V，异常。难道是泵电动机的供电线路存在问题？正常情况下，应该有 12V 的电压输入才对，正准备仔细排查泵电动机的供电线路，发现了一个问题，想要泵电动机有输入电压，必须接合 VSC 继电器才可以，而只有在 ABS、TRC、VSC 或者 BA 工作时，才会接合 VSC 继电器，从而输出 12V 电压到泵电动机，VSC 继电器本身是否工作不取决于电源模式的开关，

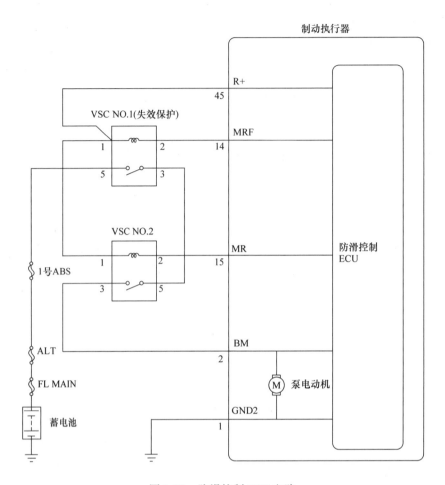

图 1-90 防滑控制 ECU 电路

说明刚才的测量不正确。

让 VSC 继电器工作,最快速的判断方法就是直接使用诊断仪进行驱动,重新连接 ABS 的插头,使用诊断仪进入 ABS 主动测试后,进入 Motor Relay(ABS 泵电动机继电器),从而直接驱动 VSC 继电器的打开和关闭。控制将其打开,再次使用万用表测量其 2 号端子 BM 与搭铁的电压,为 11.6V,无任何异常,说明泵电动机的供电良好。另外也发现了异常,虽然测量的电压正常,但是泵电动机在做主动测试的同时,始终没有工作的声音。接着,将 ABS 的插头拔下来,测量其 1 号端子与搭铁的通断与电阻,电阻为 0.5Ω,正常。说明泵电动机的搭铁也正常。通过以上测量,可以判断的是,泵电动机的电源和搭铁线路良好,那只有可能是泵电动机本身的问题。于是决定使用万用表测量泵电动机的电阻,测量其 1 号和 2 号端子的电阻,发现电阻只有 0.3Ω(图 1-91),明显存在异常。测量其他同型号车辆的泵电动机电阻,为 1.5Ω 左右(图 1-92)。说明泵电动机损坏,导致其无法工作。

故障排除 更换防滑控制 ECU 总成后(内置的泵电动机总成如图 1-93 所示),故障排除。

技巧点拨：为什么在删除故障码后，刚起步就会出现故障码呢？因为在点火开关置于 ON（IG）位置且制动灯开关关闭时，如果有6km/h 或更高的车速信号输入到防滑控制 ECU，ECU 将执行电动机和电磁阀电路的自诊断，来判断系统是否工作正常。

图1-91　电阻测量

图1-92　正常电阻值

技巧点拨：汽车故障诊断的过程，是一步步尝试缩小范围找准故障点的过程。

二、丰田雅力士低速制动时异响

故障现象　一辆2012款丰田雅力士轿车，车辆型号为 ZSP91L-AHPHKC，发动机型号为1ZR，行驶里程3000km。驾驶人反映该车上次维修后在低速（20～50km/h）制动时，车身前部有"咔咔"异响声。

故障诊断　接车后验证故障现象，正如驾驶人所述，但是，车辆故障灯没有点亮。经多次试车，发现此响声与 ABS 泵工作响声很相似，但此时的车速较低，路面又是干燥的水泥路，制动力比较小，ABS 不应该起

图1-93　防滑控制 ECU 总成

作用。根据故障现象初步判断：①底盘松动异响；②ABS 控制系统异常；③其他。

升起车辆检查底盘，未发现有撞击变形、托底等迹象，对底盘所有的螺栓和螺母检查未发现异常，拧紧力矩也在标准范围内。检查制动片、制动轮缸和制动盘也未发现异常。用GTS（专用诊断仪）检测车辆，没有当前故障码和历史故障码存在。再次试车，确认异响就是 ABS 工作响声。在用力踩下制动踏板或在光滑路面上制动时，ABS 才工作。但是，车辆出现异响时并不具备这些条件，为什么 ABS 会工作呢？于是连接 GTS 进行试车，并且记录 ABS 的数据流，发现左前轮速出现异常，另外左前轮传感器开路检查为 Error（瞬间断路），如图1-94所示。图1-95所示为左前轮数据流的线形图对比，通过对比可以判定左前轮速异常，因此 ABS 才异常工作。

参数	值	单位
FR Wheel Speed	32	km/h
FL Wheel Speed	20	km/h
RR Wheel Speed	32	km/h
RL Wheel Speed	32	km/h
FR Speed Open	Normal	
FL Speed Open	Error	
RR Speed Open	Normal	
RL Speed Open	Normal	
ABS Warning Light	OFF	
Brake Warning Light	OFF	
Stop Light SW	OFF	
Parking Brake SW	OFF	

图 1-94　ABS 数据流

故障排除　拆下左前轮速传感器检查，未发现异常。于是，与同型号车辆的左前轮速传感器调换测试，发现故障依旧，因此也排除左前轮速传感器的故障。由于该车在外进行过维修，并且左前轮的部分零件也被更换过，因此怀疑装配不好导致故障。当拆下左前转向节总成时，发现在左前轮轴承的磁性转子上有铁屑附在上面（图 1-96）。清洁异物铁屑，重新安装后试车，所有数据流正常，故障彻底排除。

技巧点拨：雅力士采用主动型轮速传感器，当铁屑附在磁性转子上时会阻碍磁场的变化，导致左前轮速传感器检测到错误的信号，在轻踩制动踏板时误认为左前轮被抱死，ABS 为了防止车轮抱死开始工作发出异响。

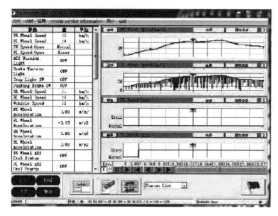

图 1-95　左前轮数据流的线形图对比　　　　图 1-96　磁性转子上有铁屑

第五节　福　特　车　系

一、蒙迪欧 ABS 故障灯长亮

故障现象　一辆福特蒙迪欧车，搭载 2.0L 发动机和自动变速器，行驶里程 17.2 万 km，因仪表板上 ABS 故障灯长亮而进厂检修。

故障诊断　接车后试车验证故障，故障现象确实存在。连接 IDS 读取故障码，读取到的故障码为 C1145 – ABS/TCS——右前轮转速传感器输入电路失灵（图 1-97）。记录并尝试清除故障码，故障码无法清除。

根据故障码的提示，结合故障现象进行分析，判断故障原因可能有右前轮速传感器损坏、右前轮轴承损坏、轴承信号盘上有异物、ABS 控制模块故障、相关线路故障等。

本着由简到繁的诊断原则对上述可疑故障点进行排查。首先将车辆举升，对右前轮轴承信号盘进行检查，又用清洗剂和吹风枪对其进行清洗并吹干，确认无铁屑等异物；将变速器置于 D 位，踩下加速踏板使车轮空转，并用 IDS 读取数据流，发现右前轮的转速数据无法识别（图 1-98）。

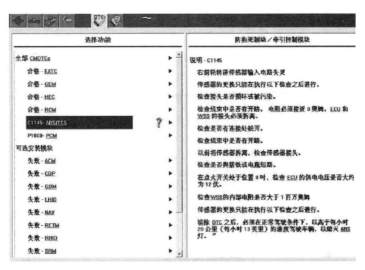

图 1-97　IDS 读取到的故障码

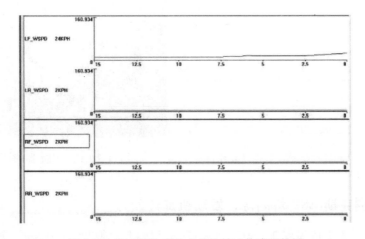

图 1-98　IDS 读取到的右前轮转速传感器数据

拆下右前轮，取下右前轮转速传感器检查，发现右前轮转速传感器导线插接器的卡扣松动，导线插接器连接不牢固，右前轮转速传感器的导线插接器内已有较多泥土进入（图 1-99）。怀疑是右前轮转速传感器导线插接器卡扣松动，使插接器插接不牢，泥沙混入造成线束接触不良导致故障产生。

清洁右前轮转速传感器导线插接器，插接紧固后试车，用 IDS 读取数据流，右前轮转速传感器的数据恢复正常（图 1-100），故障码也可以清除了。

然而，是什么原因导致右前轮转速传感器导线插接器卡扣松动呢？顺着右前轮转速传感器的线束检查，发现右前轮转速传感器线束在减振器上的线束固定支架的锁止端翘起（图 1-101），线束固定支架锁止不到位，角度偏移，导致线束处于拉紧状态，在大幅度转动转向盘时，线束会被拉扯，长此以往，右前轮转速传感器的导线插接器出现松动，泥沙进入其中，导致线束接触不良，使得右前轮转速传感器的信号中断，造成 ABS 故障灯长亮。

图 1-99　右前轮转速传感器的导线插接器内有泥土进入

故障排除　对线束固定支架进行处理，调整好角度，固定，并锁止到位后，对车辆进行路试，故障未再出现，ABS 工作正常，至此故障排除。

技巧点拨：后经询问驾驶人得知，车辆此前曾在其他修理厂更换过右前减振器。怀疑是配件质量不过关，或是维修人员的装配技术等原因，导致后续故障的产生。

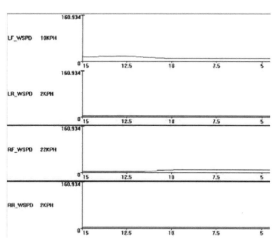

图 1-100　右前轮转速传感器数据恢复正常

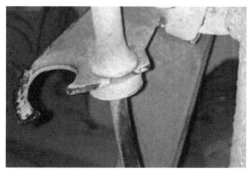

图 1-101　线束固定器的锁止端翘起

二、福特福克斯 ESP 灯闪烁，发动机加速无力

故障现象　一辆福特福克斯 C307，1.8AT 运动版，行驶里程 3 万 km。车辆在加速过程中，仪表 ESP 灯闪烁，伴随发动机加速无力现象。

故障诊断　经 IDS 诊断仪扫描无故障码储存，由于故障出现在加速过程中，怀疑是轮速信号干扰，使 ESP 系统做出干预，并发送信息给发动机 ECU，然后 ECU 控制减小点火提前角。根据经验判断轮速传感器受到污染的可能性比较大，因此立刻检查车轮轴承磁环表面是否有异物，结果一切正常。

路试，运用 IDS 数据记录功能查看轮速传感器的工作状态，结果发现右前轮速信号异常（图 1-102）。于是拆下右前轮检查，发现右前轮速传感器线束磨破、露出线缆。

故障排除　仔细检查发现，线缆支架变形，故障由线缆与轮胎内侧动平衡块摩擦所致。

> **技巧点拨**：对于汽车在使用过程中出现的由于车辆行驶造成的磨损，只要在平时使用中认真检查、定期维护，就可以将问题消灭在萌芽状态。

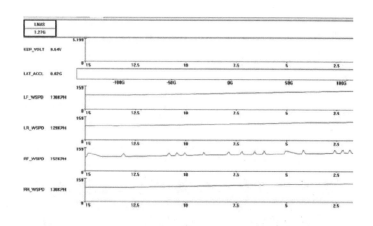

图 1-102　轮速信号异常

三、福特翼虎仪表提示"坡道辅助功能不可用"

故障现象　一辆长安福特翼虎，搭载 Eco Boost 2.0T 发动机和自动变速器，行驶里程为 1 万 km，因仪表信息中心出现"坡道辅助功能不可用"的提示信息而进厂检修。

故障诊断　接车后，试车验证故障，接通点火开关，尝试起动发动机，发动机顺利起动，查看车辆的仪表板，并无任何故障灯点亮，且仪表信息提示中心也没有任何报警提示信息。经与驾驶人沟通得知，该车的仪表信息中心曾出现过"坡道辅助功能不可用"的提示信息。于是，根据坡道辅助系统的功能和原理，选择倾斜度大于 3% 的坡道对车辆进行路试，结果发现坡道辅助系统能够正常工作，并未出现驾驶人所描述的故障现象。

连接 IDS 对车辆进行检测，读取到与故障相关的故障码，如图 1-103 所示。根据故障码的提示，初步判断故障原因可能有 ABS 控制单元故障、轮速传感器故障、ABS 液压泵故障、线路故障、轮速信号盘故障等。尝试清除故障码，故障码能够清除。检查右后轮速传感器及其相关线路，未见异常；将左后和右后轮速传感器互换后试车，用 IDS 数据记录器检测轮速传感器的数据，未见异常。因此，可以排除右后轮速传感器及其相关线路存在问题的可能。检查轴承上的轮速信号盘，也未见异常，但在转动半轴的过程中发现，半轴球笼封口处有铁屑（图 1-104），怀疑故障就是由此铁屑造成的。

故障排除　清除铁屑后，将车交还给驾驶人，两周后进行电话回访，确认故障现象未再出现，至此故障彻底排除。

技巧点拨： 当半轴在转动时，该铁屑可能对轮速传感器的信号产生干扰，ABS检测不到右后轮速传感器的信号，制动系统将无法建立起有效的压力，于是仪表信息中心就出现了"坡道辅助功能不可用"的提示信息。

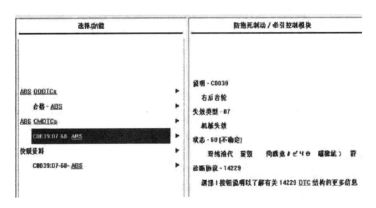

图1-103　读取到的故障码

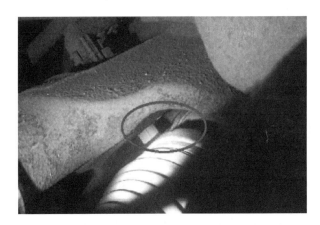

图1-104　半轴球笼封口处的铁屑

第六节　其他车系

一、2008款路虎发现ABS警告灯点亮

故障现象　一辆2008款路虎发现轿车，搭载3.0T汽油发动机，行驶里程15万km。据驾驶人反映，该车在行驶过程中，仪表板上的ABS警告灯长亮。

故障诊断　将车拖到维修车间后，验证故障。起动车辆，发现除了ABS警告灯长亮外，空气悬架警告灯和DSC警告灯也同时点亮。连接SDD诊断仪读取故障码，故障码提示为VDM制动灯开关电路。根据经验分析，很有可能是ABS制动灯开关电路故障造成ABS模块信号中断。

该车制动灯开关安装在制动踏板支架上，由制动踏板控制。如图1-105所示，制动灯开关S215是两极式开关：制动开关BS极向ABS模块提供制动踏板状态信号；制动灯开关BLS极操作制动灯，同时还向ABS模块以及发动机控制模块（ECM）提供制动踏板状态信号。当松开制动踏板时：BS触点闭合，连接从CJB至ABS模块的点火电源导线；BLS触点打开。当踩下制动踏板时：BS触点打开，BLS触点闭合，连接从CJB至三个制动灯、ABS模块和ECM的点火电源导线。ABS模块D277监控制动灯开关的输入状态，并将制动踏板状态和相关信息输出至高速CAN总线。

根据故障码提示，以制动灯开关S215为主要检测对象。查阅ABS电路图，经检查熔丝都正常。拔下S215的插头，打开点火开关，测量C0075L-3对地电压为12.3V，供电正常；测量C0075L-4的对地电压也为12.3V，供电正常。关闭点火开关，断开蓄电池负极，拔下ABS模块（D277）的插头C0506L。测量C0506L-30与C0075L-1之间的电阻为0，导通正常；测量C0506L-41与C0075L-2之间的电阻也为0，导通正常。经过以上检查，说明制动灯电路正常。难道是制动灯开关自身存在故障？拔下C0075L插头，测量C0075L-2与C0075L-3之间的电阻为2Ω，电阻偏大，元件虽导通但可能内部有氧化腐蚀产生了电阻；测量1号针脚和4号针脚之间的电阻为无穷大，不导通，正常；人工按下制动灯开关的活动杆，测量2号针脚和3号针脚之间的电阻为无穷大，正常；测量1号针脚和4号针脚之间的电阻为1.5Ω，偏大，元件虽导通但可能内部也有氧化腐蚀产生了电阻。

故障排除 至此，确定故障点为制动灯开关内部故障。更换新的制动开关后，清除故障码，故障排除。

> **技巧点拨**：在实际驾驶中，由于制动踏板操作频繁，制动灯开关触点很容易产生氧化腐蚀，从而产生高电阻影响制动系统的正常运行。

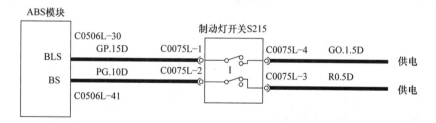

图1-105 制动灯开关电路图

二、2010款奇瑞A3 ABS故障灯异常点亮

故障现象 一辆2010款奇瑞A3车，行驶里程12.8万km，因ABS故障灯异常点亮在其他维修厂维修。维修人员用故障检测仪检测，发现ABS控制单元中存储有左前轮速传感器电路类的故障码（具体故障码当时没有记录）。检查发现，左前轮速传感器的导线插接器有进水痕迹，且端子氧化腐蚀严重（图1-106），因为不好修复，所以就更换了左前轮速传感器（与导线插接器是一体的）。进行路试，ABS故障灯仍异常点亮，接着先后又更换了2个左前轮轴承和1个左前轮速传感器，但故障依旧。

故障诊断 接车后试车，起动发动机，组合仪表上的ABS故障灯异常点亮（图1-107）。

用故障检测仪检测，发现 ABS 控制单元中存储有故障码 C0031——左前轮速传感器故障超限、性能错误、信号断续"（图 1-108）；记录并清除故障码，故障码可以清除，且 ABS 故障灯熄灭；进行路试，ABS 故障灯再次异常点亮，且故障码 C0031 再现。路试的同时用故障检测仪读取 ABS 控制单元中的轮速信号（图 1-109），发现左前轮速比其他轮速高；用故障检测仪的数据波形显示功能观察 4 个轮速信号的变化（图 1-110），发现左前轮速始终比其他轮速高，且车速越高，差值越大，而其他轮速信号的变化基本一致，由此可知左前轮速信号确实异常，推断可能的原因有：左前轮速传感器故障；左前轮轴承（与信号盘集成一体）故障；轮胎直径比其他车轮小；ABS 控制单元故障；相关线路故障。

图 1-106　原车左前轮速传感器的导线插接器端子氧化腐蚀严重

图 1-107　组合仪表上的 ABS 故障灯异常点亮

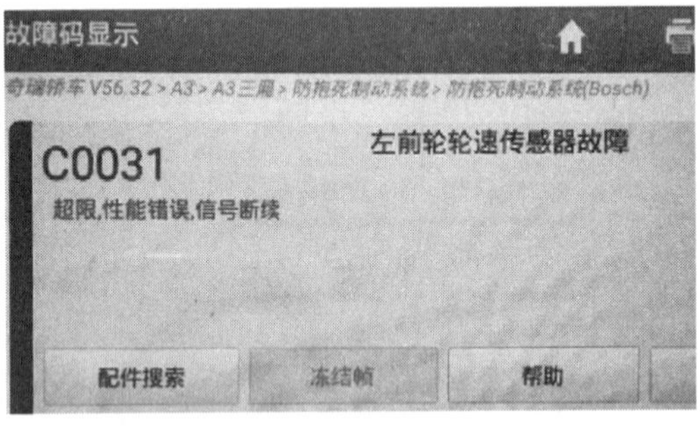

图 1-108　ABS 控制单元中存储的故障码

图 1-109　故障车 ABS 控制单元中的轮速信号

首先对调左前和右前车轮后试车，依旧存储故障码 C0031，说明该车故障与轮胎直径无关。由于维修人员之前已更换了 2 个左前轮轴承和 1 个左前轮速传感器，如果继续盲目换件，可行性不高，决定用示波器采集轮速信号波形进行分析。

将车辆举升，检查发现左前轮速传感器上有 2 根导线；进一步测量得知，其中一根为 12V 供电线，另外一根为信号线；在车轮上做标记（图 1-111），转动车轮 1 圈，测得左前轮速信号波形如图 1-112 所示，用相同方法测得右前轮速信号波形如图 1-113 所示。对比分析可知，左前、右前轮速信号均为方波脉冲信号，高电位约为 1V，低电位约为 0.5V，且高、低电位不会随着轮速变化而变化；在同样转动车轮 1 圈的情况下，左前轮速信号波形上有 45 个脉冲信号，而右前轮速信号波形上有 44 个脉冲信号。如果 ABS 控制单元根据脉冲信号个数来计算轮速，则在转动相同圈数的情况下，ABS 控制单元计算的左前轮速会比右前轮速高，由此推断故障正是由此信号错误引起的。

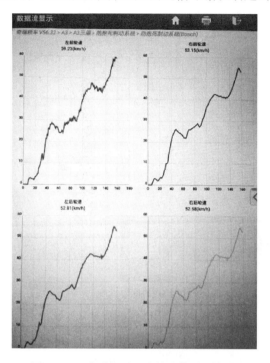

图 1-110　波形显示 4 个轮速信号的变化

图 1-111　在车轮上做标记

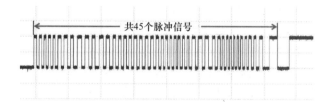

图 1-112　故障车左前轮速信号波形

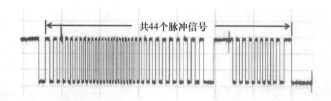

图 1-113　故障车右前轮速信号波形

查看维修资料得知，该车采用霍尔式轮速传感器（图 1-114），它的信号盘是一个多极磁环，镶嵌在轴承内圈上。多极磁环上的北极（N 极）和南极（S 极）相当于磁电式轮速传感器（图 1-115）信号盘上的齿和齿隙。多极磁环随车轮旋转，轮速传感器上的霍尔元件受磁环上不断交替的磁场变化而产生霍尔电压，霍尔电压经芯片（IC）处理后以脉冲信号发送至 ABS 控制单元。

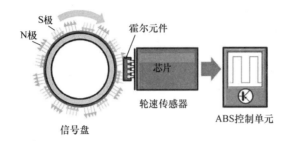

图 1-114　霍尔式轮速传感器工作原理

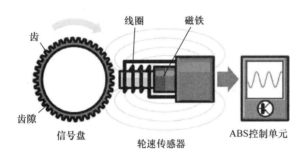

图 1-115　磁电式轮速传感器工作原理

分析霍尔式轮速传感器工作原理，怀疑左前轮速传感器信号盘上多了 1 对磁极。订购左前轮轴承，由于维修人员之前已更换过 2 个，配件到货后不敢贸然安装，因为一旦配件错误，轴承压装后再拆下来就无法继续使用，于是决定先验证配件上的磁极对数是否正确。观察轴承（图 1-116），多极磁环上并没有标注磁极，那么怎么验证磁极对数是否正确呢？经过思考，决定尝试用铁粉进行测试。收集磨制动盘留下的铁屑，用油漆过滤纸筛出细铁粉；将细铁粉平摊开来，用塑料袋包裹住轴承，然后轻轻地将轴承平放在细铁粉上；再轻轻拿起轴承，此时轴承上吸附了很多铁粉（图 1-117），且分布十分规律，而这与磁极是相对应的。经统计，多极磁环上共 88 个磁极，即 44 对 N 极和 S 极，这与右前轮速信号波形上的 44 个脉冲信号相对应，说明配件上的磁极对数正确。

图 1-116　新轴承外观

图 1-117　新轴承上吸附的铁粉

拆下故障车上的左前轮轴承，用相同方法统计轴承上的磁极对数（图 1-118），发现共有 96 个磁极，即 48 对 N 极和 S 极。之前测得左前轮速信号波形上共有 45 个脉冲信号，应对应 45 对磁极，怎么拆下的左前轮轴承上是 48 对磁极呢？是之前的分析方法错误，还是存在其他故障呢？梳理维修思路，认为存在其他故障的可能性比较大。

更换上新的左前轮轴承后，再次测量左前轮速信号波形（图 1-119），发现转动车轮 1 圈，波形上只有 41 个脉冲信号，仍与 44 对磁极无法对应，且与之前一样少了 3 个脉冲波形。回想安装左前轮速传感器（是之前维修人员更换的，并不是原车的）的过程，感觉左前轮速传感器头部与信号盘的间隙偏大（图 1-120），这会不会影响轮速信号呢？还是传感器有问题？将从原车上拆下的左前轮速传感器与更换的左前轮速传感器进行对比（图 1-121），发现更换的左前轮速传感器上的凸起部分比原车的要高一些，而这会影响传感器头部与信号盘间的间隙，由此推断更换的左前轮速传感器也有问题。

图 1-118　故障车左前轮轴承上吸附的铁粉

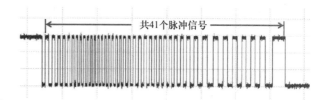

图 1-119　更换上新轴承后左前轮速信号波形

故障排除　考虑到原车左前轮速传感器部分可能是好的，只是导线插接器部分有问题，于是将更换的左前轮速传感器的导线插接器部分剪下来，与原车左前轮速传感器部分连接后装复，再次测量左前轮速信号波形，信号波形上共有 44 个脉冲信号，恢复正常；进行路试，ABS 故障灯不再异常点亮；用故障检测仪读取 ABS 控制单元中的轮速信号，4 个轮速信号的变化始终一致，故障排除。

图 1-120　左前轮速传感器头部与信号盘的间隙过大

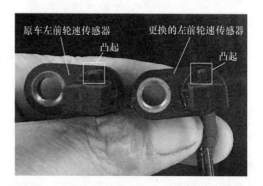

图 1-121　对比原车与更换的左前轮速传感器

技巧点拨：梳理整个诊断过程可以发现，其实该车最初的故障是左前轮速传感器导线插接器进水氧化腐蚀，导致 ABS 故障灯点亮，只要更换左前轮速传感器就可以排除故障。但由于购买的配件有问题，在更换上左前轮速传感器后 ABS 故障灯依旧异常点亮，于是维修人员误以为还有其他故障，就更换了左前轮轴承，而更换的左前轮轴承也是有问题的。左前轮速传感器的问题是安装后的间隙不对，左前轮轴承的问题是磁极对数不对，只有同时解决这 2 个问题，故障才能排除，而维修人员最多只意识到其中一个部件可能有问题，于是反复更换配件也未能将故障排除。

三、吉普指南者 ABS、ESP 故障灯亮

故障现象　一辆吉普指南者，搭载 2.4L 发动机。驾驶人反映该车的 ABS 与 ESP 侧滑故障灯点亮。

故障诊断　根据驾驶人描述，ABS 与 ESP 侧滑故障灯亮可能的原因有：①四轮轮速传感器故障。②转向盘转向角传感器故障。③动态传感器故障。④相关线路故障。⑤ABS 控制单元内部故障。

维修人员首先使用诊断仪对车辆进行检测，有故障码 U0125——与动态传感器的通信丢失（图 1-122）。观察系统数据流，发现横摆率传感器、横向加速度传感器无数据变化，车速与转角信号数据变化正常（图 1-123）。在数据流组中并没有关于动态传感器的信息和数据，这让维修人员不解。

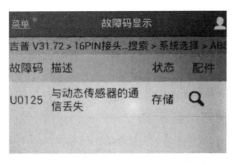

图 1-122　存在的故障码　　　　图 1-123　数据流显示

通过参考类似车型克莱斯勒 300C 对于相关信息的描述可以大致判断出横向传感器和偏移率传感器应该集成在动态传感器内部。根据以上的诊断信息和网上资料查询可以得出以下几个结论。

① 诊断仪可以正常进入系统，说明系统的电源搭铁正常。

② 检测的动态传感器通信丢失，与数据流中横摆率、横向加速度和纵向加速度均无数据变化，说明问题出现在动态传感器控制单元与 ABS 控制单元之间。

故障排除 进行线路检查，发现动态传感器与 ABS 控制单元的线路有断路现象。仔细观察，原来车辆出现过事故，线束也有修复的痕迹（图 1-124）。重新修复线路进行试车观察数据流，各数据变化正常，故障排除。

图 1-124　线束损坏

技巧点拨：针对此故障可以参考克莱斯勒 300C 的相关描述：克莱斯勒 300C 装备的电子稳定程序（ESP）的主要作用是防止车辆在转弯时出现侧滑，从而导致车辆失控。在该车系装备的 ESP 系统中，动态传感器将横向传感器和偏移率传感器的信号通过总线 CAN - C 传递给 ABS 制动单元，同时转向角度传感器（SAS）将转向角度信号传给转向柱电子控制单元（SCM），再通过总线 CAN - C 传递给 ABS、PCM 和前端控制单元（FCM），以此来控制四轮的制动和发动机的动力输出，FCM 再将这些信息通过总线 CAN - B 传送给组合仪表（CCN）。

四、东风本田思域 ABS 灯长亮

故障现象 一辆东风本田思域，驾驶人反映该车仪表板上的 ABS 灯长亮，且 ABS 不工作。

故障诊断 驾驶人反映，该车前些天借给朋友用，朋友说好像车辆出了点问题（具体不知道什么问题），于是就将车送到维修店进行维修，维修店维修后就出现上述现象。该车一直在 4S 店维护，曾因被追尾在 4S 店进行过行李舱整形喷漆，并更换了右后尾灯。

用 HDS 对该车 ABS 进行检查，发现存储有 2 个故障码：14 - 12——左前车轮转速传感器对其他传感器电路短路；22 - 11——左前车轮转速传感器磁性编码器故障。根据故障码提示，维修人员将车辆举升起来进行检查，发现左前悬架系统有被拆装过的痕迹，分析认为该车悬架系统应该在非 4S 店维修过。维修人员建议拆解左前悬架系统进行进一步检查。拆解该车左前悬架系统，检查发现左前轮轴承装反了（轴承带棕色磁性码的一侧应该朝内），在征得驾驶人同意后更换了该车的左前轮轴承，但更换左前轮轴承后试车，故障依旧。

由于车轮轴承已更换，应该不会再有问题，分析该车故障应该出在传感器或其线路上。按照维修手册故障码 14 - 22 的故障诊断流程进行检查，测量 ABS 控制单元 25 芯导线插接器的端子 3 和端子 12 与左前车轮转速传感器之间的线路，正常；尝试更换左前车轮转速传感器后试车，故障消失，于是交车。但驾驶人接车后开车上了高速以后，发现当车速超过120km/h以后仪表板上的ABS灯再次亮起，而车速低于120km/h时车辆一切正常，且当车速超过60km/h时轻踩制动踏板，制动踏板有反弹的感觉，像ABS在工作，但按照技术要求，在车速超过60km/h时轻踩制动踏板时，制动踏板不应该有反弹的感觉。

驾驶人再次将车开到维修店检查，用HDS检查发现有1个故障码：22-11——左前车轮转速传感器磁性编码器故障，但原来的故障码14-12（左前车轮转速传感器对其他传感器电路短路）消失了。由于该车左前轮轴承和左前车轮转速传感器都已经更换了，且检查线路都正常，应该不会再有问题。难道是ABS泵存在问题？经检查，该车上次事故中并没有涉及ABS泵，建议再仔细检查一遍该车的左前悬架系统。维修人员经过仔细检查后发现，该车左前轮轴承壳好像也被更换过，推测该车故障很有可能是由于上次在其他修理厂维修时更换的左前轮轴承壳是副厂件的缘故。由于左前轮轴承壳为副厂件，造成磁性发生器和左前车轮转速传感器的间隙不正常，从而导致了故障的发生。

故障排除 更换整套左前车轮轴承壳和轴承（左前转向节）后试车，故障排除。

> **技巧点拨**：建议广大驾驶人当车辆出现零部件损坏时要尽量更换原厂或正规品牌零配件。另外，为了确保ABS工作的稳定性和可靠性，建议定期使用正规专业制动系统养护品对制动系统进行养护，这样可以保持制动系统零部件的清洁和稳定。

五、2012款现代伊兰特ABS故障灯时亮时不亮

故障现象 一辆2012款现代伊兰特，行驶里程7万km。因ABS故障灯有时亮有时不亮来厂里维修。

故障诊断 接车后，维修人员对该车故障进行验证，打开点火开关起动发动机，约过2min后，ABS故障灯点亮。据驾驶人反映，车辆行驶一段时间后，ABS故障灯可能会自动熄灭，于是，维修人员上路试车，经过一段颠簸路面后，ABS故障灯果然熄灭了，但过了一会儿后，ABS故障灯又再次亮起。

返回修理厂后，维修人员首先检查了该车制动液罐里的制动液，液位正常。连接故障检测仪（KT600）进入ABS控制单元，显示故障码是"C1208——右后车轮轮速传感器故障或电源间歇性供电故障"。

用举升机将车辆举起，晃动右后车轮，未发现有松旷现象。拆下右后车轮的ABS传感器检查，未见异常。由于故障现象比较明显，维修人员推断故障原因可能是ABS在仪表上的显示故障；右后轮轮速传感器及相关线路故障；ABS控制单元内部故障等。

维修人员分别将该车左后车轮、右后车轮的轮速传感器拆下对调并清除故障码后试车，故障检测仪读取到的故障码仍为C1208，这说明右后车轮的轮速传感器是正常的。

查阅相关电路图（图1-125），断开右后轮轮速传感器的导线插接器M65及ABS控制单元的导线插接器E37，用万用表分别对M65的端子1与E37的端子20，以及M65的端子2与E37的端子33之间的线路进行测量，线路导通情况良好，未发现短路、断路等情况。

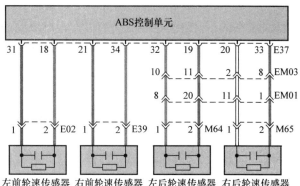

图 1-125　轮速传感器电路

按照正常的维修程序，既然已经排除了右后轮速传感器故障的可能，又检查了右后轮速传感器与 ABS 控制单元之间的线路，剩下的故障原因只有 ABS 控制单元了，然而，更换 ABS 控制单元故障就能解决了吗？为慎重起见，维修人员并没有急着下结论，而是结合该车的故障现象分析，ABS 控制单元应该具有一定的稳定性，正常情况下很少出现时好时坏的问题，而且该车出现故障时有个明显特征，就是车辆在颠簸时出现故障的频率多一些。根据这个特征，维修人员推断，还是线路故障的可能性较大，因此决定再对线路进行仔细检查。

维修人员一边用手晃动线束，一边测量，果然发现导线插接器 M65 的端子 1 随着线束的晃动，间歇性出现对车身搭铁短路的故障现象。顺着 ABS 控制单元的线束检查，在车架处发现线束有一处破损，且破损处一根导线的铜芯已经外露。由此断定，该车 ABS 故障灯有时亮有时不亮的故障，是导线插接器 M65 的端子 1 与导线插接器 E37 的端子 20 之间的导线破损与车身搭铁引起的。

故障排除　对破损的线束进行整理后重新用绝缘胶带包好，并清除故障码后上路试车，ABS 故障灯有时亮有时不亮的故障彻底排除。

技巧点拨：该车故障是车辆在颠簸路面行驶时才会出现，这个明显的特征成了维修人员在诊断该车故障时的重要参考依据。虽说这辆车的故障不是疑难杂症，没费周折就解决了，但却说明了一个道理，汽车在使用中，不管是机械故障还是电子系统故障，不管是故障发生前有征兆还是没有征兆；不管是故现象有规律还是没有规律，维修人员在诊断故障时，只要合理地利用这些特征，结合自己的维修经验，就能获得比较明确的诊断思路。

六、2017 款云度 π1 纯电动汽车无制动助力

故障现象　一辆 2017 款云度 π1 城市智派型纯电动汽车，行驶里程 2.6 万 km。驾驶人反映车辆上高压电后，踩制动踏板，明显感觉制动踏板偏硬，无制动助力。关闭电源开关，重新上高压电，故障依旧。

故障诊断　询问驾驶人得知，故障是在泊车过程中突然出现的。维修人员首先用云度专用故障检测仪对车辆进行快速测试，在整车控制器（VCU）内读取到的故障码如图1-126所示。根据故障码的提示，结合该车的故障现象分析，初步判断是制动系统出了问题，检查部位应为制动真空泵、真空压力传感器及其控制线路。根据以往的维修经验，真空压力传感器故障通常不会导致踩制动踏板变硬，而制动真空泵一旦出现故障将会直接导致制动踏板踩不动，制动无助力。另外，在检查制动系统性能时，还发现如下现象：无论怎么踩、松制动踏板，都听不到制动真空泵运转的声音；找来试乘试驾车，在踩下制动踏板时，制动真空泵随即工作，并发出清脆的声音。通过上述分析和检查，维修人员决定从制动真空泵及其控制线路着手排查。

故障码	故障码描述	故障码状态
P1A5E00	制动真空压力信号不合理	当前
P1A8600	制动真空泵控制驱动电路故障	当前
P0A4101	BMS禁止操作故障	当前

图1-126　读得的故障码

查阅相关电路（图1-127），得知VCU接收真空压力传感器采集到的真空压力信号，并将其作为控制制动真空泵运转的参考条件。VCU通过控制制动真空泵继电器（FR06）搭铁，进而控制制动真空泵的运转。制动真空泵的供电来自于熔丝FB09（25A），并通过搭铁点E38形成闭合回路。

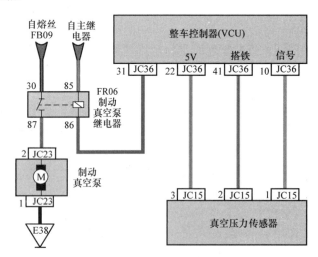

图1-127　制动真空泵控制电路

本着由简入繁的诊断原则，维修人员首先检查供电熔丝FB09，发现熔丝FB09已熔断；测量熔丝两侧的线路，均没有对搭铁短路。更换熔丝FB09，踩下制动踏板，发现制动真空泵依旧不工作；测量制动真空泵导线插接器端子 1 与端子 2 之间的电压，约为 12V，说明制动真空泵的供电和搭铁正常，判断制动真空泵损坏。与试乘试驾车对调制动真空泵并进行测试，发现制动真空泵可以正常工作。进一步检查，发现在不踩制动踏板的情况下，制动真空泵也会频繁工作，大约每隔 30s 就会工作 1 次，而正常车辆不存在上述现象，判断制动助力系统的真空回路可能存在泄漏。故障检查方向转为查找真空回路上的泄漏部位。维修人员首先从真空助力器上拔下真空管，然后用拇指堵住真空管管口，发现制动真空泵不再频繁运转，说明真空罐及真空管路密封正常，真空助力器存在泄漏故障。

故障排除　更换熔丝 FB09、制动真空泵及真空助力器后试车，上述故障现象不再出现，故障彻底排除。

> **技巧点拨**：该车真空回路由制动真空泵、真空罐、真空管及真空助力器等组成。当真空回路出现泄漏时，真空回路上的真空压力减小，真空压力传感器将识别到的真空压力信号传递给 VCU，VCU 促动制动真空泵，以将真空回路上的真空压力维持在正常范围内，该过程的不断循环则表现为制动真空泵的频繁运转。

七、东风雪铁龙 C5 左转弯时 ESP 故障灯闪烁

故障现象　一辆 2010 款东风雪铁龙 C5 轿车，前轮驱动，装备 2.3L 发动机、AT6 自动变速器和电子车身稳定系统（ESP），该车在左转弯时仪表板上的 ESP 故障灯闪烁。

故障诊断　接车后，询问驾驶人得知，该车曾发生过交通事故，维修中更换过安全气囊、仪表台、托架、转向横拉杆、油底壳，吊装过发动机总成，维修后车辆直线行驶正常，但左转弯时右后轮会瞬间制动一下，该故障一直无法排除。

该车 ESP 系统由 ESP 控制单元及转向盘角度传感器（监测转向盘的转向角度）、轮速传感器（监测各个车轮的转动速度）、偏摆角速度传感器（监测车体绕垂直轴线转动的状态）、侧向加速度传感器（监测汽车转弯时的离心力）等组成。ESP 控制单元通过上述传感器传来的信号对车辆的运行状态进行判断，进而发出相关控制指令，纠正驾驶错误，防患于未然。

ESP 对过度转向或不足转向特别敏感，例如，汽车在路滑时左转弯过度转向（转弯太急）会向右侧甩尾，传感器监测到滑动后，ESP 控制单元就会迅速制动右前轮使其恢复附着力，产生相反的转矩从而使汽车保持在原车道上行驶。

用故障诊断仪 Diag Box 进行监测，无故障码存储；对 ESP 控制单元进行软件更新下载，版本是最新的，不需要更新；静态下读取数据流，转向盘的角度信号正常；试车读取动态数据流，发现无法读到该系统的动态数据（这是因为雪铁龙汽车 ESP 系统在车速超过 10km/h 的情况下，ESP 控制单元就中断与故障诊断仪的通信，从而导致无法读取动态数据流，这是雪铁龙汽车的一种安全策略），因此无法根据动态数据判断侧向减速度传感器和偏摆角速度传感器是否正常；与正常车辆对换转向盘角度传感器、侧向加速度传感器和偏摆角速度传感器后试车，故障依旧。

根据驾驶人反馈该车在事故维修中曾经拆装过发动机托架和转向机构，怀疑转向盘

转向柱安装位置有错误。如果转向柱安装错误，在标定后，ESP 控制单元会以转向盘角度传感器反馈的错误位置信息作为转向盘的中心位置，这样数据检测时转向盘的角度信息是正常的，但转向盘的实际位置却是错误的。当车辆一边转向角度大，一边转向角度小时，会导致 ESP 控制单元启动以校正行驶方向，从而会引发上述故障的发生。根据上述分析，检查该车转向横拉杆，发现转向横拉杆球头螺杆的螺纹一边多一边少，对该车进行四轮定位，当将转向横拉杆螺杆螺纹调至两边一样多时，发现转向盘偏离中心位置大约 120°，从而证明确实是在该车事故维修中维修人员转向盘转向柱安装错误。拆开转向盘检查，果然发现该车转向盘与转向柱的定位点错误（图 1-128），正常情况下转向盘与转向柱的定位点应该如图 1-129 所示。尝试再将转向盘转动 1 圈，发现转向盘与转向柱的定位点依然错误。

图 1-128 故障车转向盘与转向柱的定位点错位

图 1-129 正常车转向盘与转向柱的定位点位置

故障排除 查阅该车维修手册得知，拆装该车转向盘时需要用转向盘专用固定工具（图 1-130）固定住转向盘，在没有转向盘专用固定工具的情况下，转向盘需连同转向柱一起拆下以便利用转向柱上的点火锁来固定转向柱，而无需单独拆装转向盘。但是现在转向盘已经拆开过了，到底应该怎么恢复呢？维修手册上并没有交代。该车新车上市培训时培训老师曾经说过，该车转向机构的行星齿轮组在没有转向盘专用固

图 1-130 转向盘转向柱的安装位置
1—驾驶人侧安全气囊
2—转向盘控制装置及安装在下方的指示灯
3—带有固定式中央控制装置的转向盘及其机构
4—转向盘固定专用工具

定工具固定的情况下，如果转向盘与转向柱没有定位而转错了位置（转向盘位置不正），可以把转向盘拆下来，然后用手抓住底座顺着一个方向转动，并时刻注意中间的定位点位置，直到转到定位点正确位置。按照这个方法进行转动，在转动了 15min 左右（大约转了 50 圈）时，终于把转向盘的中心点对上了。将转向盘安装好后，用故障诊断仪对转向盘角度信号重新标定后试车，在左转弯时 ESP 校正行驶方向（右后轮单

独制动一下）的故障现象没有再出现，故障排除。

技巧点拨：由于雪铁龙 C5 轿车的转向柱没有旋转开关，转向柱可以随便旋转至任意位置安装，加上雪铁龙轿车采用的固定式转向盘中有行星齿轮组，转向柱安装变动会导致行星轮位置的变化，从而影响车辆的转向角度。

第二章

巡航控制系统维修技能与技巧点拨

第一节 宝马车系

一、2015 款宝马 740Li（G12）显示屏报警"驾驶辅助系统受限"

故障现象 一辆 2015 款宝马 740Li（G12），配置 B58 发动机，行驶里程 8252km。CID 显示屏报警"驾驶辅助系统受限"，如图 2-1 所示。

图 2-1 显示屏报警

故障诊断 接车后检查 CID，确实显示驾驶人辅助系统受到限制，智能安全按钮亮黄色灯，操作按钮显示智能部分功能可以使用。

连接 ISTA 诊断仪读取故障码：482136——ACC 传感器/FRSF：调整。执行检测计划直接提示检查 ACC 支架或者校准 ACC。

检查车辆外观，发现保险杠边缘有轻微的油漆擦伤。查询此车未出过事故也没有维修过前保险杠，因此重新校准了 ACC，并校准成功。路试刚开始 2km 正常，之后显示屏再次报警。用诊断仪诊断再次出现上述故障。拆开前保险杠检查发现 ACC 上部支架与散热器下部散热格栅之间有磨损，如图 2-2 所示。

更换 ACC 支架后重新校准后路试 10km 左右，自动跟车功能正常（自动调节跟车的距离），准备试车结束的时候再次报警，用诊断仪读取有下列故障，如图 2-3 所示。

第二章 巡航控制系统维修技能与技巧点拨

图 2-2 磨损位置

Signalfehler	03 总线系统分析：信号故障
ABL-DIT-AT6131_01SIGNAL	CAN/FlexRay 系统分析：接口故障信息 "信号无效"
DSC_G11	0xD35DE2：信号 (车辆前部区域监控雷达 1，98.2.4) 无效，发射器 SAS

图 2-3 故障码

故障排除 执行检测计划无明确的结果，出现故障后将车辆熄火，过几分钟再次试车又恢复正常，行驶 10km 后故障又会重复出现，且故障码和之前一模一样。在没有头绪的过程中，了解到一个很有用的信息，在安装 ACC 支架位置的时候螺钉孔不对。果断再次检查 ACC 支架处，ACC 支架下部用螺钉固定在下部小内杠上面，上部用铆钉铆接在上部大内杠上面，在安装过程中支架固定在上部内杠的位置不对，就调整了下部小内杠的位置才安装上，拆掉上部的铆钉，发现位置差半个螺钉孔，应该是小内杠的位置出现偏差，更换小内杠后重新校准试车正常，如图 2-4、图 2-5 所示。

> **技巧点拨**：ACC 雷达是一个非常精密的系统，识别的位置差一点系统就会退出工作。校准的时候需要地面平整，且需要拆下牌照架，否则就可能导致误差。ACC 雷达失效时，其他辅助系统还可以正常工作。

图 2-4 调整位置

二、宝马 M5 定速巡航系统无法工作

故障现象 一辆 2005 年款宝马 M5，行驶里程 4 万 km，驾驶人抱怨该车有时无法执行

图 2-5　更换内杠

定速巡航功能。

故障诊断　试车后发现，该车的定速巡航功能能够执行，但有时会自动退出，感觉像是定速巡航的条件不满足或受其他因素的影响（例如制动或 DSC 系统干预等）而退出。经过反复试车，发现此故障有一定的规律性，当车速低于 90km/h 以下时一切正常，只要加速到 90km/h（包括 90km/h）以上时，定速巡航功能就会自动退出。也就是说车速高于 90km/h 时不能执行定速巡航功能。

在进行故障检修工作之前，首先需要了解该车定速巡航的工作原理。定速控制可在车速约 30km/h 起激活，车辆保持并存储用转向轴开关设定的速度。当驾驶人操纵组合控制杆或轴向点动按钮时，该信号就会向转向柱开关中心（SZL）发送一个信息，该信息被 SZL 以数字信号的形式发送到光纤 byteflight 上，然后通过网关 SGM 送到 PT – CAN，最后数字式发动机电子伺控系统（DME）接收到该信号后就会控制节气门等执行器动作，最终实现信号的执行。

首先，连接故障诊断仪进行快速检测，无相关故障码存储。根据路试时车速低于 90km/h 时正常的现象，可以肯定信号的产生和信号的传递是正常的，也就是说定速巡航开关、SZL 以及 PT – CAN 都是正常的，问题很可能是因为激活定速巡航的条件不满足或执行系统有问题。按照这个思路进行检修应该不会错。

此时分析使定速巡航退出的条件，包括：实施制动；变速杆挂入 N 位；打开动态牵引力控制系统（DTC）或关闭动态稳定控制系统（DSC）；拉紧驻车制动器；DSC 实施干预。连接诊断仪进行路试，读取数据流，可以看出制动信号、变速器档位信号以及驻车制动信号都正常，发动机系统相关数据也都正常。打开或关闭 DTC，系统也能够正确识别。如果在行车过程中 DSC 实施了干预，仪表上应该有 DSC 灯闪烁的提示，而该车在行驶中故障出现时没有 DSC 灯闪烁，难道还有其他因素，或者是诊断思路错了呢？

正在百思不得其解时，突然发现此车的后轮轮胎型号不对，故障根源找到了！原车的轮胎型号为前轮 255/40 R19，胎高 102mm，后轮 285/35 R19，胎高 99mm。而该车更换的后轮轮胎型号为 295/30 R19，胎高约为 88mm。分析一下 DSC 的工作原理，在行车的过程中，DSC 控制单元通过传感器获得偏航角速度、横向加速度、车轮转速、转向角以及制动力等数据，通过这些数据计算出车辆当前的运动状态，然后将实际状态与 DSC 控制单元中计算出的标准值进行比较。当实际值与标准值出现偏差时，DSC 被激活，并对制动系统和发动机控制进行干预，因此 DSC 可在物理极限内实现最高的主动安全性能。由于该车只更换了后轮轮胎型号，相对原车轮胎高度小了约 11mm（图 2-6），也就是车轮半径小了，在运行过程中车速较低时，前后轮的转速差在正常范围内，车速较高时转速差就超出了极限值，DSC 控制单元就误认为后轮在打滑，从而进行主动干预，定速巡航也就退出了工作。

图 2-6　轮胎高度变化

故障排除　更换了与原车相同型号的轮胎后，试车故障排除。

> **技巧点拨**：因为维修人员主观地认为 DSC 系统主动干预时仪表会有提示，造成了维修方向偏离，所以在车辆的维修过程中千万不能犯主观主义的错误。

第二节　奥 迪 车 系

一、2012 款奥迪 A8 主动巡航失效

故障现象　一辆 2012 款德国原装奥迪 A8 D4 轿车，搭载 CMD 型发动机，行驶里程 13267km。驾驶人反映主动巡航失效，无法开启，左前部曾发生过碰撞。

故障诊断　接车后询问驾驶人得知，该车在修理碰撞部位时曾经拆装前保险杠、校准主动巡航系统。主动巡航系统简称 ACC，是在定速巡航系统的基础上发展而来的全新巡航系统，能够自动保持车辆的巡航速度和本车与前方车辆的设定安全距离。ACC 由控制单元 J428、车距传感器 G259 等组成。传感器频率 76.5GHz，距离范围 150m，水平角度 12°，垂直角度 ±4°，速度范围 30 ~ 210km/h，转弯半径大于 500m。

校准前检查工作一定要做到位，避免重复维修。下列情况发生时应对 ACC 系统校准：①调整后轴轨迹；②拆装 ACC 控制单元 J428；③拆装前保险杠；④松开或移动过前保险杠；⑤前保险杠损坏；⑥垂直偏差角度大于 ±0.8°。

试车，ACC 巡航无法开启，显示 ACC 功能受限。用诊断仪检测发现 ACC 控制单元存储"ACC 无法使用"故障码。读取数据块 002 组垂直偏差角度为 1.40°，超过极限 0.8°。按照正常步骤需要校准 ACC，考虑此车刚刚校准 ACC，不可能马上出现问题，推断应该是外部因素影响。分析车距传感器 G259（内部集成 ACC 控制单元 J428）安装结构（图 2-7），偏离角度的原因可能是支架、卡子、双头螺柱或锁止螺母存在问题。该车左前部位曾发生碰撞事故，车距传感器 G259 安装在前保险杠左侧，仔细检查发现车距传感器支架变形，支架上部向前翘起（图 2-8）。

故障排除　更换支架并校准 ACC，校准注意事项：①双头调整螺柱与 ACC 控制单元相连的卡子必须更换（图 2-9、图 2-10）；②拧入双头螺柱（图 2-11），直至达到尺寸 a，$a =$

43.3mm（图2-12）。校准完毕后试车，ACC开启工作正常。

> **技巧点拨**：车距传感器的垂直调节偏差过大可导致盲区关闭，本案例是传感器可见范围受限而不能开启ACC，而不是传感器脏污或受气候影响（强降雨、降雪、传感器结冰等）不能开启ACC。

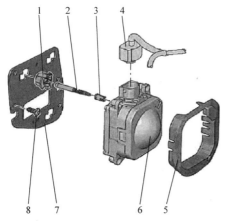

图2-7　ACC传感器安装结构
1—卡子　2—双头螺柱　3—锁母　4—插头
5—罩　6—透镜　7—支架　8—螺钉

图2-8　支架上部向前翘起

图2-9　撬碎卡子

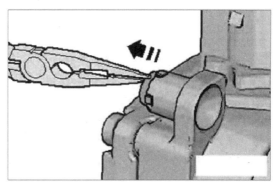

图2-10　取出卡子

图2-11　拧入双头螺柱

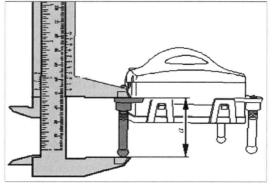

图2-12　$a=43.3$mm

二、奥迪 A8L 仪表提示"ACC 及扩展制动辅助装置不可用"

故障现象　一辆奥迪 A8L，车型为 D4，配置 3.0T 发动机（CGWA）、0BK 变速器，行驶里程 94992km。仪表提示"ACC 及扩展制动辅助装置不可用"，如图 2-13 所示。

图 2-13　仪表报警信息

故障诊断　用诊断仪检查 13 车距控制单元有故障，如图 2-14 所示，8E 图像处理单元 J851 故障码如图 2-15 所示。根据引导型测试计划提示检查 J851 图像处理单元和 J852 摄像机控制单元之间的视频线是否存在短路现象。根据电路图检查视频线工作正常，不存在断路现象。

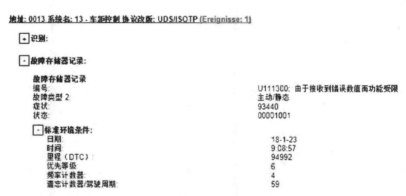

图 2-14　车距控制单元故障记录

实际该车 J851 和 J852 之间只有两根视频线（图 2-16），用万用表测量没有发现虚接和断路现象。试车发现车道保持系统还可以正常使用。查阅维修资料得知摄像头控制单元 J852 的主要功能有拍摄车辆前方区域，将图像传输给图像处理单元 J851 和搜索图像中的车道边界线，测定其准确位置和几何形状，并将这些信息传输给 J851。根据 J851 故障码视频信号线存在断路静态，而视频线又正常，那么最大可能就是 J851 或 J852 存在内部故障。根据诊断逻辑，内部损坏的控制单元一般不会报自己发生故障，所以决定先更换摄像机控制单元 J852（和摄像机集成在一起）。

故障排除　更换 J852 并做校准后，ACC 功能恢复正常。

技巧点拨：ACC 正常工作涉及的因素很多，之前就碰到过由于中央门锁损坏导致 ACC 无法正常工作的案例。对于涉及 ACC 的故障，如果存在其他故障原因一定要首先排除该故障。在保证相关控制单元无任何故障记录的情况下再进行下一步诊断操作。

地址: 008E 系统名: 8E - 图像处理控制单元 协议改版: UDS/ISOTP (Ereignisse: 1)

[+] 识别:

[-] 故障存储器记录:

故障存储器记录

编号:	C110702: 图像处理视频线路 信号故障
故障类型 2:	主动/静态
症状:	161
状态:	00001001

[-] 标准环境条件:

日期:	18-1-23
时间:	9:12:29
里程（DTC）:	94992
优先等级:	3
频率计数器:	2
遗忘计数器/驾驶周期:	59

[-] 高级环境条件:

外部空气温度	7.0	℃
端子15电压	12.1	V
控制单元温度	21.0	℃

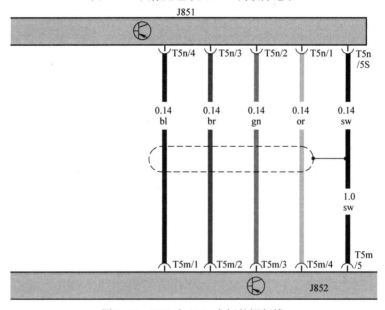

图 2-15　图像处理单元 J851 内故障记录

图 2-16　J852 和 J851 之间的视频线

第三节　通用车系

一、2016 款上汽通用凯迪拉克仪表提示“自适应巡航系统暂时不可用”

故障现象　一辆 2016 款上汽通用凯迪拉克 CT6 轿车，搭载 3.0L 发动机，行驶里程

3000km。驾驶人反映该车定速巡航系统不能使用,仪表板上提示"自适应巡航系统暂时不可用"的信息。

故障诊断 维修人员和驾驶人一起试车,当驾驶人使用定速巡航系统时,仪表板提示"自适应巡航系统暂时不可用"的信息(图2-17)。

使用 GDS2 诊断仪检测,车辆系统没有任何相关故障码。查看发动机控制单元定速巡航系统的数据流,发现巡航控制脱离历史 1 显示"距离感应巡航控制配置不正确"的数据(图2-18)。

查阅维修手册得知,此车配置有自适应巡航系统,进一步查看加强型主动安全系统数据,如远程雷达控制单元、

图 2-17 自适应巡航系统暂时不可用

短距离雷达控制单元、前摄像头控制单元、主动安全控制单元的数据,最后发现远程雷达单元的位置有偏差,数据流显示"远程雷达传感器单元未对齐-偏向左"的信息。说明远程雷达传感器安装位置不正确(图2-19)。

图 2-18 距离感应巡航控制配置不正确

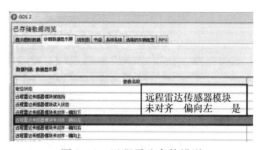

图 2-19 远程雷达参数错误

拆下前保险杠,检查远程雷达控制单元的支架固定情况,用手扳动支架有松动现象,说明支架固定不牢。

故障排除 更换远程雷达控制单元的支架螺母,并调整远程雷达控制单元的位置后,按照规范对远程雷达控制单元进行校准,故障排除(图2-20)。

图 2-20 修复后的雷达数据

技巧点拨： 凯迪拉克的远程雷达控制单元通过线路和电脑主板连接，其倒车影像控制在中控后面的一块集成主板上。

二、2014 款凯迪拉克 XTS 行驶中自动制动且自适应巡航不工作

故障现象 一辆 2014 款凯迪拉克 XTS，配置 LTG 发动机和 GF6 变速器，行驶里程 7632km。车辆在行驶过程中有时自动制动，近期天天出现此故障，出现时定速巡航不能使用，仪表显示"自适应巡航暂时不可用"，如图 2-21 所示。

故障诊断 由于为偶发性故障，多次试车未发现异常，车辆外观检查无其他异常。使用 GDS 读取故障码，为历史性记录故障，如图 2-22 所示。查看图 2-23 所示维修资

图 2-21　仪表提示信息

料。结合维修资料，根据诊断发现电子制动控制模块故障码 C0050——右后轮速传感器回路（图 2-24），分析可能是右后轮速传感器接收信号不良引起故障。

查看右后轮速传感器，发现信号盘处较为明亮，仔细观察发现信号盘处有细小颗粒，如图 2-25 所示。

故障排除 拆下轮速传感器发现有细小金属颗粒造成异常磨损，如图 2-26 所示。使用气枪吹出细小金属颗粒，多次试车故障未再现。行驶一个多月后跟踪回访，未出现故障。

为什么右后轮速传感器出现故障后会自动施加制动，影响车辆正常行驶呢？带着疑问查找资料，得知由于该车配备车身稳定系统、牵引力控制系统、自动巡航功能，在行驶过程中右后轮速传感器处路面飞溅有金属杂质，导致系统检测到的四个轮速不一致，当车辆行驶过程中由于车身稳定系统检测到右后轮车速与其他三个轮速存在差距（数据不合理），超出范围，为保证车身稳定行驶，车身稳定控制系统对其他车轮施加制动以保持四轮车速一致，保证车辆安全行驶。因此在四轮转速不合理时出现上述故障。

技巧点拨： 试车确定故障。外观检查。读取故障码、数据流。由于对车辆系统工作原理和组成部件有充分的了解，首先避免了进入对制动液压系统诊断的误区。确定故障点，检查排除故障点。

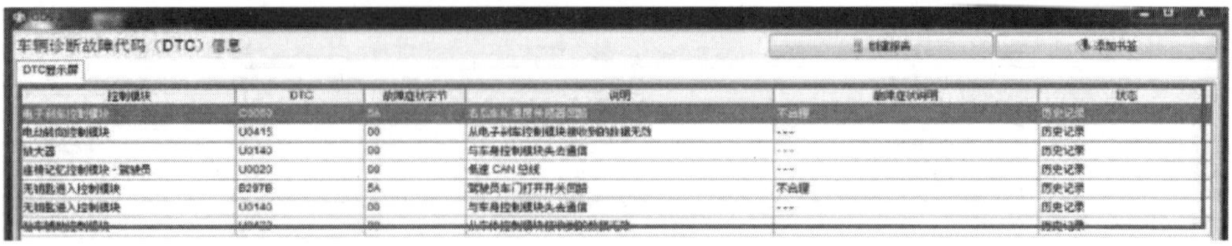

图 2-22　故障码 1

第二章 巡航控制系统维修技能与技巧点拨

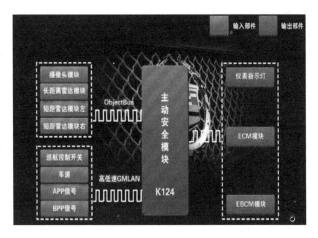

图 2-23 自适应巡航控制的控制框图

图 2-24 故障码 2

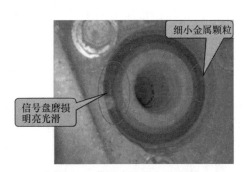

图 2-25 信号盘处有细小颗粒

图 2-26 细小金属颗粒造成磨损

三、2016 款上海通用昂科威自适应巡航不能使用

故障现象 一辆 2016 款上海通用昂科威，配置 2.0T 发动机（LTG），行驶里程 112227km。驾驶人抱怨自适应巡航不能使用。

故障诊断 首先验证驾驶人报修的故障现象，考虑到部分驾驶人其实不会使用此功能，先通过路试确认巡航是否正常。打开巡航准备开关，在车速超过 40km/h 时向下按巡航多功能开关的"－"号键（图2-27）。经试车后确认巡航不能正

图 2-27 巡航开关

77

常工作,驾驶人反映属实。

连接诊断仪 GDS2 检测故障码,故障码显示远程雷达控制模块 B132503 电源电路低电压,目前。根据故障码的提示,维修人员查阅维修手册进行分析:

① 如果多个模块/传感器设置电压过高或过低的故障码,或存在过高或过低的电压值,则表明充电系统有问题。

② 故障码可能因蓄电池充电器充电过量或跨接起动导致。

③ 线路短路或接触不好。

查阅图 2-28 所示电路图。根据电路图分析,全车报低电压故障的是远距离雷达控制模块,没有其他的故障显示,用蓄电池测试仪检测蓄电池良好,检测远距离雷达控制模块 6 脚、7 脚之间的电源电压为 12.48V(图 2-29),正常,用试灯检测远距离雷达控制模块 6 脚、7 脚,试灯正常点亮(图 2-30)。

既然电源电压和模块供电都正常,初步判断为远距离雷达控制模块故障。于是更换了远距离雷达控制模块(图 2-31),并根据要求进行编程。随后路试,进行远距离雷达控制模块的学习校正。

校正方法:

① 清除所有故障码,进入远距离雷达控制模块学习功能(GDS 不要退出)。

② 以高于 56km/h 的速度匀速驾驶,避免过小的转弯,不要急加速或急减速。

③ 正常驾驶 10~30min 后通过观察"维修驾驶辅助信息"消失来确认校准正确(仪表一直显示"维修驾驶辅助系统",说明无法成功完成学习)。

用 GDS2 观察远距离雷达控制模块的数据:远距离雷达控制模块偏向上当前状态显示"是",向下、向左、向右都显示"否"。经询问驾驶人,了解到此车曾做过事故修理,因此决定先更换远距离雷达控制模块支架(图 2-32)以便保持正确的位置。

更换远距离雷达控制模块支架后再次进行学习校正,故障依旧,GDS2 数据同样显示位置偏上。考虑到远距离雷达控制模块支架已经更换,但结果还是显示偏上,根据维修手册的解释,此模块对位置要求极高,维修人员决定用水平测试仪进行校正(图 2-33)。

故障排除 通过水平测试仪进行微调,最终故障解决。

> **技巧点拨:**判断更换远距离雷达控制模块没有任何问题,以前更换都没有遇到类似的问题,且都能正常完成学习。由于疏忽了模块对于水平位置的要求极高,当该车遇见此类问题的时候就容易走进盲区。
>
> 本案例其实并不复杂,只要多思考,合理利用诊断工具进行数据分析,特别是查看冻结记录数据的一些重要参数,会对诊断帮助很大。

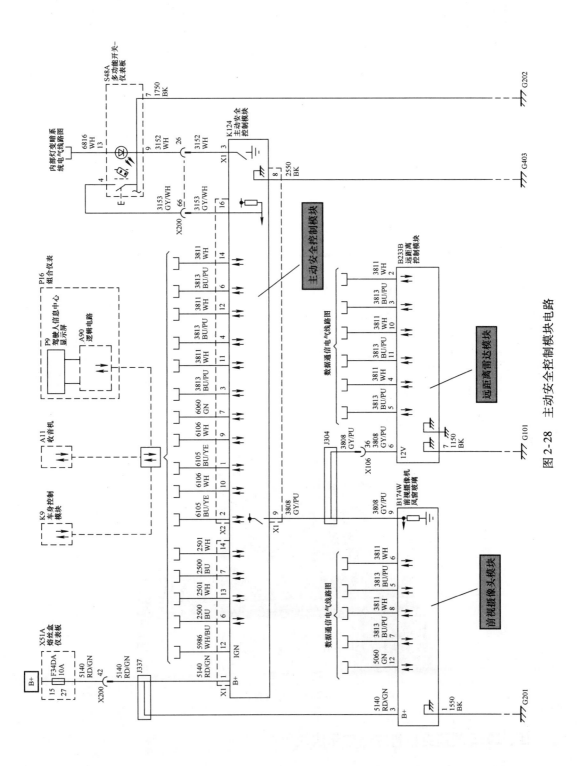

图 2-28 主动安全控制模块电路

图 2-29 电压测量

图 2-30 试灯测试

图 2-31 远距离雷达控制模块位置

图 2-32 支架

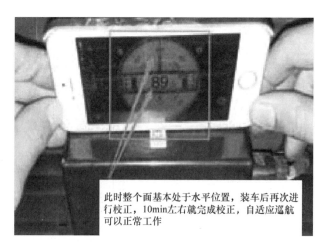

图 2-33 位置微调

四、2015 款别克昂科威巡航无法使用

故障现象 一辆 2015 款别克昂科威,行驶里程 90701km。驾驶人反映巡航无法使用,

仪表信息中心显示"维修驾驶辅助系统"，如图2-34所示。

故障诊断 根据驾驶人所述，在检查确认蓄电池电压正常的情况下试车，故障现象存在，驾驶人反映属实。

仪表信息显示中心显示需维修驾驶辅助系统（注：如果主动安全模块使用该故障的信息模块，则主动安全模块将发送维修驾驶辅助信息至组合仪表）。维修人员经厂外试车，确认巡航无法使用。同时根据维修信息查询提示，需更换主动安全模块，并在线进行软件刷新。因此维修人员先更换了主动安全模块（图2-35），随后做了在线软件刷新，

图 2-34 仪表显示

刷新后试车，故障仍未排除。连接诊断仪，读取故障码显示为 U0159、B1325（图 2-36）。进一步读取数值，远程雷达传感器模块未对齐（偏向上），说明有故障存在，如图 2-37 所示。

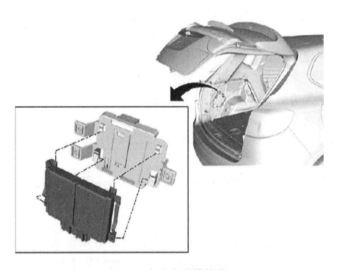

图 2-35 主动安全模块位置

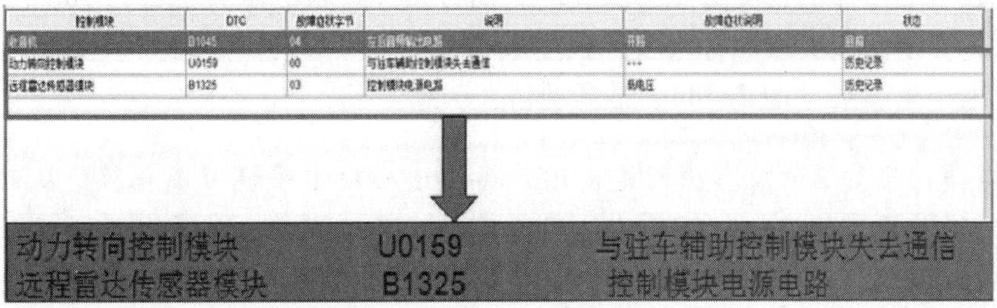

图 2-36 故障码

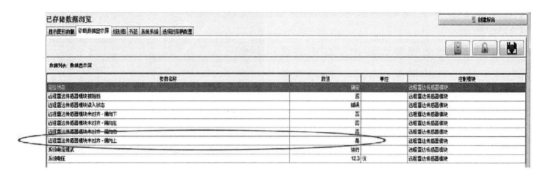

图 2-37 数据流

昂科威在自适应巡航行驶中，全程使用前视摄像头和远距离雷达进行探测。如果探测到前方车辆，自适应巡航可能会施加加速或制动，以保持跟车间距，系统可以在跟随车辆之后进行自动减速直到停车。在距离达到设定的范围时，前仪表台会"哔哔"鸣叫和闪烁，主驾座椅出现振动（使用方法可在车辆的个性说明里查看）。

根据维修手册，结合相关通信及数据显示，维修人员认为前远距离雷达可能存在水平误差或相应模块、线路存在问题。认为主要还是水平调节不对，造成故障的可能性偏大。造成此故障的原因，可能是之前拆装模块或支架时导致雷达模块内部天线上仰或下倾超出规定的 $\pm 3°$，从而对前方目标车辆的探测产生偏差，影响自适应巡航功能的正常运行。

随后维修人员按程序测试数据，结果与数据显示数值一致（远距离雷达模块偏向上），与正常数据有偏差。于是拆下前保险杠，对前远距离雷达模块进行调节，并用水平测试仪检测，直到调整到水平数值正常后再装复前保险杠试车。

前远距离雷达模块对准程序如下：

① 清除相应不存在的其他故障码（DTC）。
② 驾驶车辆前确保雷达前部表面清洁。
③ 准备故障诊断仪以校准远距离雷达，在校准期间，需保持连接。
④ 发动机运行。
⑤ 使用诊断仪开始校准。
⑥ 以高于 56km/h 的速度行驶，避免过小的转弯，避免突然加速与减速，跟随一辆车（跟随期间车距为 30~50m 最佳），在路旁有固定物体的环境中行驶。
⑦ 正常行驶 10~30min 后观察确认是否校准正确。

注意：数字量角器的精度必须为 $\pm 0.5°$，前方雷达模块的垂直位置为 90°（$\pm 3°$）。

故障排除 维修人员按照标准校准程序成功校正，然后外出进行路试校准，直至仪表对话框显示绿色小车图案（图2-38），故障排除。

> **技巧点拨**：此案例的故障原因是前远距离雷达模块水平调节不正确，从而导致主动安全系统无法正常工作，如巡航无法使用、跟车距离不报警、座椅不振动及仪表信息中心显示"维修驾驶辅助系统"等。针对此类新技术的维修与排查，在判断与分析时需领会其设计上的独到之处。故障表现与检测手段的运用，乃至维修中的校准标准和规定程序，需维修人员善于学习，善于结合原理去分析，掌握要领并运用到实践当中去。

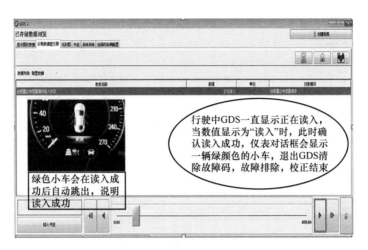

图 2-38　数据读入

五、别克君越没有巡航功能

故障现象　一辆别克君越汽车，行驶里程 5.8 万 km。驾驶人抱怨车辆没有巡航功能。

故障诊断　驾驶车辆进行路试，证实车辆无巡航功能。试车时还发现车辆没有手动驾驶模式，变速杆置于 M 位时，仪表上的黄色 M 指示灯不亮，显示的仍然是 D 位。使用 TECH2 读取故障码：P0826——加减档开关电路，如图 2-39 所示。尝试删除 DTC 后，起动发动机，当变速杆移出 P 位时，TCM 内立刻出现 P0826 故障码，说明加减档开关电路的确存在当前故障，必须排除。

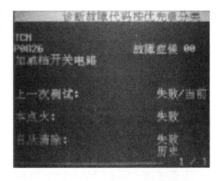

图 2-39　加减档开关电路故障码

巡航系统的电路图如图 2-40 所示。可以看出君越的巡航系统比较简单，整个系统简化成了一个巡航开关，驾驶人只需通过操作开关发出指令，ECM 根据各条件参数判断是否启用巡航功能，如条件符合则控制电子节气门保持所需车速。查看电路图，可以得知巡航开关由 1539 号线路供电，电压为 12V，与仪表熔丝盒的 2A 熔丝相连。按照常理检查熔丝，发现熔丝已经烧毁，插上备用熔丝，有火花出现，说明线路存在搭铁故障，需要排除。在巡航开关部位仔细检查，没有发现搭铁故障点，但 1539 号线上确实存在搭铁故障。仔细查看 2A 熔丝的供电线路，发现线路存在分支，标号也是 1539，去向为转向盘控制。这时，通过诊断仪读取的故障码也可以理解了，该熔丝也给加减档开关供电。

故障排除　检查转向盘上的加减档开关及线路，发现位于气囊下部的线束有磨破搭铁的部位，如图 2-41 所示。重新包扎线束，试车后故障排除。

> **技巧点拨**：君越的高配车型除在变速杆处配备有加减档开关外，转向盘上也配置了加减档开关。

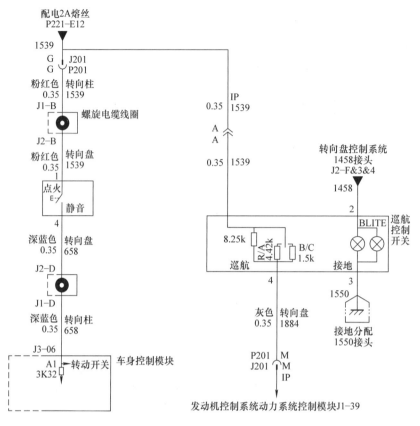

图 2-40 巡航系统电路图

六、2013款上汽通用别克英朗巡航有时无法使用

故障现象 一辆2013款上汽通用别克英朗，行驶里程25762km。驾驶人反映在行驶中开启巡航系统，有时无法使用。

故障诊断 维修人员首先验证驾驶人所说故障，并进行路试。确实发现巡航无法使用，但熄火后重启有时又可以使用。连接故障诊断仪GDS检测故障码（图2-42）：P0562 00——系统电压过低；C0800 03——控制模块电源电路低电压；U0184 00——与收音机失去通信。

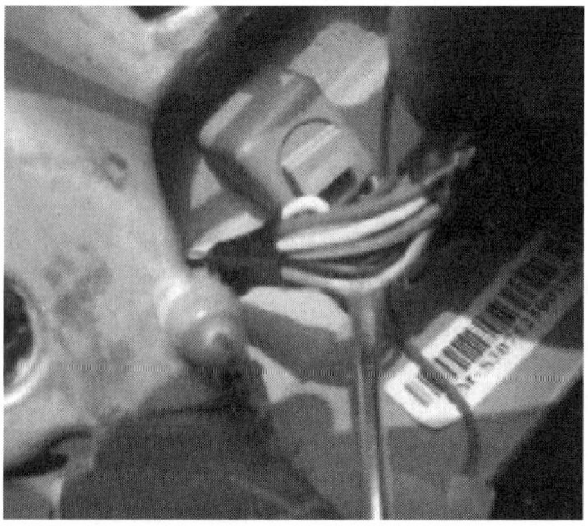

根据故障码读取动态数据，蓄电池电压（图2-43）为11.6V，对比同款车型数值应为13.6V。诊断仪数据显示系统电压低，而蓄电池检测仪检测电压正常（图2-44），发电机发电量正常。

图 2-41 加减档开关线路破损

根据故障现象分析，可能存在巡航设定与调节开关损坏、系统相应模块故障、线路故障几方面。查阅维修手册中对巡航控制系统的描述：巡航系统是一个速度控制系统，它在正常行驶条件下保持特定的期望车速，但陡坡可能

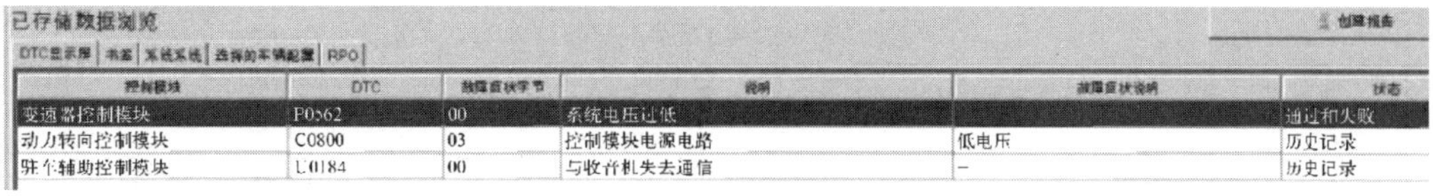

已存储数据浏览

控制模块	DTC	故障症状字节	说明	故障症状说明	状态
变速器控制模块	P0562	00	系统电压过低		通过和失败
动力转向控制模块	C0800	03	控制模块电源电路	低电压	历史记录
驻车辅助控制模块	U0184	00	与收音机失去通信	–	历史记录

图 2-42　故障码

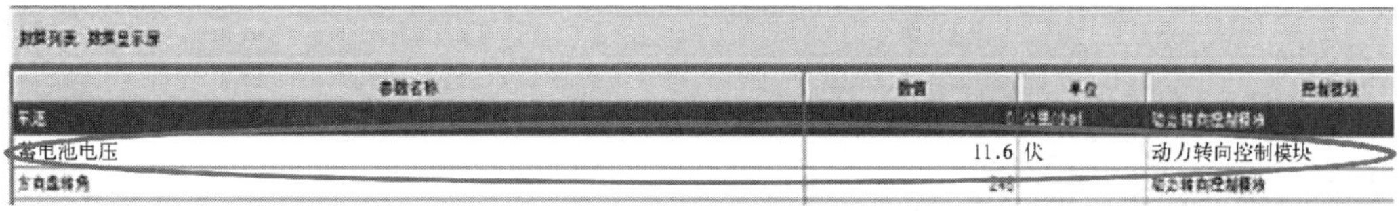

参数名称	数值	单位	控制模块
车速	0	公里/小时	[illegible]
蓄电池电压	11.6	伏	动力转向控制模块
方向盘转角	[illegible]		[illegible]

图 2-43　数据流

会引起所选择车速的变化。

车身控制模块（BCM）监测转向盘上的巡航控制开关的信号电路。BCM 通过串行数据电路，将巡航控制开关状态发送到发动机控制模块，发动机控制模块根据巡航控制开关的状态来确定达到和保持车速的时间。发动机控制模块同时监测车速信号电路，以确定需要的车速。巡航控制系统组成部件包括加速踏板、停车灯开关、车身控制模块、巡航控制开关、发动机控制模块、节气门执行器和车速传感器。

图 2-44　蓄电池检测

当存在下述任何情况时，发动机控制模块（ECM）将禁用巡航控制系统：

① 在本次点火循环中，发动机控制模块未检测到车身控制模块（BCM）激活制动踏板。

② 已设置巡航控制系统故障码。

③ 车速低于 38.6km/h。

④ 车速过高。

⑤ 车辆在驻车档、倒档、空档或 1 档。

⑥ 发动机转速过低。

⑦ 发动机转速过高。

⑧ 系统电压不在 9～16V。

⑨ 防抱死制动系统（ABS）/牵引力控制系统（TCS）激活 0.5s 以上。

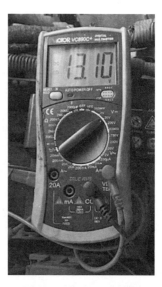

维修人员测量了通过蓄电池 B + 与接地点的电压，都正常，调换发动机舱内熔丝盒与蓄电池上面小熔丝，故障现象仍存在。查阅电路图，如图 2-45 所示。测量车身控制模块、发电机、熔丝与接地点的电压为 12.4V，正常。测量 G104 接地点，万用表电压数值显示不稳定，电压值为 9.98V，如图 2-46 所示。根据这个现象，基本认为 G104 接地点接触不良，打磨此接线及桩头，故障现象仍未排除。

故障排除　此时感到有点茫然了。为什么 G104 搭铁点经过修理后故障仍未排除呢？再一次用万用表测量 G103 与 G104（图 2-47）的导通性时，发现 G103 测量阻值偏大且数值波

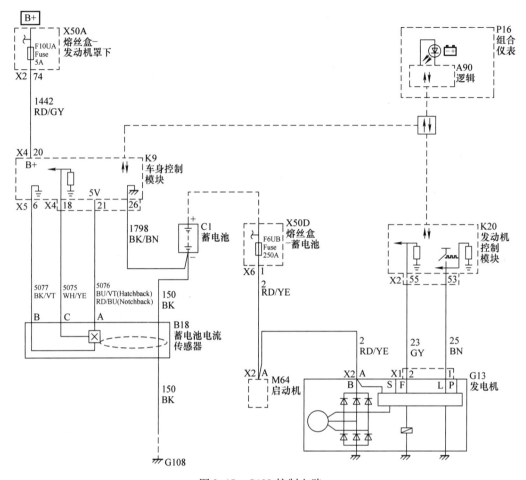

图 2-45 G103 控制电路

动。肯定有问题,那就拆开 G103 看看究竟。拧去螺母后,G103 明显存在接触不良现象,痕迹比较明显。打磨后复位测量,检测数据电压为 13.4V。路试车辆,巡航工作正常,故障排除。

技巧点拨:本案例由于没有确切的故障码,系统内部只有系统电压低的历史故障码,这很容易误导维修人员,因为一般在车辆缺电的情况下都会生成此故障码。

实际维修中维修人员通过诊断仪与相应的电压数值,确认该车辆电压不稳定,最后确诊出线路的接地点不良。历史故障的特征往往不能忽视,它有助于我们制订维修方案,对排除故障起到很重要的作用。

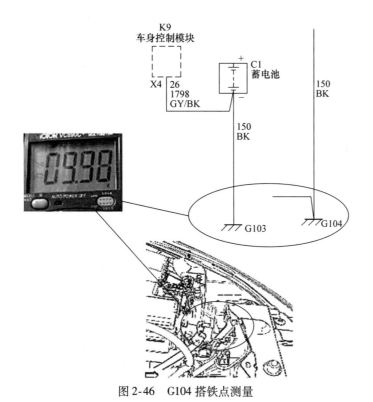
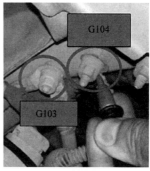

图 2-46　G104 搭铁点测量　　　　图 2-47　G103 和 G104 位置

第四节　大　众　车　系

一、2012 款大众 CC 2.0T 主动巡航系统功能无法使用

故障现象　一辆 2012 款大众 CC 车，行驶里程 9542km。本车为事故车辆，因发生追尾进站维修，维修完成后发现主动巡航系统（ACC）功能受限，定速巡航功能无法开启。

故障诊断　连接故障诊断仪，发现车辆网关中 01 发动机电子装置及 13 自适应巡航控制中存在故障（图 2-48）。01 发动机电子装置报"检查传动系控制单元（静态）"故障（图 2-49）。13 自适应巡航控制中报读取发动机控制单元（静态）故障。查询本车的维修记录发现本次事故此车更换了主动巡航控制单元（ACC）雷达传感器并重新对 ACC 进行了校准。由于是追尾事故后才无法使用相关功能，怀疑是事故时造成前部线束短路或断路导致 ACC 无法工作，查询主动巡航系统电路图（图 2-50）检查相关前部线束，未发现线束有短路或断路现象。

线束方面没有故障，怀疑为新的主动巡航控制单元（ACC）雷达传感器存在问题，拆卸新的主动巡航控制单元（ACC）雷达传感器发现新的传感器与原车相比备件号存在差异（图 2-51）。与备件部门沟通后确认这两种备件都为替换件，不存在安装错误备件导致故障的可能。查询相关维修资料发现新的备件由于是替换件，安装后除了需要正常的编码及校准外还需要额外更改匹配功能。

故障排除　通过故障诊断仪 VAS5052X 对主动巡航控制单元（ACC）的功能进行匹配，

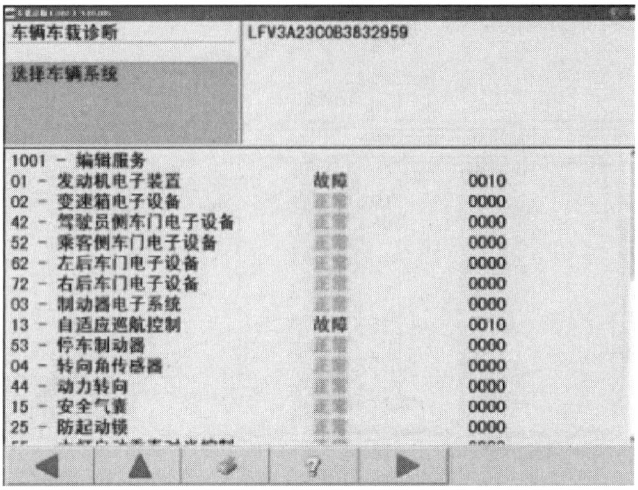

图 2-48 故障诊断仪读取的故障情况

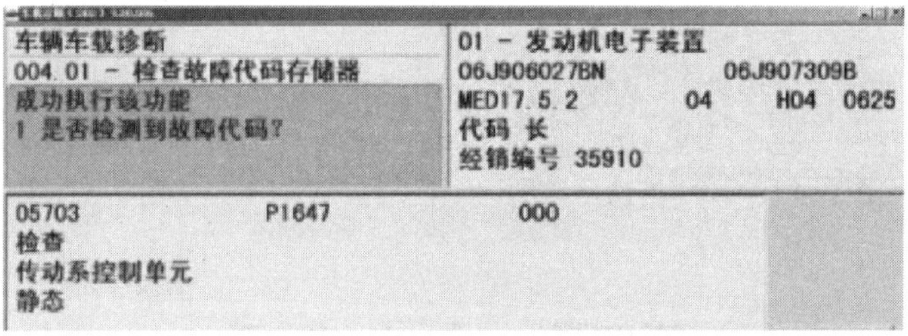

图 2-49 发动机电子装置的故障码

匹配的顺序为：进入 13 自适应主动巡航控制，进入访问认可输入"23092"，进入匹配通道 9，将"1"改为"0"。汽车电子控制系统在更换备件时需要注意是否为和原车一样的备件，如果为替换件应该注意是否需要更改一些相关的设置，以保证新的备件与车辆能够匹配。

> **技巧点拨**：大众车系更换电控系统控制单元或相关零部件时，需要进行系统的匹配，其作用是使新更换的零部件和原有部件间有一个适应的过程。

二、一汽大众 CC 主动巡航功能失效

故障现象 一辆一汽大众 CC 轿车，行驶里程 3000km，主动巡航系统不起作用，接通巡航开关后，多功能仪表显示主动巡航故障。

故障诊断 检查发现，接通点火开关后，仪表多功能显示器显示主动巡航故障，而多功能显示器菜单栏"前部辅助"却没有显示出来。用 VAS5052A 检测，读取到发动机电控单元内储存有故障码：53283 U1023——距离调节控制单元故障；05703 P1647——CAN 总线内的控制单元编码/版本；49717 U0325——巡航控制前部距离范围传感器无通信（图 2-52）。读取到距离调节控制单元内有故障码：00272——由于电磁干扰而造成的功能禁用电路电器故障；01317——仪表板控制单元（X285）请读取故障码；01314——发动机控制单元请读

第二章 巡航控制系统维修技能与技巧点拨

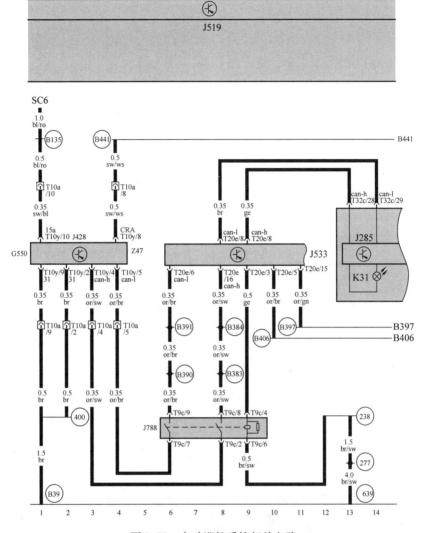

图 2-50 主动巡航系统相关电路

G550—自动车距控制装置传感器　J285—组合仪表中的控制单元　J428—车距控制系统控制单元
J519—车载电网控制单元　J533—数据总线诊断接口　J788—驱动 CAN 总线断路继电器
K31—定速巡航装置指示灯　Z47—自动车距控制装置传感器加热装置

取故障码（图 2-53）。

出现以上故障码的原因有距离调节控制单元（J428，集成有自动车距控制传感器 G550）故障或其线路故障、J428 受到异常的电磁干扰。分析造成 J428 受到电磁干扰的干扰源主要来自车外和汽车本身其他电器（如发电机、火花塞等）。首先改变汽车停放环境后再次进行检测，故障码依旧。为排除汽车电器故障产生电磁干扰的可能性，将发动机熄火后断开所有电器，拆下蓄电池负极电缆并等待 5min 以上，然后安装蓄电池负极电缆并接通点火开关，再清除所有电控系统的故障码后进行试验，发现故障码 00272 依然不能清除，说明可以排除汽车本身其他电器产生电磁干扰的可能性。

故障排除　接着检查 J428 线路，其线路也正常。无奈之下，决定更换 J428 后再试验，

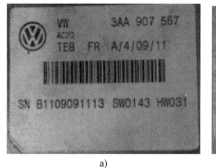

a)　　　　　　　　　　　　　　　　b)

图2-51　主动巡航控制单元（ACC）的备件号

a）原车备件号　b）新的备件号

图2-52　读取的发动机电控单元内的故障码

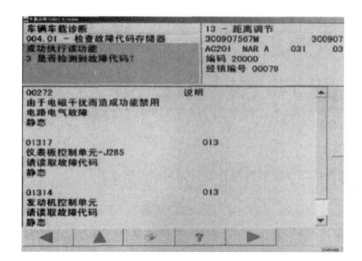

图2-53　读得的距离调节控制单元内的故障码

更换后发现故障码均可清除，接着对道路辅助系统进行校准后试车，故障排除。

第二章 巡航控制系统维修技能与技巧点拨

技巧点拨：大众 CC 主动巡航是在传统的定速巡航系统上发展而来的。传统巡航系统在启动后，自动将汽车固定在特定的车速上行驶，同时在巡航状态下对车速进行加减速设定。一汽大众 CC 的主动巡航系统是在轿车的前部安装了雷达传感器（图2-54），持续扫描车辆前方道路，同时由轮速传感器采集车速信号，当前方有车时，距离调节控制单元按驾驶人设定的跟车距离行驶，再通过控制发动机的转矩输出和 ESP 系统的介入，自动地对车辆的速度和车辆间距等行车数据进行调整，从而代替驾驶人控制车速。

三、2015 款凌渡自适应巡航不工作

故障现象　一辆 2015 款大众凌渡，行驶里程 3638km。驾驶人反映自适应巡航不好用，仪表报警"自适应巡航和车道保持辅助已停用"（图2-55）。

图 2-54　一汽大众 CC 主动巡航系统雷达传感器

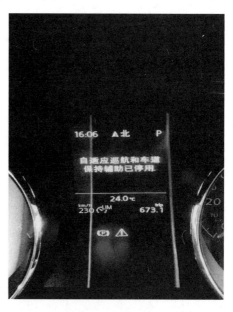

图 2-55　故障现象

故障诊断　接车后维修人员连接 6150X 读取故障码，如图 2-56 所示。

经过查询 Elsapro 系统电路图（图 2-57）得知，ACC 控制单元一共 8 针 6 根线，其中 T8a/8 至 cs32 为 15 号供电线（12V），T8a/1 为搭铁线，其余 4 根为通信线，T8a/2、T8a/3 为拓展 CAN 连接至 J533。T8a/5、T8a/6 为 J428 与 J242 之间的 CAN 通信线。

首先，测量 T8a/8 针脚。打开点火开关，用万用表测量 T8a/8 针脚黑绿色线的电压为 12.05V，在正常范围内。接下来测量 T8a/1 针脚搭铁线。用万用表一端测量 T8a/1 针脚褐色线，一端连接 T8a/8 针脚黑绿色线，测得电压为 -12.04V，也在正常范围内。其余 4 根线的基本电压在 2.72V 左右。

经过测量发现各个针脚的数值均在正常范围，故障点未找到。那问题出在哪呢？维修人员再次核对电路图发现了问题，原来 T8a/5 与 T8a/6 的针脚位置不正确。针脚 5 插孔内应为橙白色 CANH，针脚 6 插孔内应为橙褐色 CANL，如图 2-58 所示，两根线交叉之后，CAN 通

信出现了错误，ACC 控制单元报出了内部故障的代码。

故障排除　经过与驾驶人沟通了解到，该车为事故车，前部发生过碰撞。在其他 4S 店进行过修理，更换过 ACC 控制单元及控制单元插头，之后就无法使用了。我站维修人员重新调整了插针的位置，装复后，清除故障码并对 ACC 控制单元进行了校准，试车一切正常，故障排除。

技巧点拨：通过此案例的故障排除方法我们初步了解了 ACC 控制单元的线路走向及针脚的位置和针脚定义，为今后对 ACC 故障的维修积累了经验。这个案例也提醒我们今后对事故车辆线路的维修一定要细致、认真，仔细核对每根线束的位置、颜色。减少类似现象的发生，为驾驶人提供更优质的服务。

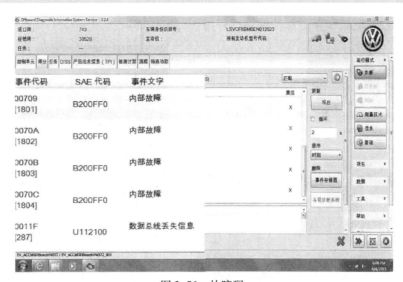

图 2-56　故障码

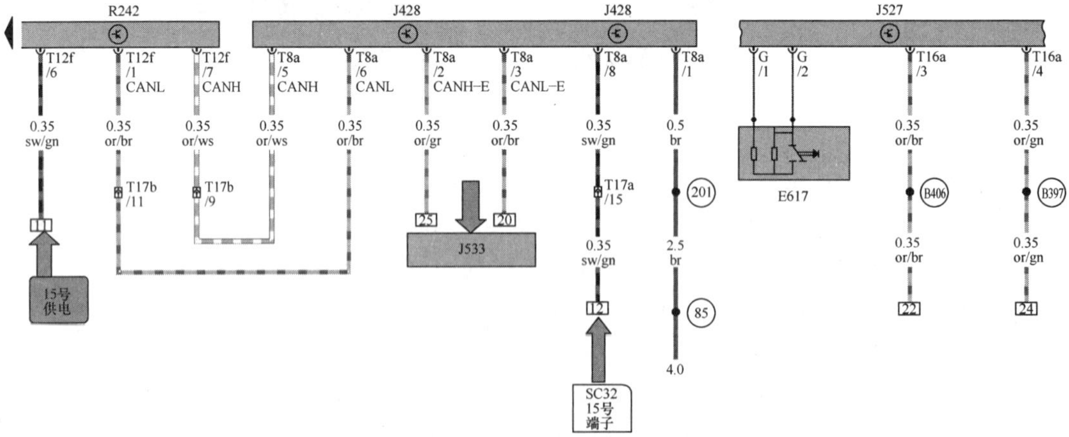

图 2-57　电路图

四、凌渡自适应巡航和前部辅助系统不可用

故障现象　一辆大众凌渡，配置 1.4L 发动机，行驶里程 5629km。仪表内显示自适应巡

第二章 巡航控制系统维修技能与技巧点拨

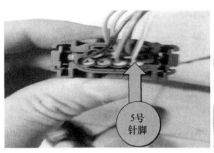
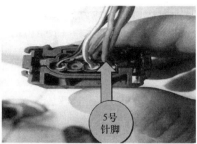

图 2-58 针脚错误

航和前部辅助系统不可用。

故障诊断 车辆行驶中仪表内提示自适应巡航和前部辅助系统不可用故障，并且巡航故障灯点亮（图2-59）。我站人员对车辆进行检查后发现故障现象确实如此，系统巡航故障指示灯长亮，车道辅助功能故障灯报警，转向盘上的多功能按键不能使用。

通过检查各控制单元有以下故障码：①02系统报21222 U021200——失去与转向柱控制单元的通信；②01系统报4714 U021200——失去与转向柱控制单元的通信；③13报269——U112100数据总线丢失信息，1043——B10E7F0巡航控制前部距离范围传感器分离；④19报197169——U108E00转向盘控制单元无通信。

通过对故障的现象进行分析，引起该故障的原因主要有以下几点：①前置摄像头故障；②自适应巡航开关故障；③多功能转向盘故障；④控制单元供电或搭铁接触不良；⑤编码不正确或匹配错误。

针对故障的表现情况制定相关的解决方案：①检查自适应控制单元J428与J533网关的线路连接情况。②对比同类车型的控制单元查看编码是否正确。③检查各控制单元的供电和相关的线路连接是否良好。

图 2-59 故障现象

查阅有关凌渡车型的技术资料（图2-60），故障车型显示的故障是ACC自适应巡航无法使用，其信号的传递路线是ACC开关按键（多功能转向盘ACC按键）→J527（插头连接）→J533（网关）→J428车距调节单元。在进行数据传递时从转向盘按键到J533之间为LIN线传输信号，同以前车型的信号传递有着明显的区别，需要在维修中加以注意。在充分

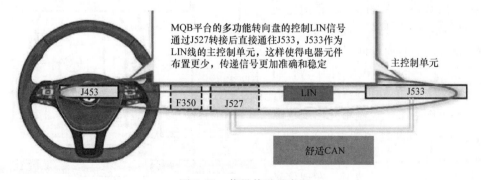

图 2-60 信号传递示意图

93

了解相关的原理后进行下一步维修工作。

针对 J453 的连接情况，通过 ELSAPRO 系统查询正确的电路图，并根据电路图进行检查。多功能转向盘各端子的定义如下：1 号端子，接地线；2 号端子，由 J527 来的供电线；3 号端子为 LIN 信号线；4 号端子为空位；5 号端子为通往 J527 的信号线（图 2-61 和

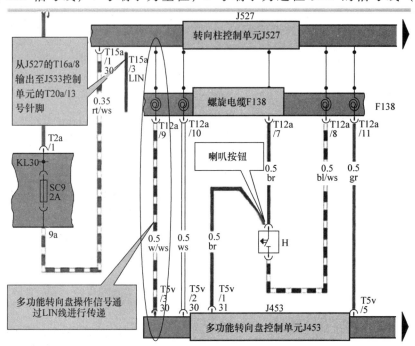

图 2-61 电路图 1

图 2-62）。断开插头，使用万用表测量各端子电压如下：1—2 之间电压约为 12.6V，1—3 之间约为 9.3V，1—5 之间约为 8.3V，与正常车辆进行对比未发现短路、断路和接触不良情况。

J533 和 J453 的线路连接情况除用万用表检测外，还使用诊断仪和示波器相结合进行检查，由 CAN 信号的波形峰值电压及信号相互镜像的情况来看，没有短路、断路情况，从多功能转向盘测量的 LIN 线信号波形来看，波形的信号电压约为 5V，而正常的 LIN 线波形的峰值电压约为 12V，由此可见有可能是某个控制单元出现故障导致信号传递出现问题（图 2-63）。为了进一步验证故障，把位于多功能转向盘上的插头拔去，再次测量其波形，发现信号波形正常了（图 2-64）。

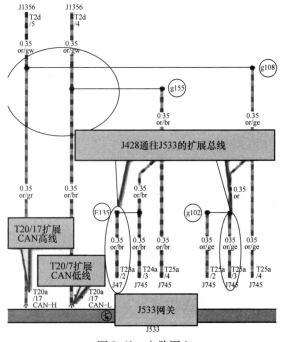

图 2-62 电路图 2

图 2-63 信号传递出现问题

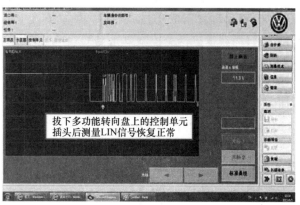

图 2-64 信号波形正常

由测量的 LIN 线波形来看,主要是由于多功能转向盘控制单元 J453 故障导致 ACC 的控制信号无法进行传递,引起 ACC 系统无法使用的故障(图 2-65)。

故障排除 更换新的转向盘控制单元,并与相同车辆的数据流进行对比,发现数据一致,至此自适应巡航及多功能转向盘无法使用的故障彻底排除。

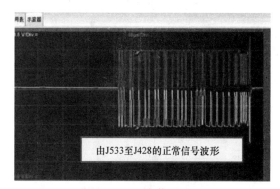

图 2-65 正常信号波形

技巧点拨:在维修中首先要正确判断车辆的故障现象,只有对故障的现象进行准确分析后才能制定完整的故障排除方案。由本例来看,故障码显示的是与相关的控制单元没有通信,这类故障的排除需要理解车辆的控制原理,在了解相关的原理后利用维修站齐全的维修资料和诊断设备对车辆的故障进行排除。掌握这样的判断方法后能更好地提高自身的维修技能和一次维修合格率,更好地为驾驶人服务。

五、一汽大众高尔夫 6 定速巡航偶尔失效

故障现象 一辆大众高尔夫 6,行驶里程 4900km。定速巡航偶尔失灵,无法定速行驶。

故障诊断 定速巡航系统是发动机电控系统中的一个子系统(Cruise Control System,CCS)。定速巡航系统电路图如图 2-66 所示。从系统电路图中可以看出,高尔夫 6 的定速巡航系统硬件构成相对简单。装备定速巡航系统的高尔夫 6 只是增加了定速巡航控制开关和定速巡航指示灯。

变速器处于规定档位,车辆行驶速度达到 30km/h 以上时,可实现定速巡航功能。当需要开启定速巡航时,首先要将定速巡航主开关拨到 ON 位置。开关 E45 的 T10y/1 插脚与 T10y/2 插脚连通。T10y/1 插脚是转向柱控制单元 J527 提供的 12V 左右的高电位。主开关闭合时,此高电位信号经过 E45 开关的 T10y/2 插脚传递到转向柱控制单元 J527 的 T16y/5 脚。

转向柱控制单元 J527 再通过导线将 E45 开关的"ON"信号传递给发动机控制单元 J623。与此同时，转向柱控制单元 J527 将定速巡航开关 E45 及定速巡航按钮 E227 的状态信息，通过舒适 CAN 总线送到网关控制单元 J533。网关控制单元 J533 再将定速巡航开关状态信息，经过动力 CAN 总线传递给发动机控制单元 J623。发动机控制单元 J623 只有同时收到动力 CAN 总线传递的"定速巡航开启"信号，以及转向柱控制单元 J527 单独传递的巡航主开关"ON"信号时，才能开启定速巡航控制功能。

出现如下任何一种情况，定速巡航功能关闭：①动力控制系统出现故障；②驾驶人踩制动踏板或踩离合器踏板（手动档）；③车速低于 30km/h；④发动机控制单元收到定速巡航开关"OFF"关闭信号或"CANCEL"取消信号。

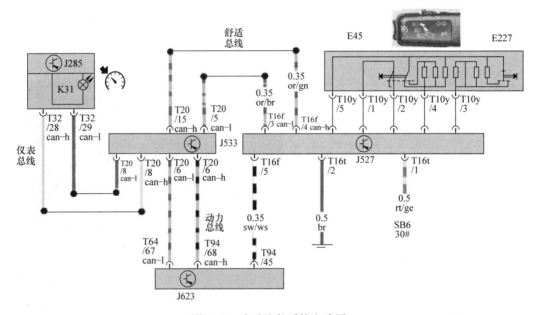

图 2-66　定速巡航系统电路图

J533—网关控制单元　J623—发动机控制单元　J527—转向柱控制单元　J285—组合仪表控制单元
K31—定速巡航（CCS）指示灯　E45—定速巡航装置开关　E227—定速巡航按钮

因为定速巡航系统是发动机控制系统中的一个子系统，所以其各项自诊断功能均在发动机控制系统中完成。查询该车的发动机控制系统，故障码如图 2-67 所示。故障为偶发故障，但每次清除后还会重新出现。针对无法定速行驶这一故障现象，进行了相关检查。

检查控制单元定速巡航功能是否激活。高尔夫 6 轿车的定速巡航系统为选装，可以通过售后服务，在发动机控制单元中激活及关闭该功能。激活及关闭方法可利用诊断仪的功能引导实现，如图 2-68 所示。发动机控制单元是否激活了定速巡航功能，可通过查看发动机控制单元版本信息及数据组 66 来进行判断，如图 2-69、图 2-70 所示。

观察此车的发动机控制单元版本号 MED17.5.20 后面有"G"标志，且 66 组数据 2 区"状态位"显示定速巡航功能处于激活状态"1"。

通过检查 01-11-66 组定速巡航开关状态数据（图 2-71），可以判断开关，相关线路是否正常。通过检查发现该车定速巡航开关状态数据正常。

进一步扩大故障检查范围，发现多个控制单元有总线信息故障。检查网关控制单元

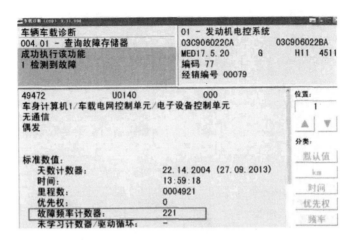

图 2-67　故障码

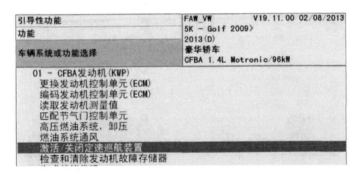

图 2-68　功能引导

图 2-69　数据组 66 功能关闭

J533 数据流时发现，转向柱控制单元 J527 及车身电气系统控制单元 J519 的通信状态时断时续，如图 2-72、图 2-73 所示。

转向柱控制单元及车身电气控制单元均通过舒适系统 CAN 总线进行通信，所以用示波器测量舒适系统 CAN 总线波形，如图 2-74 所示。根据经验判断舒适系统 CAN 总线信号受到了干扰。依次断开电气系统控制单元、转向柱控制单元、两个前门控制单元、空调系统控制单元后，总线信号波形均无变化，发动机中的故障码无法清除。

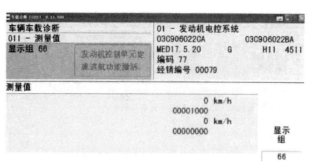

图 2-70　数据组 66 功能激活

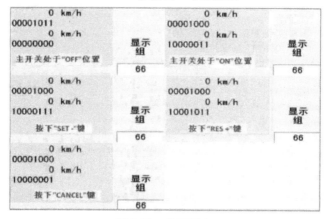

图 2-71　数据流 1

图 2-72　数据流 2

图 2-73　数据流 3

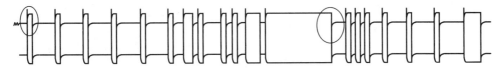

图 2-74 舒适系统 CAN 总线波形

仔细观察车内装备发现，该车改装了导航音响。2012 年以前的高尔夫 6，音响控制单元应该属于信息娱乐 CAN 总线系统。但是，当拆下加装的导航音响总成后，发现原车线束插头中的 CAN 总线导线颜色为橙绿色及橙棕色。按照惯例应该是舒适系统 CAN 总线，如图 2-75 所示。将导航音响控制单元与原车线束连接插头拔下后，舒适系统 CAN 总线信号波形恢复正常，如图 2-76 所示。

图 2-75 CAN 总线颜色

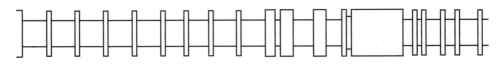

图 2-76 正常波形

故障排除 发动机控制单元及其他控制单元中的网络通信故障能够清除，定速巡航系统功能恢复正常，故障排除。

技巧点拨： 定速巡航系统只有在保证行车安全的情况下才能被激活。该系统出现故障时，除检查发动机控制单元外，还应注意其他电控系统是否存在故障。

第五节　其 他 车 系

一、雷克萨斯 RX450H 仪表显示"检查巡航控制系统"

故障现象　一辆雷克萨斯 RX450 轿车，搭载 2GR - FXE 发动机和混合动力系统。驾驶人反映在操作自适应巡航的过程中，仪表中央显示"检查巡航控制系统"（图 2-77）。

故障诊断 首先使用诊断仪 GTS 进入自适应巡航系统,查看是否存在相关故障码,发现存有历史性故障码,如图 2-78 所示。

保存故障码,尝试删除故障码,可以正常删除。于是再次上路试车,发现没过多久故障再现,说明该故障当前就存在。另外在故障出现的时候,无法使用自适应巡航,自适应巡航准备指示灯也不断闪烁。再次使用诊断仪查看其故

图 2-77 仪表显示

障码,发现故障码 C1A05 变成了当前故障。可能的原因有:①制动灯开关总成;②制动灯开关电路;③行驶辅助 ECU。

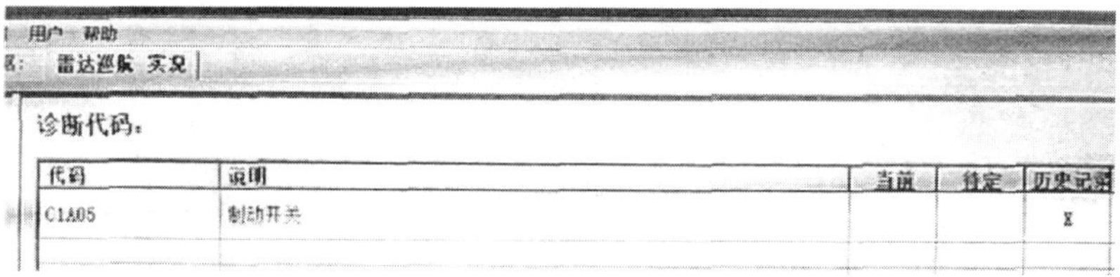

图 2-78 故障码

重点检查行驶辅助 ECU 的端子 ST1 - 和 STP - 在踩下制动踏板和未踩下制动踏板时电压输出是否正确,为了快速判断是否存在异常点,决定查看相关数据流。进入定速巡航系统,如图 2-79 所示,观察其数据流:

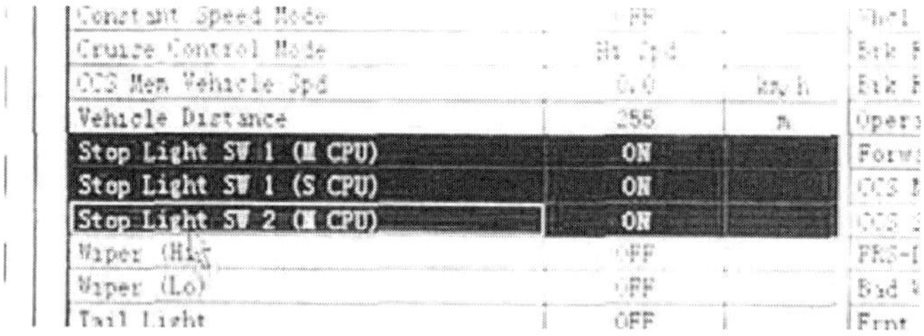

图 2-79 数据流

- ◆ Stop Light SW1(M CPU)(制动灯开关主 CPU 信号)ON
- ◆ Stop Light SW1(S CPU)(制动灯开关副 CPU 信号)ON
- ◆ Stop Light SW2(M CPU)(制动灯开关主 CPU 信号)ON

在踩下制动踏板的时候,都显示为 ON,松开制动踏板的时候都是 OFF,无任何异常现象。因为当前不存在任何故障,于是决定上路试车,在故障出现的时候查看相关数据。在打开巡航开关之后驾驶车辆,频繁地踩踏制动踏板,没过一会儿,故障再现,仪表中央再次出现检查巡航控制系统,另外在每次出现故障码的时候都可以删除故障码。从这两点可以看出,该故障为间歇性故障,并不是一直存在。为了准确判断故障原因,让故障再现非常重要,于是决定在车辆不行驶的状态下看是否可以让故障再现。将车辆起动后,按下巡航开

关,此时仪表上的巡航指示灯点亮,不断踩踏制动踏板,没一会儿仪表就再次显示检查巡航系统,说明故障的出现和制动有一定关系。接着重点查看其数据流,在松开制动踏板的时候,数据流的反馈果然出现了异常,其 Stop Light SW 2 的状态依旧显示为 ON,而 SW1 的状态是正常的,如图 2-80 所示。

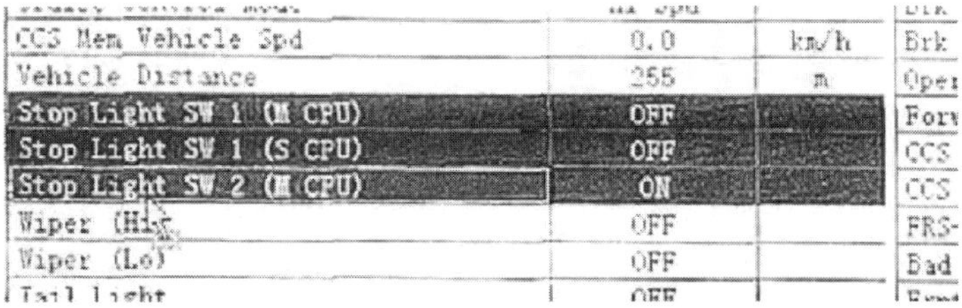

图 2-80 数据流(故障)

故障排除 找到了异常点,接着检查制动灯开关总成的线路是否良好。找到制动灯开关的插头 A47,将其拔下来后,测量插头 A47 的 2 号端子与搭铁的电压为 12V,无任何异常。将电源模式切换至 IG 状态下,测量插头 A47 的 4 号端子与搭铁的电压为 12V,说明供电线路无异常。接着重点检查制动灯开关的状态,将制动灯开关拆下,使用万用表测量制动灯开关的状态(表 2-1),无任何异常。考虑到并不是每次踩下制动踏板都会出现故障,而是偶尔一次会出现问题,决定将制动灯开关拆下,检查其内部元件,发现其触点有一定的磨损。于是决定重新订购新的制动灯开关,装复之后,频繁踩踏制动踏板,再次确认其数据流的状态是否正常,经观察无任何异常。在交车 1 个月后回访驾驶人,故障彻底排除。

表 2-1 标准电阻

检测仪连接	开关状态	规定状态
1—2	未按下开关销	小于 1Ω
3—4	未按下开关销	10kΩ 或更大
1—2	按下开关销	10kΩ 或更大
3—4	按下开关销	小于 1Ω

技巧点拨:控制原理如图 2-81 所示。防滑控制 ECU 从行驶辅助 ECU 接收信号并控制制动执行器,同时通过控制制动灯控制继电器使制动灯亮起。踩下制动踏板后,制动灯开关总成将信号发送至行驶辅助 ECU,接收到信号后,行驶辅助 ECU 取消巡航控制系统。巡航控制运行期间,即使制动灯开关信号电路存在故障,也会因失效保护功能而保持正常行驶。将蓄电池正电压施加到端子 STP−时,取消巡航控制。松开制动踏板后,通过 ECU IG2 熔丝和制动灯开关总成将正电压施加到行驶辅助 ECU 的端子 ST1−,并且行驶辅助 ECU 使巡航控制运行。故障码的检测条件为行驶辅助 ECU 的端子 ST1−和 STP−的电压均低于 1V 达到 1s。

二、2017 款玛莎拉蒂 Levante ACC 功能受限

故障现象 一辆 2017 款玛莎拉蒂 SUV 车型 Levante 到店进行后保险杠和右后翼子板的

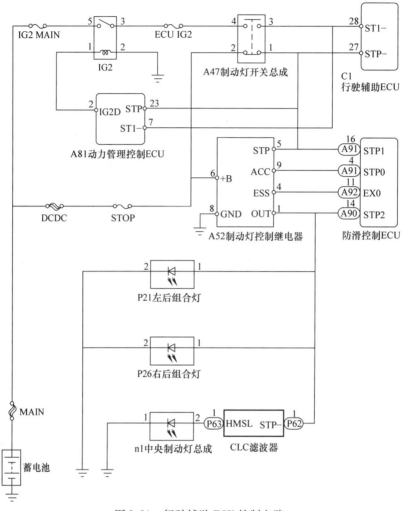

图 2-81 行驶辅助 ECU 控制电路

修复喷漆工作。在车辆终检时发现仪表提示 ACC 无法使用，同时故障提示灯亮起，如图 2-82 所示。

图 2-82 仪表显示

故障诊断 首先使用专用诊断仪检测车辆，读取相关联的故障信息如下（图2-83）：C2129-16 Battery Voltage-Circuit Voltage Blow Threshold（电池电压-电路电压低于极限）；U1215-00 Lost Communication with Forward Camera（和前摄像机失去通信）。起初以为这些故障是由系统电压低引起的，且故障码可以清除，但试车一段路程后U1215-00故障码会再次出现，证明此故障并非电压低引起，而是事实存在故障。

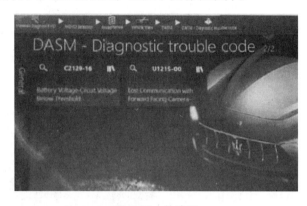

图2-83 故障码

（1）自适应巡航控制（ACC）功能原理

自适应巡航控制提升了常规巡航控制系统的舒适性与安全性，它可根据前方车辆的速度对车速进行动态调节，而无须在每次需要改变车速时，都重置该系统。由位于前格栅三叉戟标志后的长距离雷达传感器测量目标车辆的车速与距离。系统所保持的距离，由车速与驾驶人的设置同时决定。

ACC由DASM（驾驶人辅助系统模块）进行管理，DASM可分析雷达信号然后通过CAN-C与ECM（常规巡航控制系统）和ESC模块进行通信。在发动机制动不足以维持与前车的安全距离时，将主动对车辆施加制动力。当然，这两种情况下都会点亮制动灯，与踩下制动踏板的效果相同。

ACC根据以下逻辑工作：

① 可在速度高于30km/h时启动。

② 为保证不超过限速，即使前车提速，ACC也不会将车速提高至超过驾驶人的设置速度。如果驾驶人需要保持跟随前车的状态，可使用转向盘上的常规摇臂开关手动提高设置速度。

③ 配备有自动停止功能，可持续跟随目标车辆直至它完全停止。

④ 如果目标车辆保持停止超过2s，则需要驾驶人介入方可再次启动（踩一下加速踏板或动一下速度控制摇杆开关）。

1）前方碰撞警告（FCW）。前方碰撞警告是ACC的安全相关扩展功能。它使用相同方法（雷达与摄像头）来识别并准确定位车辆与其他障碍物，但其旨在避免（或至少是减轻）碰撞（图2-84）。以下为其工作方式：

① 通过音响系统与仪表板向驾驶人发出声音与视觉警告。

② 将以突然施加制动力的形式发出进一步警告（图2-85）。

③ 如果驾驶人仍然未做出反应，而有很大可能即将发生碰撞，则自动施加制动力以减

轻碰撞后果。

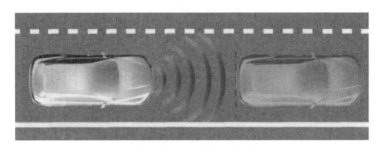

图 2-84　碰撞警告

FCW 始终与 ACC 同时装备，驾驶人可通过 MTC+ 界面（设置页面）设置 FCW 的灵敏度、禁用自动制动功能或关闭全部系统。

2）驾驶辅助系统模块。主要由两个电子模块控制，模块集成于各自的传感器中（图 2-86）。

① DASM（驾驶人辅助系统模块）控制长距雷达传感器（位于前格栅上三叉戟边框后）。该模块集束发射高频（77GHz）射电波束，接收由固体表面返回的反射波，同时进行分析以评估前方车辆的位置与速度，以及车辆前方的其他障碍物。在最佳条件下，传感器可检测到 250m 以外的车辆。

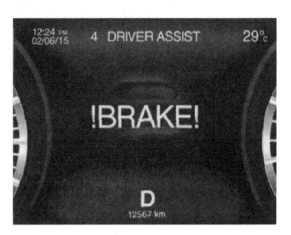

图 2-85　故障报警

② HALF 模块（触觉车道反馈）控制前置摄像头（位于前风窗与后视镜之间）。主要用于 LDW 系统，但在由 DASM 执行的雷达测量确认中也扮演重要角色。HALF 模块同样协助执行来往车辆识别，用于自动调节前照灯角度。

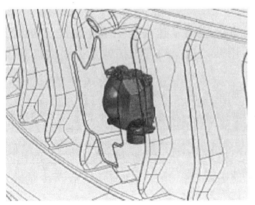 

图 2-86　驾驶辅助系统模块

（2）分析和诊断　通过故障信息的采集和关联系统的机构原理以及电路图进行大概分

析。从电路图中可以看到 DRV（也就是 DASM）连接到两条 CAN 网络中，其中一条 5 号针脚和 6 号针脚通过后排星形节点连接至车辆 C – CAN，另一条为单独连接到 LDW（也就是 HAL 前置摄像头 F 模块）的专用 CAN 信号线。

根据故障码提示，与前部摄像机失去通信可能的原因有：①LDW 或 DRV 模块供电或接地故障（如接触不良）。②LDW 或 DRV 模块损坏。③LDW 或 DRV 之间的通信线路故障（短路或断路）。

（3）测试结果

① 首先检查 ACC 模块的供电线路，正常（12V），安装位置如图 2-87 所示。

② 根据电路图，ACC 与前部摄像机之间有独立 CAN 线连接。其中 CAN – L 对地电压为 2.43V，CAN – H 对地电压为 0，CAN – L 与 CAN – H 之间的阻值为无穷大。

③ 测量线路连接，发现 ACC 模块与前部摄像机之间的 CAN – H 线路断路。考虑到拆装便捷性，首先检查了前部摄像机处的线路连接及供电，供电正常，但 CAN – H 仍旧是不导通的，怀疑车舱外侧有线束插头断路；其次拔出保险杠左侧线束插头，检查相应的连接，发现与 ACC 模块相应的 CAN 针脚是不导通的；最后拆卸保险杠检查线路，均正常，未见破损。

图 2-87　ACC 模块位置

故障排除　在检查 ACC 插头针脚的时候，发现其 CAN – H 插头（5 针脚）的线束已被拉出来且折断，如图 2-88 ~ 图 2-91 所示。

图 2-88　CAN – H 插头

图 2-89　线束断路

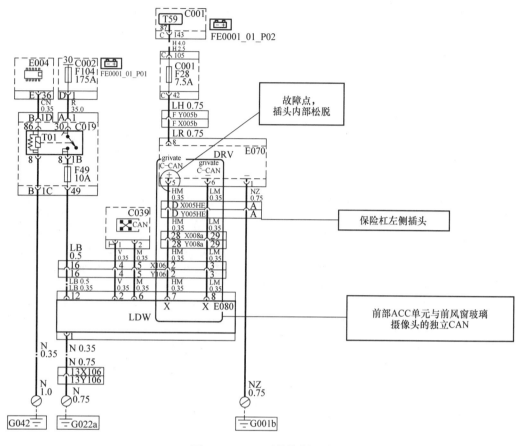

图 2-90 ACC 系统控制电路

C001—前部配电单元（FDU）　C002—蓄电池配电单元　C019—后部配电单元（RDU）
C039—后排星形 CAN 网络分布　E004—车身控制模块（BCM）　E070—自适应巡航控制/DRV 辅助系统模块
E080—车道偏离警告（LDW）　X106—接线，乘客舱-风窗玻璃　Y106—接线，乘客舱-风窗玻璃

图 2-91 前杠外力挤压

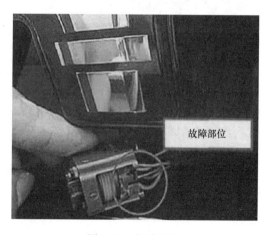

图 2-92 插头破损

技巧点拨：在拆装过程中发现，此车前保险杠部位曾受到外力挤压，如图2-91所示。DRV的线束通过前保险杠中间穿过，如受到外力挤压确实有可能造成线路的某些故障。在诊断此故障时，由于观察不够仔细（DRV插头已经破损，如图2-92所示），诊断还是走了一些弯路。当测量到断路时，我的思维就被这个挤压过的问题无限放大，怀疑是保险杠内部线束断路了，结果拆下保险杠后发现内部线束完好。在进行分段测量后最后又回到了插头侧进行再次确认才发现了问题所在。

三、路虎极光定速巡航不能用

故障现象 一辆路虎极光，配置2.0T发动机、9速变速器，行驶里程23829km。驾驶人反映定速巡航不知道什么时候不能用了。

故障诊断 接车以后试车。当车速达到30km/h的时候，设置定速巡航，仪表里不显示定速巡航的图标且不能定速，与驾驶人反映的一样，定速巡航不能使用。

首先连接路虎的专用诊断仪读取故障码，没有任何故障码。没有故障码却不能使用，那么造成这种问题的主要原因可能会有以下几种可能：①软件有问题；②条件不满足；③线路有问题；④定速巡航开关有问题。

驾驶人手册里没有说明在使用定速巡航的时候，需要什么特别的条件，也就是说只要车速达到30km/h以上就可以设定定速巡航。既然没有什么特别的条件，也没有故障，那么软件的可能性会比较大。于是开始对相关的模块进行编程。在编程前，先把蓄电池的负极断开10min，然后再重新测试，发现断电以后定速巡航依然不能使用。连上诊断仪，对相关的模块逐一进行编程（发动机控制模块、车身控制模块、变速器控制模块、ABS控制模块），并对制动压力和纵向加速度传感器进行校准。编程和校准完毕之后，进行试车，结果依然不能使用。把定速巡航开关拆掉，没有发现异常。测量电压和搭铁都正常，难道是定速巡航开关坏了，可是一般开关有问题，通常都会有故障码，对调其他车的开关，故障依旧。此时有点无从下手，就在不知所措的时候，无意中发现，不踩制动踏板居然还可以挂档。反复试了几次，还是一样可以随意挂档。在不踩制动踏板的时候可以挂档，说明制动踏板的信号存在问题。用诊断仪读取实际值，检测开关的两个状态：一个随着制动踏板的踩下和松开，在打开和关闭之间循环变化，而另一个一直是打开的，说明制动踏板开关信号确实存在问题。在反复测试过程中发现制动灯有偶尔不亮的现象，而且此时仪表出现报警提示：车身稳定不可用、陡坡缓降不能用和仅限2轮驱动。报警提示如图2-93所示。

把制动灯开关拆掉，用手来回按压并观察实际值，都没有变化，制动灯也不亮。把制动灯开关的插头拔掉，打开制动灯开关，没有发现异常。重新插上插头，观察实际值，其中一个数值有变化，难道真的是制动灯开关坏了。这时用诊断仪读取故障码，发现有故障码，而且是永久性的，故障码如图2-94所示。

如果是单一的制动灯开关坏了，不应该有线路上的永久性故障。难道线路也有问题。用万用表测量制动灯开关上的电压，一个为11.7V，另一个为1.7V，两根搭铁线是正常的。感觉有一个电压是不正常的，不应该是1.7V。找到一辆同款车（带自动起停），测量发现有两根线都有11V左右的电压。查资料得知，这两根线是电源线，连接发动机控制模块和车身控制模块，但是测量发现制动灯开关的线到发动机控制模块的线是不导通的，这就不正常了。此车前部曾出过事故，左前熔丝盒和线束都维修过，有两根线没有接。这两根线是接在一个二极管上的，在事故的时候撞丢了，而且在配件上查不到，电路图上也没有这个二极管，也不报故障。重新测量发现该二极管的线与发动机控制模块是导通的，也就是起到单向导通的作用。先把两根线接在一起，然后删除故障码试车，定速巡航可以使用，但是制动踏板灯有时还不亮。

图 2-93　仪表显示

图 2-94　故障码

故障排除　更换制动踏板灯开关，把二极管的两根线焊接在一起。

技巧点拨：制动灯开关是巡航系统的控制信号之一，在巡航系统使用过程中踩踏制动踏板可以解除巡航系统的工作。

第三章

电控悬架系统维修技能与技巧点拨

第一节 奔驰车系

一、奔驰C260车速在60~80km/h紧急制动时车辆向左跑偏

故障现象 一辆新款奔驰C260，配备274缸内直喷涡轮增压发动机、722.9七速变速器，行驶里程3万km。在车速为60~80km/h紧急制动时车辆直接向左跑偏。

故障诊断 接车后，与驾驶人一起试车，与驾驶人投诉的故障现象一模一样，车辆在60~80km/h时转向盘直接向左边跑去，感觉就像被一个力拉过去一样。但测试其他车辆没有这样的现象。这种现象在高速路上是相当危险的，驾驶人要求一定要解决。连接诊断仪，ESP控制单元里面并没有与之相关的故障码。

对于新车型一般都有技术文件可以查询，查阅奔驰专用的TIPS网站，未见有相关的技术文件的指导。仔细分析故障现象，既然与制动相关，那么肯定与ESP控制模块的关系十分密切，于是对ESP控制模块进行升级，未发现有新软件。连接诊断仪路试车辆，查看实际值，一切正常。关闭ESP测试，故障现象依旧。既然是制动时跑偏，会不会是左右制动力不均衡导致的呢？接下来进行制动力测试，发现左右相差不大，都在正常范围内。由于车辆在正常行驶时没有跑偏现象，只有制动时候才有，说明一定与制动相关。

接下来又对ESP控制模块的液压制动管路进行检查，一切正常，未见有弯曲、折皱的痕迹。重新排空制动液，故障依旧。接着又对调了两前制动轮缸、制动片，故障依旧。ESP控制系统几乎已经检查完了，难道还有什么疏漏的地方吗？会不会是轮速传感器信号失真引起的速度差异，从而引起制动时间上的偏差？连接诊断仪试车，结果大失所望，4个轮速都差不多，如图3-1所示。

总结一下前面的诊断思路，看来自己的思路还是有局限性的，既然ESP都检查得差不多了，思路应该进行转换了。转向跑偏的原因除ESP系统外，底盘悬架系统也会引起。底

图 3-1 数据流

盘悬架系统是否有问题，进行定位就知道了。做了一个四轮定位，结果发现左侧的后倾角比右侧的大 40′。悬架的后倾角是由悬架的斜拉杆胶套决定的，拆开左侧的斜拉杆胶套，一看就发现了问题，感觉并不是 205 底盘车型的胶套，更像是 204 底盘车型的。查阅配件号，果不其然，205 底盘车型的斜拉杆胶套装成 204 底盘车型的了，由于后倾角有回正力矩的作用，造成制动转向跑偏。

斜拉杆胶套如图 3-2 所示。为什么会出现这样的错误呢？查阅驾驶人的相关维修记录，原来此车在三个月前左前出过一次事故，维修过左前悬架系统，在外面修理厂维修的，由于缺少新车型的配件，就拿 204 车型的斜拉杆胶套应急，刚开始没有问题，这个故障是后来才出现的。

故障排除 更换奔驰 205 底盘车型的斜拉杆胶套后，试车故障排除。

> **技巧点拨**：这是一起人为事故导致的车辆维修，但还是非常有启发作用的，故障的诊断思路一定要开阔。还有就是提醒我们做事一定要严谨仔细，要对自己维修的车辆负责，不能马虎大意。

图 3-2 斜拉杆胶套

二、奔驰 GL550 后减振器行驶中降到最低

故障现象 一辆奔驰 GL550，配置 273.963 发动机，行驶里程 134023km。后减振器工作异常，升不起来，即便是强制升起来行驶时减振器也会自动降到最低，前减振器高度正常，此时车辆无法正常行驶。

故障诊断 根据驾驶人描述，当时车辆出现故障在外面更换了两个减振器就出现上述现象，只能强制充气将后减振器升到最高，但是行驶途中又会自动降到最低，成前高后低状态。最后拖车回来一看，确实后面太低了，而且用车内悬架升降开关操作也没有反应。

接上诊断仪检测没有故障码，用车内开关操作没有反应。于是用诊断仪激活进行自动校准，看看4个减振器是否能够同步动作，结果没有一个有反应，减振器不升起。接下来单独升降每一个减振器，发现能够正常工作，这就把管路与充气泵、分配阀及减振器等部件故障暂时排除，说明本身是好的。既然单独能够操作，于是就用诊断仪并配合卷尺把车身调成一样高，再出去路试，结果发现后减振器落下，自动调节完全失效。

出现这种状况像是悬架控制单元接收到错误的反馈信息，发出错误的指令让充气泵及分配阀工作。既然没有故障码就去看实际值，从实际值找到突破口，查看实际值发现状态不正常。后面两个减振器的车身高度数值指示不正常，明明减振器高度现在很低，但是指示却很高，这是一个很明显不正常的地方。

把问题重点放在后轮车身高度不正常上面。左右后轮各自采用一个高度传感器检测后轮的实时高度位置，水平高度传感器的作用是在不考虑负载条件的情况下使车辆水平高度基本保持恒定。正常情况下当减振器充气时水平高度增加，当减振器压力通过减压阀释放时车辆水平高度降低。正常情况下实际车身高度很低高度传感器数值也应该很低，而结果恰恰相反。通过分析得出两个结论：要么高度传感器损坏，要么高度传感器位置没有装好。于是升起车辆进行查看，情况如图3-3所示。感觉高度传感器位置不合适，已经达到最高了，很明显不正常，仔细一看发现左右位置都错了，正常位置应该如图3-4所示。

接下来重新调整两个高度传感器的位置，然后进行测试，实际值恢复正常。用诊断仪可以正常调校激活，用车内开关也可以操作，最后外出试车也一切正常。原来问题的根本原因是当时在外面换减振器的时候拆卸了高度传感器，结果装复的时候位置装反了，给悬架控制单元发出了错误的信号，悬架控制单元接收到错误信号后干涉了充气泵和减压阀的工作，才会造成这种故障现象。

故障排除 重新安装调整高度传感器的位置，试车后故障排除。

> **技巧点拨**：这个故障虽然是人为故障，但告诫我们以后在工作的过程中一定要注重细节。更重要的是通过这个故障进一步了解了空气悬架系统的工作原理，在维修的过程中要会看实际值，并通过分析实际值快速锁定问题的根源。

图3-3 高度传感器

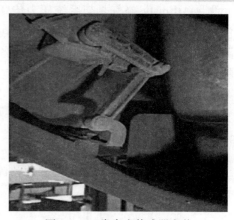

图3-4 正常高度传感器安装

三、奔驰 S500 右前悬架太低，无法升高

故障现象　一辆 2007 年奔驰 S500，行驶里程 16.5 万 km。驾驶人反映，该车右前悬架太低，无法升高，以致车辆无法正常行驶。

故障诊断　接车后试车，发现该车采用 AIRmatic 空气悬架，右前悬架无法升高。根据该车使用年限及里程数初步判断右前减振器橡胶老化、内部磨损，导致空气囊漏气。将车辆举升起来进行检查，发现右前减振器保护套破损。更换右前减振器后起动发动机，右前悬架可以升高，但路试发现 AIRmatic 空气悬架故障灯点亮。用故障检测仪检测，在 AIRmatic 空气悬架控制单元中读得故障码——5110 检查部件 Y36/6b1（AIRmatic 空气悬架系统压力传感器）；读取中央蓄压器内的压力数据，为 34.9bar（1bar = 100kPa），异常，正常情况下该压力应为 13～16bar。

由图 3-5 可知，AIRmatic 空气悬架系统压力传感器（b1）集成在分配阀单元（Y36/6）上，且压力信号直接传输给 AIRmatic 空气悬架控制单元（N51）。诊断至此，推断可能的故障原因有：AIRmatic 空气悬架系统压力传感器损坏；AIRmatic 空气悬架控制单元损坏；相关线路故障。

接通点火开关，在未脱开分配阀单元导线插接器的情况下，用万用表测量分配阀单元导线插接器端子 10（AIRmatic 空气悬架系统压力传感器供电端子）与端子 7（AIRmatic 空气悬架系统压力传感器搭铁端子）间电压，为 5V，正常；测量导线插接器端子 9（AIRmatic 空气悬架系统压力传感器输出信号端子）与端子 7 的电压，也为 5V，异常。脱开分配阀单元导线插接器及 AIRmatic 空气悬架控制单元导线插接器，测量 AIRmatic 空气悬架系统压力传感器供电线与信号线之间的导通性，不存在短路故障，且供电线、信号线及搭铁线各自的导通性均正常。由此推断 AIRmatic 空气悬架系统压力传感器损坏，而 AIRmatic 空气悬架系统压力传感器集成在分配阀单元上，只能更换分配阀单元。

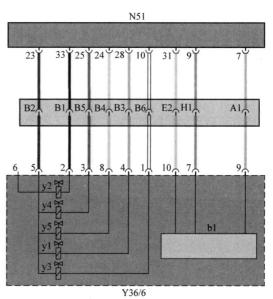

图 3-5　AIRmatic 空气悬架系统压力传感器电路
N51—AIRmatic 空气悬架控制单元　Y36/6—分配阀单元
b1—AIRmatic 空气悬架系统压力传感器
y1—左前水平高度控制阀
y2—右前水平高度控制阀　y3—左后水平高度控制阀
y4—右后水平高度控制阀　y5—中央蓄压器控制阀

故障排除　更换分配阀单元后试车，AIRmatic 空气悬架故障灯熄灭，且各悬架高度能正常调节，故障排除。

> **技巧点拨**：对于电控悬架的相关故障，要从根本上进行分析，找出问题所在，有针对性地更换相关系统部件。

四、奔驰 AIRmatic 空气悬架系统的工作原理

奔驰 W221、W220、W211 及 W164 等车型安装有 AIRmatic 空气悬架系统。AIRmatic 的英文全称为 Adaptive intelligent ride control，中文翻译为自适应式智能悬架系统，因为此悬架系统的弹性元件使用的是空气弹簧，所以称为 AIRmatic 空气悬架系统。

如图 3-6 和图 3-7 所示，AIRmatic 空气悬架系统主要由 4 个减振器、4 个减振控制阀、压缩空气泵、分配阀单元、3 个车身高度传感器、3 个车身加速度传感器及 AIRmatic 空气悬架控制单元等组成。AIRmatic 空气悬架系统不但可以根据驾驶条件、载荷及驾驶人需求改变车身高度，还具有 ADS（Adaptive damping system，自适应悬架系统）功能，可根据行驶路况及驾驶人需求改变减振能力。

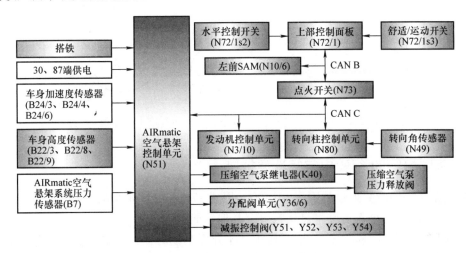

图 3-6　AIRmatic 空气悬架系统控制系统

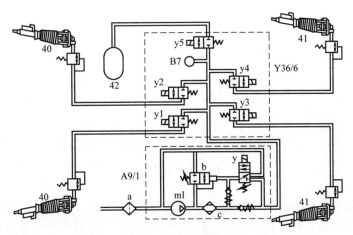

图 3-7　AIRmatic 空气悬架系统气路

40—前减振器　41—后减振器　42—中央蓄压器　A9/1—压缩空气泵总成　B7—AIRmatic 空气悬架系统压力传感器　Y36/6—分配阀单元　a—空气滤清器　b—剩余压力保持阀　c—空气干燥器　m1—压缩空气泵电动机　y—压力释放阀　y1—左前水平高度控制阀　y2—右前水平高度控制阀　y3—左后水平高度控制阀　y4—右后水平高度控制阀　y5—中央蓄压器控制阀

如图 3-8 所示，当车辆后桥高度因负载而降低时，后桥车身高度传感器将后桥高度信号发送至 AIRmatic 空气悬架控制单元；AIRmatic 空气悬架控制单元激活空气压缩机向分配阀单元提供压缩气体，并打开分配阀单元内部左后和右后水平高度控制阀；分配阀单元向左后和右后减振器充气，使车辆后桥升高至正常高度。另外 AIRmatic 空气悬架系统也可以使用中央蓄压器中的压缩气体来调节车身高度。

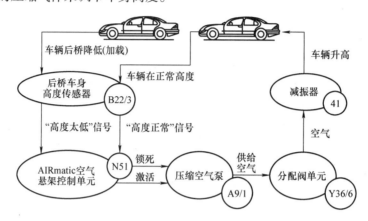

图 3-8　AIRmatic 空气悬架系统调整车身高度工作过程

五、奔驰 ML400 行驶中空气悬架报警

故障现象　一辆新款奔驰越野车 ML400，配置 276.8 双涡轮直喷发动机、7 速变速器，行驶里程：42326km。该车行驶中悬架报警，其他功能正常。

故障诊断　接车后验证故障，果不其然，在升降车辆时，仪表显示黄色的悬架警告灯，车身高度正常，发动机无异常。连接诊断仪对电控系统进行快速测试，相关故障码如图 3-9 所示。

N51/3 - 电子控制空气悬挂系统			
梅赛德斯-奔驰硬件号	166 901 54 00	梅赛德斯-奔驰软件号	166
诊断标识	004103	硬件版本	11/
软件状态	13/28 00	引导程序软件版本	11/
硬件供应商	Kostal	软件供应商	Kos
控制单元型号	Serie LF_ADS_004103		
故障	文本		
C156A00	低于压缩空气储气罐的充气时间。		
C15561C	系统压力压缩空气传感器存在故障。电压值处于允许范围之外。		
C156B00	超过压缩空气储气罐的充气时间。		

图 3-9　故障码

乍一看悬架控制单元里面的故障码，没有头绪，仔细分析了故障码，发现第一个故障码和第三个故障码之间是有冲突和矛盾的。根据导向测试都指向检查空气管路和空气泵，检查管路是否有泄漏和空气泵的功率是否足够。但是一般管路泄漏或者泵功率不足都会报超出压缩机的充气时间，不会报低于压缩机的充气时间啊！感觉很奇怪。第二个故障码让检查压力传感器，检查它的供电和信号电压。大致分析了一下故障码，得出可能有下列原因：①空气泵、空气管路；②压力传感器；③悬架控制单元。

既然有故障码那就按照故障码的导引来检查，根据第一个和第三个故障码的导引检查，首先进行气动测试，发现根本满足不了气动测试的条件，原因是悬架系统压力不满足，查看悬架系统压力实际值，发现了端倪（图3-10）。

图3-10所示是系统的压力值，明显不正确，已经超出了标准值很多。又查看了减振器的实际值和左前减振器的压力实际值，如图3-11所示。

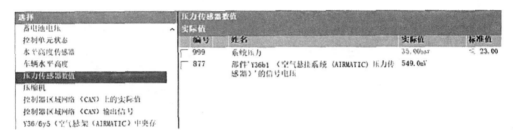

图3-10　实际值

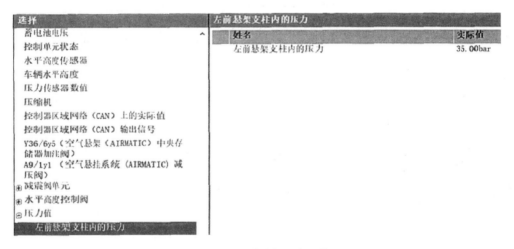

图3-11　左前减振器实际值

图3-12所示是左前减振器的实际值，发现它和系统压力值是一样的，完全超出正常值范围。查看了实际值，空气泵不工作，仿佛它们之间有一些联系一样。分析空气泵工作原理（图3-13），空气泵工作需要知道系统中各个部件的当前压力值是多了还是少了。因此问题的关键点就在这个压力信号上了。压力值为3.5MPa，感觉就是一个替代值，此时整个悬架系统进入了应急模式，不上升也不下降。

这时问题的逻辑顺序出来了，由于悬架的压力值不可信，导致空气泵不工作，因此第一个故障码和第三个故障码的气动测试是无法完成的。只要解决了压力传感器的故障，此故障现象就消除了。根据故障码的导向测试，检查压力传感器的供电，压力传感器的电路图如图3-13所示。

故障排除　压力传感器有三条线，一条5V的供电线，一条信号线，一条搭铁线，测量供电正常，搭铁也正常，但是信号电压一直是549mV不变化，感觉不正常，但是又没有标准值作为参考，看来只有对调部件测试，果断对调部件测试，故障现象消失。由于压力传感

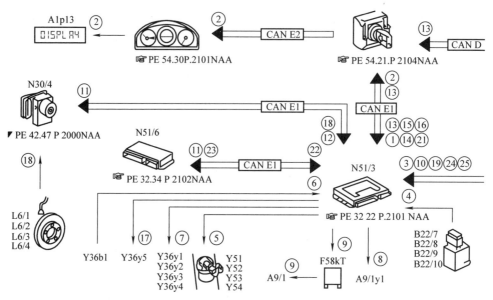

图 3-12 空气泵工作原理图

器集成在分配阀里面,只能更换分配阀。压力传感器(图 3-14)位于右前保险杠的后面。

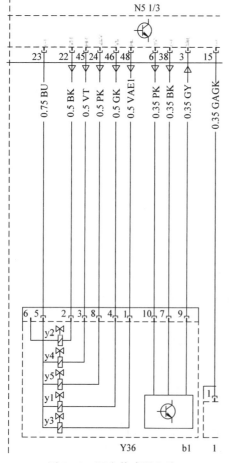

图 3-13 压力传感器电路

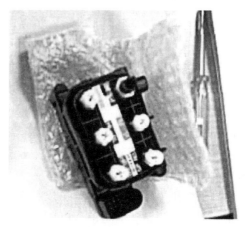

图 3-14 压力传感器

技巧点拨：此故障最大的一个收获就是故障码之间存在着因果关系，平时诊断故障时，首先要分析故障码之间的相互关系，这样才能少走弯路。比如一个故障中，出现了传感器的故障，又有一些混合气故障，这时就要分析，这个混合气故障是否是传感器导致的。分析故障码是相当重要的。还有就是，部件对调测试是比较稳妥的诊断方法。

六、奔驰 S600 过减速带时仪表台报警

故障现象　　一辆奔驰劳伦斯版 S600，底盘型号 W220176，行驶里程 152180km。该车过减速带时，仪表台上的中央显示屏会闪一下（红色），同时发出"叮"的一声提示音，整个报警提示过程很短，不超过 1s，全车无故障码，无其他提示信息。

故障诊断　　该车已经检查了发动机盖开关、线路等，并更换了主动车身升降控制系统（ABC）前后分配阀（阀门装置），但故障依旧。

通过试车发现，只有车速在 30～70km/h 时，仪表台上的中央显示屏才会闪一下，并发出"叮"的提示音，而车速低于 30km/h 或高于 70km/h 则一切正常。另外，过减速带时故障现象并不明显，而在颠簸路段时故障才是最明显的。

确认故障后试车，并连上检测仪查看数据流。在颠簸路面上行驶时，当主动车身升降系统压力快速下降至 100bar（$1bar = 10^5 Pa$）以下时，故障就会再现，仪表就闪一下，同时报警，之后系统压力又会快速上升至 100bar（图 3-15）。

由此初步判断，故障点在主动车身升降系统，但具体位置还需要进一步诊断。

通过主动车身升降系统（ABC）的功能图（图 3-16）和工作原理图了解到：ABC 使用液压油作为升降介质，通过与转向助力共用的液压泵（包括叶片泵和柱塞泵两部分，叶片泵产生 10bar 以上的压力，为转向助力系统提供动力）中的柱塞泵，产生 150bar 以上压力，为 ABC 系统提供升降动力。系统内的液压油通过液压管路进入前后分配阀（阀门装置），再通过前后分配阀（阀门装置）进到每个液压减振器，最后又经过前后分配阀（阀门装置）回油到液压油壶，如此反复循环。

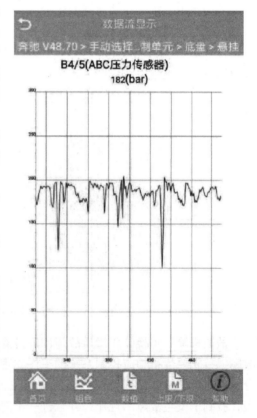

图 3-15　主动车身升降系统数据流

在这个工作循环中，能影响压力值变化的因素很多，但能引起压力值快速下降后又快速上升的只有储压罐和减振器。鉴于此，决定首先拆检储压罐，经过简单测试后发现储压罐膜片损坏（图 3-17）。储压罐内部通过膜片隔开罐内的高压氮气和液压油，正常情况下，膜片

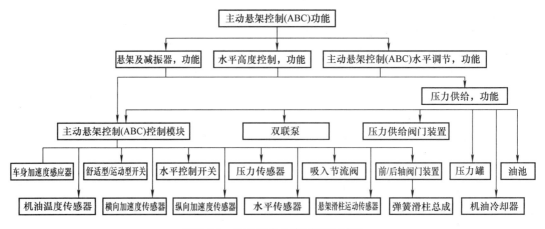

图 3-16 主动车身升降系统功能图

在氮气的作用下维持在储压罐的中部。如果膜片破损,氮气就会泄露,膜片就会落到储压罐底部。ABC 系统正常工作时,需要储压罐内氮气压力的支持,膜片破损后,储压罐内无氮气压力,车辆行驶在颠簸路面上时,瞬间压力突然下降,但下降后如果减振器没有受到持续的路面冲击,系统内的压力又会快速回升至正常值。

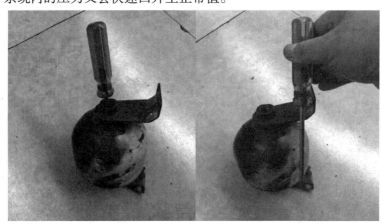

图 3-17 经过快速检测,发现膜片已落入储压罐底部

故障排除 更换储压罐后故障彻底排除。该故障属于典型的有症状无码故障,对于这类故障,首先要懂得相应控制系统的工作原理,从症状入手,着重点在于数据流分析以及波形分析。作者非常好地利用了数据流分析法,根据故障发生的外部条件,进行了故障模拟再现,找到了发生故障的规律,并且进一步对故障发生时的数据流进行了采集、分析。最终,找出了故障的产生原因。

技巧点拨:随着现代车辆技术的发展,汽车电子控制系统越来越复杂,车载自诊断系统也越来越先进,所以,很多人也非常依赖故障码分析法进行故障排除,反而忽略了症状分析法这一故障排除的基本方法,即重故障码分析,轻症状法分析。这导致很多基于症状法才能解决的问题,逐渐成为难题。

七、奔驰 GLS400 仪表提示“车身升降故障”

故障现象　一辆 2016 款奔驰 GLS400，底盘号为 4JG166864，装配 M276 发动机，配置空气悬架，行驶里程 1000km，因为仪表板上提示“车身升降故障”而进店维修。

故障诊断　接车后试车验证故障，接通点火开关起动发动机，发动机顺利起动，随后仪表板即出现“车身升降故障”的报警提示信息（图 3-18）。此外，仪表板上其他显示信息均正常。观察车身高度，未见异常。经询问驾驶人得知，该车是几天前在外地提的车，并未经历涉水等不良使用条件，也无加装或改装现象，且故障发生后车辆仍能正常行驶。

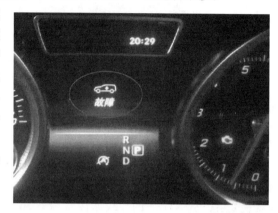

图 3-18　仪表信息中心提示“车身升降故障”

连接故障检测仪对车辆进行快速测试，读取到的相关故障码（图 3-19）为 C15221C——右前车身高度传感器电压值处于允许范围之外。

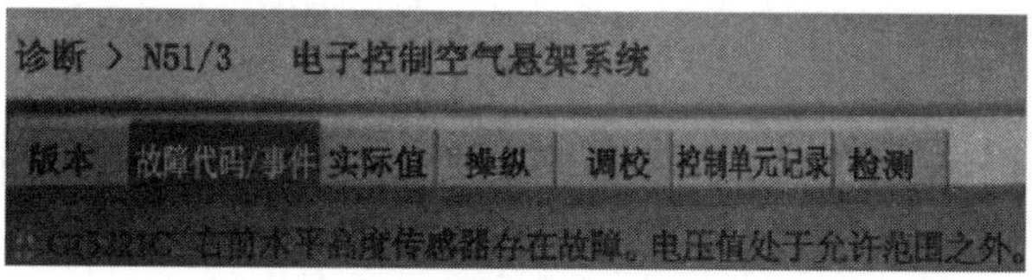

图 3-19　空气悬架控制单元内存储的故障码

查看相关资料得知，空气悬架控制单元（N51/3）给 4 个水平高度传感器提供约 5V 的工作电压，水平高度传感器将水平高度信号以电压的形式反馈给 N51/3，以供 N51/3 对车身高度进行控制和调节。

用故障检测仪查看车身水平高度的相关实际值，结果如图 3-20 所示，右前车身高度的实际值已达到极限高度（128.00mm），这与右前车身的实际高度不相符。查看右前水平高度传感器（B22/9）的相关实际值（图 3-21），右前水平高度传感器的电压显示为 0.000mV（正常应为 500 ~ 4500mV）。由此可知 B22/9 反馈给 N51/3 的信号电压不正常。

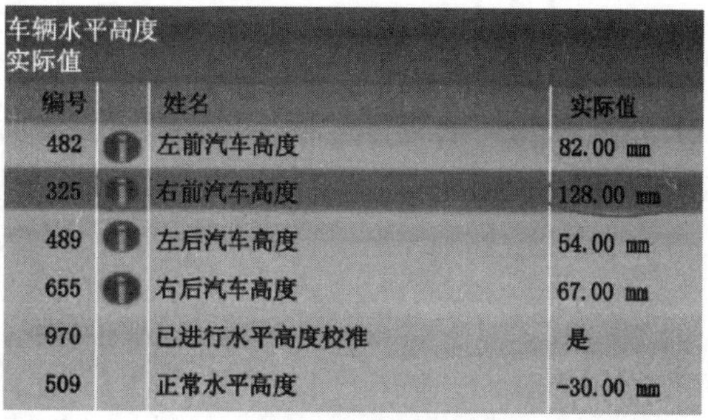

车辆水平高度
实际值

编号		姓名	实际值
482	i	左前汽车高度	82.00 mm
325	i	右前汽车高度	128.00 mm
489	i	左后汽车高度	54.00 mm
655	i	右后汽车高度	67.00 mm
970		已进行水平高度校准	是
509		正常水平高度	-30.00 mm

图 3-20　车身水平高度的实际值

根据故障码的提示，结合上述检查结果分析，判断故障原因可能有 B22/9 安装位置故障、B22/9 故障、N51/3 故障、相关线路故障等。

水平高度传感器
实际值

编号		姓名	实际值	标准值
862		部件'B22/8（左前水平高度传感器）'的电压信号	1000 mV	[500.0...4500]
417		部件'B22/9（右前水平高度传感器）'的电压信号	0.000 mV	[500.0...4500]
116		部件'B22/7（左后水平高度传感器）'的电压信号	3451 mV	[500.0...4500]
676		部件'B22/10（右后水平高度传感器）'的电压信号	1392 mV	[500.0...4500]

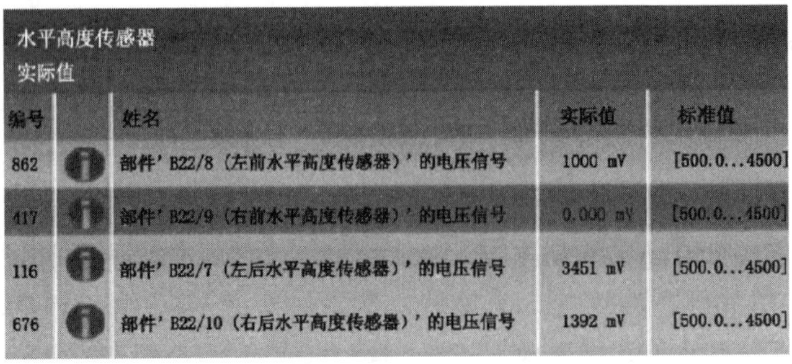

图3-21　右前水平高度传感器信号电压实际值

本着由简到繁的诊断原则对上述故障点进行排查。首先查看B22/9的安装情况，安装位置正确，且未见异常现象。检查B22/9的导线插接器，插接牢固。根据电路图（图3-22），断开B22/9的导线插接器，测量导线侧端子1与端子5之间电压，为5.00V，正常（标准电压范围为4.75～5.25V），说明B22/9的供电和搭铁是正常的。将B22/9的导线插接器装复后，从N51/3的导线插接器端子36处测量B22/9的反馈信号电压，为0.00V，不正常（正常应为0.5～4.5V），说明B22/9的反馈信号电压不正常。测量B22/9与N51/3之间的信号线（B22/9导线插接器端子4与N51/3导线插接器端子36）的电阻，为0.3Ω，说明信号线导通情况良好。测量B22/9的电阻，测得B22/9的端子4与端子5之间的电阻为∞，测量该车左前水平高度传感器（B22/8）的电阻，约为50.0Ω，对比可知是B22/9内部存在故障。

故障排除　更换右前水平高度传感器（B22/9），对车身高度进行校准后试车，故障排除。

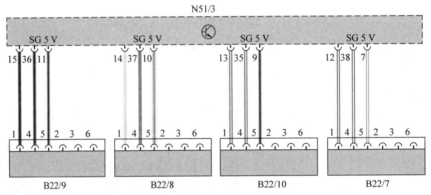

图3-22　水平高度传感器相关电路

B22/7—左后水平高度传感器　B22/8—左前水平高度传感器　B22/9—右前水平高度传感器
B22/10—右后水平高度传感器　N51/3—空气悬架控制单元

技巧点拨： 由于大部分技术人员缺乏相应的理论知识，加之故障码或数据流的分析能力不足，进一步导致了故障排除思路不正确，造成了一定的物力、财力损失。

八、奔驰S350仪表提示“车身升降故障”

故障现象　一辆2011年奔驰S350，底盘号WDD221156，装配M272发动机，配置空气悬架，行驶里程9.6万km，仪表板上提示"车身升降故障"。

故障诊断 接车后试车验证故障，发动机顺利起动，仪表板上立即出现"车身升降故障"的报警提示信息。除此报警信息外，仪表板上的其他显示信息均正常。观察车身高度，发现车身高度较低，已经影响到了车辆的正常转向功能。查看该车的维修记录，发现车辆曾因事故维修过前悬架。

连接故障检测仪对车辆进行快速测试，读取到的相关故障码的含义为左后水平高度控制阀（Y36/6y3）对正极短路或断路。故障码的状态显示为当前故障码。进一步测试发现空气压缩机的气动测试正常，但无法通过故障检测仪对车身高度进行调节。

根据上述检查结果，结合故障码进行分析，判断故障原因可能有Y36/6y3故障、空气悬架控制单元（N51）故障、相关线路故障等。

查阅相关资料得知，Y36/6y3和其他3个减振器的控制阀及系统压力传感器都集成在水平高度控制阀单元（Y36/6）内，而且每个控制阀都直接由N51控制其打开和关闭。于是首先检查Y36/6的外观，未见异常。根据电路图（图3-23），测量Y36/6的导线插接器端子1与搭铁之间的电压，为0.0V，标准电压应为5.0V左右，说明Y36/6y3的供电电压缺失。顺着线路检查，测量Y36/6y3与N51之间导线（Y36/6的导线插接器端子1与N51导线插接器端子35）的电阻，结果为∞，不正常（正常应小于1.0Ω），说明导线存在断路。分段检查这段导线（导线经过转接插接器X222），发现导线插接器X222与Y36/6的导线插接器之间的线路存在断路。

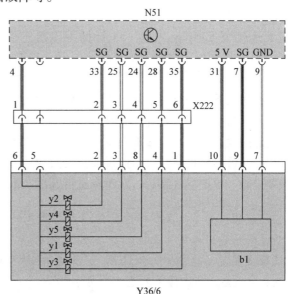

图3-23 水平高度控制阀单元相关电路
N51—空气悬架控制单元　Y36/6—水平高度控制阀单元
Y36/6b1—空气悬架系统压力传感器　Y36/6y1—左前水平高度控制阀
Y36/6y2—右前水平高度控制阀　Y36/6y3—左后水平高度控制阀
Y36/6y4—右后水平高度控制阀　Y36/6y5—中央储气罐进气阀

检查X222与Y36/6y3之间导线的外观，发现缠绕着胶带，并未见异常；剥开胶带检查，发现在靠近Y36/6导线插接器处的导线断了，断面有腐蚀现象。

故障排除 对破损的线路进行处理后试车，故障排除。

技巧点拨： 怀疑该导线在之前事故时破损，只是当时还未完全断裂，随着时间推移，导线切口处氧化，最终彻底断裂。

第二节 宝 马 车 系

一、2015款宝马740Li行驶中高度调节系统故障灯点亮

故障现象 一辆宝马740Li（G12），行驶里程2万km。驾驶人反映车辆行驶中高度调节系统故障灯点亮报警，中央信息显示屏提示车辆底盘高度调节失效。

故障诊断 接车后发现车辆的故障现象当前存在。连接ISID进行诊断检测，读取底盘控制系统的故障码：482979——VDP，蓄压器加注不可信故障，当前不存在；482974——VDP，车辆水平不可调节故障，当前存在；0304D9——ELSV（LIN），垂直霍尔传感器短路。

故障信息显示的VDP是指垂直动态平台，是行驶稳定控制系统的中央控制单元。VDP控制单元连接至FlexRay，两个51针插头连接充当电线束接口，右后配电器通过总线端KL.30给VDP控制单元供电，车身域控制器（BDC）通过总线端30F供电。查看故障的说明，见表3-1～表3-3。

对空气悬架系统进行基础的排查，车辆起动后，按压车身高度调节开关，尝试调节车身高度，结果车身高度没有变化。使用ISTA的服务功能对前轴和后轴减振器高度进行调节，车身高度还是没有变化。直接拆卸空气泵的出气口，激活空气泵，结果发现出气口的压力非常低，用手便可以轻松堵住，由此说明空气泵的功率不足，可能是空气压缩机内部损坏。

故障排除 更换空气泵后，对车身进行高度匹配，删除故障存储，故障排除。

> **技巧点拨**：为了确保车辆行驶舒适性与负载情况无关，宝马7系标配前轮和后轮空气弹簧，两轴自调标高悬架控制仅与EDC组合提供。VDP控制单元位于行李舱右后方，调节两轴自调标高悬架控制和EDC。此外在VDP控制单元内集成了电动ARS逻辑。基于此原因，4个垂直加速传感器也连接至垂直动态平台控制单元，该控制单元提供3种规格：高规格、中等规格、标准型。通过压缩机继电器，VDP控制单元控制压缩机。

表3-1　482979——VDP：蓄压器加注不可信故障

故障描述	VDP：空气弹簧系统蓄压器加注故障
故障识别条件	控制单元电压在9～16V之间 PWF状态：驾驶 PWF状态：PAD
故障码存储记录条件	在500ms内完成存储
保养措施	对空气悬架系统进行目测 分析系统加注和压力变化 供电导线和信号线的检测 在压力传感器上测量供电电压 在压力传感器上测量信号电压
用于故障后果的提示	发动机关闭时无法进行自调标高悬架控制 始终通过压缩机进行调节
驾驶人信息	检查控制信息：底盘。可继续行驶 检查控制信息：底盘。行驶舒适性受到限制

表 3-2　482974——VDP：车辆水平不可调节故障

故障描述	VDP：车辆悬架标高完全或部分处于极限处，或可进行标高调整 自调标高悬架控制无法自行调整
故障识别条件	控制单元电压在 9～16V 之间 PWF 状态：驾驶 PWF 状态：PAD
故障码存储记录条件	立即确认的故障记录
保养措施	（1）查询反复维修 是：继续进行检测计划中的（2） 否：进行高度匹配 （2）对空气弹簧系统进行目测 （3）检测电气元件 （4）检测机械元件 若要详细排查故障则须执行相应测试模块
用于故障后果的提示	自调标高悬架控制失灵
驾驶人信息	检查控制信息：底盘。行驶舒适性受到限制
服务提示	若要详细排查故障则须执行相应测试模块

表 3-3　0304D9——ELSV（LIN）：垂直霍尔传感器短路

故障描述	如果在连接导线之间识别到短路或者直接在倾斜度调整装置霍尔传感器中识别到短路，则存储故障
故障识别条件	供电电压：8.7～16.5V 控制单元：未识别到低电压/过电压 KL.30B 总线端 KL.30B 接通
故障码存储记录条件	故障反跳≥500ms
保养措施	为了查询故障进行测试步骤。 可能的故障原因： ◆倾斜度调整装置霍尔传感器的馈线中对车载网络电压短路 ◆倾斜度调整装置霍尔传感器上直接对车载网络电压短路 ◆控制单元中对车载网络电压短路 ◆故障记录 0x0304D8（倾斜度调整装置霍尔传感器对车载网络电压短路）
用于故障后果的提示	无法调整电动转向柱，只能紧急运行
驾驶人信息	无警告灯
服务提示	故障查询后标准化电动转向柱调整装置

二、2015 款宝马 740Li 左后空气悬架下塌

故障现象　一辆 2015 款宝马 740Li（G12），搭载型号为 B58 的发动机，配有空气悬架，因左后空气悬架下塌而进厂检修。

故障诊断　连接故障检测仪（ISTA）对系统进行检测，读取到的故障码如图 3-24 所

示。接着查看空气悬架的数据流（图3-25），从空气悬架的数据流可以看出，左后空气悬架的压力仅为2.1bar（1bar=100kPa），高度仅为600mm，均明显低于其他空气悬架。从空气悬架的数据流可以看出数据与故障现象之间存在对应关系。

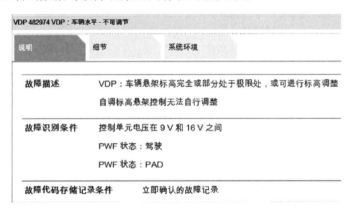

图3-24　读取到的故障码

图3-25　空气悬架数据流

用ISTA对左后空气悬架执行加注空气的操作，发现左后空气悬架无法上升，有时仅能上升一点，又很快降下。根据该车的故障现象，结合空气悬架的原理分析，认为故障原因可能有左后空气悬架故障、电磁阀体故障及管路故障等。

那么应该如何准确判断故障部位呢？可以拆下左后空气悬架上的空气管路接口，然后用ISTA执行加注空气的操作，同时用手感受管路接口处的出气压力，如果出气压力充足，则可以判定为左后空气悬架损坏（如果无法确定管路接口处的出气压力是否正常，可以拆下左前空气悬架上的空气管路接口，同样执行加注空气操作，感受正常的空气悬架管路接口处的压力来进行对比）；如果出气压力不足，则拆下电磁阀体一侧与左后空气悬架连接的管路接口，同样用ISTA执行加注空气操作，并感受接口处的压力。如果压力依然不足，则表明电磁阀体存在故障；如果压力充足，则表明相应的空气管路存在故障。

明确了排查的方法后，维修人员拆下左后空气悬架上的空气管路接口，执行加注空气操作后，确认管路接口处的空气压力充足，说明左后空气悬架本身损坏。

故障排除　更换左后空气悬架后试车，故障排除。

技巧点拨：空气悬架系统的故障现象往往比较复杂，只要细心检查、深入诊断，也可以将故障点锁定，将故障排除。

三、宝马 7 系（G12）空气悬架系统结构与功能

宝马新 7 系（G12）空气悬架系统采用双轴空气悬架设计，主控单元为垂直动态管理平台（VDP），4 个（左前、右前、左后、右后）空气悬架上不再配有单独的控制模块，因此当某个空气悬架出现故障时，直接更换相应的空气悬架后车辆即可恢复正常，不需要再对相关控制单元进行匹配。

空气悬架高度调节开关和驾驶体验开关位于驾驶室内中央控制台操作面板上变速杆的左侧（图 3-26）。操作空气悬架高度调节开关和驾驶体验开关对车身高度进行调节时，VDP 根据需要对打气泵总成的电磁阀体中相应的电磁阀进行控制。

空气悬架系统的管路结构如图 3-27 所示，原理如图 3-28 所示。打气泵总成的电磁阀体上有 7 个管路接口，其中 4 个接口分别独立控制 4 个空气悬架，另有 2 个接口分别连接 2 个蓄压器，还有一个管路接口连接打气泵。

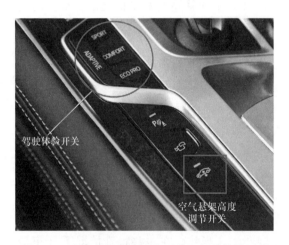

图 3-26　空气悬架高度调节开关和驾驶体验开关

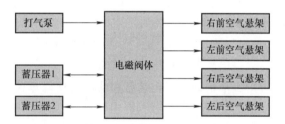

图 3-27　空气悬架系统的管路结构

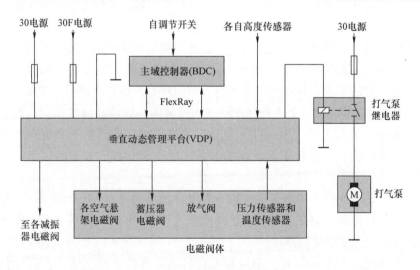

图 3-28　空气悬架系统原理

打气泵总成和蓄压器位于车辆的左后侧，而VDP位于行李舱的右后方。为了节省安装空间，系统采用了2个独立的蓄压器，一个容量为4L，另一个容量为2L。2个蓄压器的总容量达到6L，最大蓄压器压力为17.5bar，当蓄压器达到最大压力时，其内部所存储的空气量在标准大气压下约为105L。打气泵上安装有空气干燥器，可预防结冰。

在打气泵总成上的电磁阀体内部，整合有5个电磁阀。其中4个电磁阀用于对各个空气悬架的充气量进行控制，另外1个电磁阀用于向2个蓄压器充气。在电磁阀体内装有1个压力传感器，可用于监控2个蓄压器的压力，也可以监控所有空气悬架系统的压力。因为电磁阀体内的压力传感器位于公共管路上，所以当不同的电磁阀接通不同的管路时，压力传感器即可监测到该管路的压力，这样的设计使得系统只需要利用1个压力传感器即可监测各个空气悬架、蓄压器和打气泵的压力了。

在各空气悬架的管路接口内，均有1个剩余压力保持阀，始终可保持约2bar的剩余压力，而各空气悬架的正常压力为6～7bar，受车辆设计所限，在24h内空气悬架允许的最大下降高度为2mm，换言之，假设车辆停放了30天，在未出现管路泄漏等情况下，车身高度最多可能降低60mm。

在ISTA中可执行的VDP的服务功能如下。

1) VDP状态值。可读取各空气悬架及蓄压器的压力值和各减振器的高度值。

2) VDP空气悬架。可执行各空气悬架的加注和排空。

3) VDP蓄压器。可对蓄压器进行加注和排空（蓄压器加注和排空有3个时间等级，分别为10s、20s和30s）。

4) VDP压缩机运行。可以检测压缩机的工作状态。

空气悬架系统的控制策略如下。

当车辆处于静止状态和低速行驶（车速小于20km/h）状态下，完成空气悬架高度调节所需的空气由2个蓄压器内储存的压缩空气提供；而在车辆行驶（车速大于20km/h）时，完成空气悬架高度调节所需的空气则由打气泵直接产生。当然，在一些特殊情况下（车辆电压充足、车身高度低于初始化值40mm以上，以及蓄压器内的空气压力不足以完成车身高度调节时）也会在车轮处于静止状态时接通打气泵。

车身高度调节分为3种状态：正常高度、较低高度（在正常高度的基础上降低10mm）、较高高度（在正常高度的基础上升高20mm）。VDP会根据驾驶体验开关和高度调节开关的输入状态，结合当前的车速和各高度传感器的反馈信息对车身高度进行合理调整。

当车速低于40km/h时，以上3种高度模式均可采用，而较高高度模式与较低高度模式分别需要通过高度调节开关和"SPORT"驾驶模式来启用，即当按下高度调节开关时，车身高度变为较高高度模式；当按下驾驶体验开关上的"SPORT"按键时，车身高度变为较低高度模式。

在系统处于较高高度模式的情况下，按下驾驶体验开关上的"COMFORT"按键后，车身高度将恢复至正常高度。此外，当车速达到或超过40km/h时，系统会自动将车身高度从较高高度模式切换至正常高度模式。

当车速达到或超过140km/h时，车身高度会自动降至较低高度模式，以优化车辆的空气动力性能并保证行车安全，此时操作相应的开关无法调节车身高度。

第三章　电控悬架系统维修技能与技巧点拨

> **技巧点拨**：宝马新7系垂直动态管理平台（VDP）控制单元整合了之前的电子高度控制系统（EHC）和垂直动态管理系统（VDM），使整体控制结构更加简洁明了。

四、宝马7系（G12）空气悬架系统偶尔下沉

故障现象　一辆2016款宝马740Li（G12），右后空气悬架在颠簸的路面行驶时偶尔会下沉，CID提示可以继续行驶，但底盘功能受到限制。正常时车辆静止停放一天，后悬架也不会下沉，左右高度正常，空气悬架也不会漏气。

故障诊断　首先进行车辆快速测试，通过车辆OBD接口连接宝马专用故障诊断仪ISID，读取车辆故障码记忆，故障详细描述如图3-29所示。诊断检测仪ISID上关于该故障码的描述、提示如图3-30所示。

故障代码存储器			
ECU-DF-Var	ECU-Var	设码编号	说明
BDC_G11	BDC-CT02-BODY	D91C83	信息（车辆高度，0x83）缺失，接收器BDC，发射器VDP
DME8FF_R	DME-860-DME	30E08	动力管理：低于蓄电池的启动能力上限
DME8FF_R	DME-860-DME	CD84420	DME：FelxRey：通信故障
DME8FF_R	DME-860-DME	CDA51F	信息（车辆1高度，137.1.2）缺失，接收器DME，发射器VDP
DME8FF_R	DME-860-DME	CDC31B	信息（减震器被动部分规定，35.2.4）缺失，接收器DME，VDP发射器
DSC_G11	DSC-EBC460-DSC	D3593C	信息（减震器被动部分规定，35.2.4）缺失，接收器DSE，发射器VDP
DSC_G11	DSC-EBC460-DSC	D35CDD	信息（车辆2自调标高悬架控制状态，266.3.4）缺失，接收器DSC，发射器VDP
VDP_G11	VDP-01-VDP		VDP：车辆水平 - 不可调节
VDP_G11	VDP-01-VDP	E694C8	信号（车辆偏航角速度，56.0.2）无效，发射器DSC
VDP_G11	VDP-01-VDP	E694EE	信号（前桥实际转向角，57.1.2）无效，发射器DSC

图3-29　故障详细描述

根据提示措施，ISID检测计划如下（该检测系统会根据车辆故障分析出哪个部件可能出现故障的排序，有助于排除故障）。

① 检查高度传感器是否损坏。

② 检查高度传感器与VDP之间的线束。

③ 检查垂直动态管理平台（VDP）中央控制单元软件版本。

④ 检查空气分配阀。

⑤ 检查空气减振器。

⑥ 检查空气管路。

结合检测计划，进行检查。

① 检查右后高度传感器，安装正常，拉杆无弯曲、无损坏，检查右后高度传感器供电电压，正常，数据流也正常，说明高度传感器正常。

图3-30　诊断检测仪ISID上关于该故障码的描述、提示

127

② 检查右后高度传感器与 VDP 之间的线束，进行线路测量，无短路、无断路，并对右后高度传感器与 VDP 之间的线束进行飞线处理，试车故障依旧，说明排除右后高度传感器与 VDP 之间的线束故障的可能性。

③ 检查车辆软件版本。ISID 快速测试时，在集成等级信息中，可以了解到此车的版本是 S15A17-11-520，目前来说是最新的，无可更新集成等级，市场上也没有出现大量的同类情况，所以由车辆软件版本而导致此故障的可能性也极小，可以排除。

④ 检查空气分配阀，用专用诊断仪 ISID 对右后空气减振器进行充气、排气，均正常，并在分配阀处，对调左后和右后管路接口后试车，故障依旧，说明不是分配阀导致。

⑤ 检查空气管路和空气减振器外观，未发现异常，气囊也没有出现破损、龟裂，管路无弯折、无破损。用肥皂水进行空气减振器及管路检漏，并未发现有漏气现象。

故障排除 对右后减振器进行拆检，拆检管路接口（图 3-31）时发现密封圈有变形，并且接口内部密封圈有轻微破损（图 3-32）。更换新空气管接口后进行车身高度匹配，多次反复试车，故障排除。

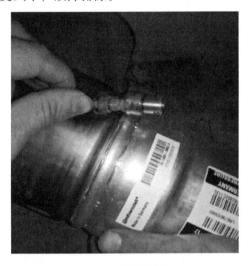

图 3-31 拆检管路接口

图 3-32 接口内部轻微破损的密封圈

技巧点拨：由于右后空气减振器和空气管路接口处的密封圈变形和轻微破损，即使空气泵工作正常，供气压力充足，空气管路和空气减振器不泄漏，在车辆行驶过程中遇到路面颠簸，也会引起右后空气减振器和空气管路接口处密封圈密封性不良，导致右后减振器空气压力降低，右后减振器下沉，两后悬架高度不一致，引起 CID 提示底盘功能受到限制的故障现象，通过更换右后空气减振器和空气管路接口，故障得以排除。

五、2010 款宝马 730Li 空气弹簧无法升起

故障现象 一辆 2010 款宝马 730Li（F02），行驶里程 8 万 km。驾驶人反映行驶中车辆后部塌下，车辆 EHC 系统报警，车辆熄火重新起动后，恢复正常。

故障诊断 接车后首先验证驾驶人反映的故障现象，车辆进厂检查车身高度正常，后桥

左右两侧高度正常，暂时没有出现驾驶人反映的故障现象。连接 ISID 进行诊断检测，读取到故障码 480DB0——调节时间过高。

后桥自调标高悬架控制确保车辆高度或最小离地间隙不受负载情况影响，为此通过 2 个空气弹簧在所有负载状态下把车身高度抬起到规定值。供气装置包括下列组件：①驱动压缩机的电动机；②带空气干燥器的压缩机；③带有限压功能的放气阀；④带 2 个电磁阀（两位两通阀）的电磁阀体。

供气装置的功能通过控制压缩机和电磁阀实现，EHC 控制模块控制这些功能。控制示意图如图 3-33 所示。

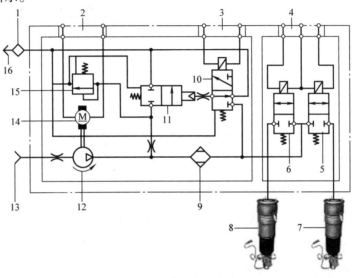

图 3-33　EHC 控制示意图

1—空气过滤器　2—2 针插头连接　3—2 针插头连接　4—3 针插头连接　5—用于控制右侧空气弹簧的电磁阀　6—用于控制左侧空气弹簧的电磁阀　7—右后空气弹簧　8—左后空气弹簧　9—空气干燥器　10—控制阀　11—带有限压功能的放气阀　12—压缩机　13—进气装置　14—电动机　15—安全阀　16—排气装置

压缩机通过一个电动机驱动，通过一个继电器供电。EHC 控制模块持续控制继电器，直至达到规定的标准高度为止。通过一个时间模型监控压缩机温度（保存在 EHC 控制模块中）。当超过最大压缩机运行时间时，将抑制下一步的调节。当低于重新接通阈值时，又能进行调节。由压缩机吸入的空气在空气干燥器中穿过一个吸收水分的过滤器。在此过程中空气中的水分被去除。只要空气比过滤器潮湿，过滤器就会吸收水分。在倒流时空气比过滤器干燥。因此水分重新回到空气并向外输出。

放气阀由 EHC 控制模块控制。通过放气阀，空气将经过空气干燥器并从电磁阀体中排出。排放阀的限压功能按如下方式限制供气装置中的压力：最高压力 1350kPa（与温度有关的公差 +500~650kPa = 较长时间不使用排放阀时的扭断力矩）。空气弹簧集成在减振支柱中，一个铝制套筒围住空气弹簧。空气弹簧中的空气压力承载车辆负荷。EHC 控制模块从高度传感器获取车辆左右两侧的高度信息。

选择故障内容执行检测计划，检查发现空气管路连接正常无漏气，空气弹簧外观无破损，压缩机外观正常，执行主动测试，压缩机工作正常，高度传感器安装正常。根据经验一般情况下此类故障都是由系统漏气引起的。经过多次试车后仍然无法再现故障，为了进一步确认系统是否漏气,拆卸两个空气弹簧,用压缩空气加压后放入水中无气泡产生,可以确认空气弹簧正常。重新思索驾驶人反映出现故障的时间点,车辆是在行车的情况下后桥突然下降了,说明故障不是简单的漏气引起的。

检查重点转移至压缩机,空气弹簧的充气和放气是由分配电磁阀体控制的,如果电磁阀体关闭不严会导致空气放气。拆卸分配电磁阀检查,阀体有锈蚀的现象,如图3-34所示,按压内部膜片发现上下运动不灵活。拆卸放气阀体检查,情况也是一样,膜片运动不灵活。当分配阀体和放气阀体卡在打开位置时就会出现放气的现象,初步判断此车后部下塌由阀体引起。

图3-34 阀体

故障排除 更换空气压缩机,故障没有再次出现。

> **技巧点拨**:车辆故障大部分都是由一些具体原因引发的,在检修时,如果能围绕故障现象及相关因素明确维修思路,一定能快速准确地排除故障。

第三节 奥迪车系

一、奥迪Q7自适应空气悬架的工作原理

在奥迪Q7上,如果车速超过160km/h,其所配备的空气悬架就会将车身离地高度由180mm降为145mm,这不仅提高了汽车高速行驶时的稳定性,也可以减少大约0.3L/100km的油耗。汽车所受到的空气阻力不仅与车身造型有关,而且与汽车的离地间隙有关,车身越高,行驶中所受到的空气阻力越大,消耗的燃油也就越多。

奥迪Q7的空气悬架包括1台空气压缩机、1个蓄压器、4只空气弹簧和4个电子控制减振器(图3-35)。奥迪Q7为驾驶模式选项系统提供了3种预设操作模式,即"运动(DYNAMIC)""舒适(COMFORT)""自动(AUTO)",这3种模式都可以通过以驾驶人为中心的控制单元激活和显示,所选模式会发亮以区别于其他未激活模式,按下左右箭头按钮,可以分别激活左右相邻模式。车辆起动时,默认选择为"自动"模式(AUTO),发动机、变速器和转向系统等会根据车辆行驶情况自动做出调整。若选择"舒适(COMFORT)"模式,车辆性能将明显侧重于驾驶舒适性,当驾驶人踩下加速踏板时,发动机和变速器将"优雅"地做出相应反馈,减振系统也变得更加柔和。若选择"运动(DYNAMIC)"模式,车辆的运动性能会明显提高,转向动作更直接,发动机节气门响应更加积极,变速器换档时的转速更高,减振系统也会更"强硬"些。"运动"驾驶模式尤其适合弯曲路面上的运动驾驶风格。奥迪驾驶模式选项中还有一个"个性(INDIVIDUAL)"模式,它可以让驾驶人根据自己的喜好设定车辆的系统参数,如发动机、变速器和转向系统等,按下此键后车辆即可按照

驾驶人预先设定的个性需求运行。

> **技巧点拨**：奥迪 Q7 的空气悬架是一套自适应空气悬架系统，它可以根据车速及行驶情况自动调节车身高度。

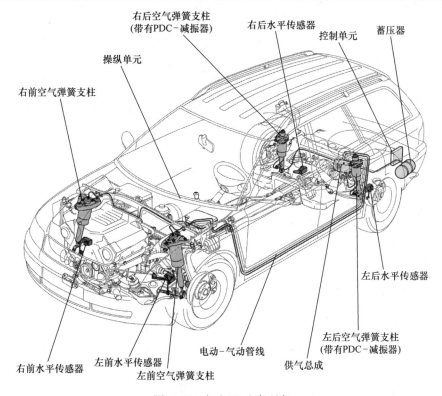

图 3-35　奥迪 Q7 空气悬架

二、2010 款奥迪 Q7 空气悬架前高后低

故障现象　一辆 2010 款奥迪 Q7，行驶里程 9.6 万 km，配置自适应空气悬架。因上悬架臂球头磨损，在某修理厂更换了上悬架臂，第二天驾驶人却突然发现该车车身明显前高后低，且仪表板上的黄色空气悬架指示灯点亮。之后该车到原修理厂和某家奥迪 4S 店先后多次进行检修，均未能排除该故障，4S 店给出的可能原因是该车悬架系统的数据已被更换悬架臂的修理厂丢失了，必须找同样配置的车，将空气悬架系统的数据导入或更换空气悬架控制单元（J197）才行。

故障诊断　根据奥迪车电子信息服务查询系统得知，奥迪 Q7 的车身标准高度为车轮中心至翼子板底边缘的数值（图 3-36a），前桥为 449mm，后桥为 465mm。实测该车前桥的车身高度为 515mm（图 3-36b），比标准车身高度高出 66mm。分析可能的原因有匹配默认位置没有成功执行；悬架系统存在硬件或软件故障，如余压保持阀、分配阀、高度传感器及其线路、空气悬架控制单元（J197）故障等；与空气悬架系统相关联的系统有故障，即为了保证空气悬架能正常工作，ABS 控制单元（J104）、发动机控制单元（J623）、数据总线诊断接口（J533）、转向柱控制单元（J527）、前照灯照程调节控制单元（J431）、前部显示和操作单元（J523）或导航控制单元（J794）、组合仪表控制单元（J285）、进入及起动许可控制单元（J518）等都不能有故障。

图 3-36　车身高度测量方法和实测值
a）车身高度的测量方法　b）故障车车身高度实测值

连接 VAS5054 进入车辆自诊断检测，如图 3-37 所示，在 5F－信息电子设备 1 中读得故障码：03276——检查软件版本管理，在 34－自适应悬架装置中读得故障码：01437——控制位置无偏差，基本设定/匹配没有或不正确，除此之外，其他系统都正常。5F－信息电子设备 1 中存储的故障码 03276 对 J197 系统没有影响，因此可以首先排除。使用引导性故障查询功能完成软件版本管理（SVW）程序后，故障码 03276 清除。

进入功能/部件选择 J197 功能（图 3-38），执行最终控制诊断（图 3-39），按照左前轮→右前轮→左后轮→右后轮的顺序进行测试，每个悬架的降、升都正常，由此说明悬架系统的余压保持阀、分配阀、J197 的基本功能正常。

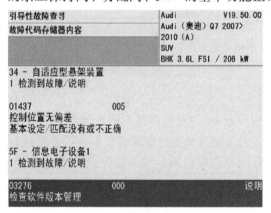

图 3-37　故障码检测结果

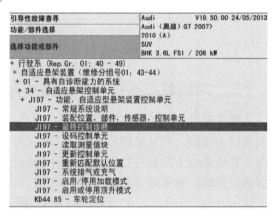

图 3-38　功能/部件选择

按照引导对 J197 重新匹配默认位置，匹配不成功，提示功能中断，条件未满足。读取测量数据块显示组 5 的结果如图 3-40 所示，车辆左前绝对高度值（97）和车辆右前绝对高度值（78）相差 19，正是因为该车前轮的左、右高度差值太大，才不能满足 J197 匹配的条件。

故障排除　调整右前高度传感器的位置，如图 3-41 所示，松开 M16 固定螺栓，将高度传感器固定支架的下部向上转动至合适位置（向上调整，车身高度下降，向下调整，车身高度上升），最终以测量数据块显示组 5 的值为准，然后紧固 M16 固定螺栓。最终测量数据块显示组 5 的数据如图 3-42 所示，已经能够满足重新匹配默认位置的条件。对 J197 重新匹配默认位置，匹配成功，故障排除。

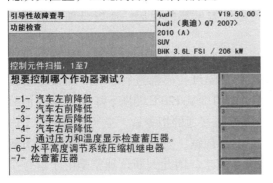

图 3-39 最终控制诊断

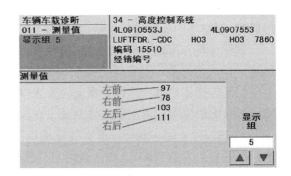

图 3-40 测量数据块显示组 5

技巧点拨：在自诊断中也可以重新匹配默认位置，选择访问认可 16→输入登录代码 31564→选择 12 匹配→选择通道 1→输入左前标准值 449→选择通道 2→输入右前标准值 449→选择通道 3→输入左后标准值 465→选择通道 4→输入右后轮标准值 465→选择通道 5→输入 1→保存。

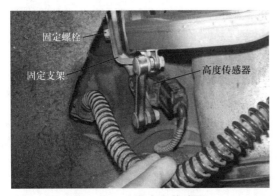

图 3-41 右前高度传感器

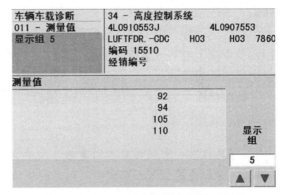

图 3-42 调整后的测量数据块显示组 5

三、2009 款奥迪 Q7 空气悬架无法升降

故障现象　一辆 2009 款奥迪 Q7 车，行驶里程 10.7 万 km，空气悬架无法升降，调节不起作用。

故障诊断　接车后首先验证故障现象，起动发动机，调节空气悬架调节按钮，空气悬架不起作用，无法升降车辆，故障确实存在。用故障检测仪（ODIS）检测，空气悬架控制单元（J197）中存储有 3 个故障码：空气压缩机温度传感器对搭铁短路；水平高度信号不可靠；基本设定不正常。读取空气压缩机温度传感器的数据，显示为 20℃，正常；用引导性故障查询进行基本设定时，空气压缩机不工作，基本设定无法进行；将空气悬架控制单元（J197）断电 3min 后再接通电源，重新读取故障码，故障码变为偶发故障；清除故障码后继续做基本设定，空气压缩机工作，读取储气罐的压力，压力到达 1000kPa 后空气压缩机停止工作，基本设定显示无法继续进行，同时空气悬架控制单元（J197）中显示故障码——空气压缩机温度传感器对搭铁短路和水平高度信号不可靠；读取数据流发现，数据流中显示的空气压缩机温度为 120℃，由此看来，该车故障是由于温度高的原因，空气悬架控制单元（J197）对空气压缩机进行了断电保护。

据此分析，可能是空气压缩机温度传感器故障，但为何会同时出现"水平高度信号不可靠"的故障码呢？带着疑问找来同型号的空气压缩机温度传感器进行替换，更换空气压缩机温度传感器后再次读取数据流，发现空气压缩机的温度从 120℃ 缓慢下降到 25℃，但故障码依然无法清除。再次做元件测试，在执行空气压缩机接通的指令后，空气压缩机只工作了 1s 左右就停止了，此时读取空气压缩机温度传感器的数据，发现空气压缩机温度在不断上升，一直上升到 110℃，由于此时空气压缩机并没有工作，因此判断该现象是由于信号受到干扰而使空气悬架控制单元（J197）计算出错误的数值。同时还发现，虽然空气压缩机工作一下就停止了，但是数据流显示空气压缩机继电器却一直在工作状态，那么空气压缩机继电器工作而空气压缩机不工作，是否空气压缩机损坏了呢？

为了验证上述推测，根据空气压缩机控制电路（图 3-43），用万用表测试空气压缩机的供电电压，在执行元件测试时万用表上的电压也是一闪而过，这说明问题出在空气压缩机继电器上，而不是空气压缩机本身。拆检空气压缩机继电器，发现空气压缩机继电器触点已经严重烧蚀。正是由于空气压缩机继电器的触点烧蚀，导致空气压缩机的供电处于时有时无的状态，而烧蚀的触点在回路中产生时大时小的接触电阻和火花，造成空气压缩机继电器线圈产生瞬时电动势，由于空气压缩机继电器的线圈受空气悬架控制单元（J197）的直接控制，因此就干扰了空气悬架控制单元（J197）对空气压缩机温度传感器信号的正确计算，导致报出虚假的故障码。

故障排除 更换空气压缩机继电器后，再次执行基本设定，基本设定成功，清除故障码后试车，故障排除。

> **技巧点拨**：秉着由简单到复杂，由高频（故障率）到低频的原则进行检查和维修。即使一开始没有找到正确方向，但是随着维修的深入，总是能找到真正的故障点。

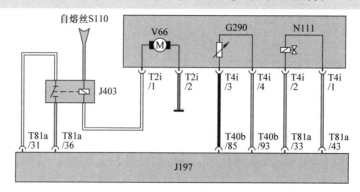

图 3-43 空气压缩机控制电路

G290—空气压缩机温度传感器　J197—空气悬架控制单元　J403—空气压缩机继电器
N111—泄压阀　V66—空气压缩机电动机

四、2012 款奥迪 Q7 水平悬架故障灯点亮

故障现象 一辆 2012 款奥迪 Q7，配置 3.0T 发动机和 0C8 自动变速器。该车水平悬架故障灯点亮，在一家修理厂更换气泵总成后没有好转，后在 4S 店诊断为气泵和分配阀损坏，因维修费用分歧并未在该店维修。

故障诊断 使用 odis 车外诊断信息系统检测水平悬架控制单元，读取到故障码：02645 003——自适应悬架阀机械故障，如图 3-44 所示。

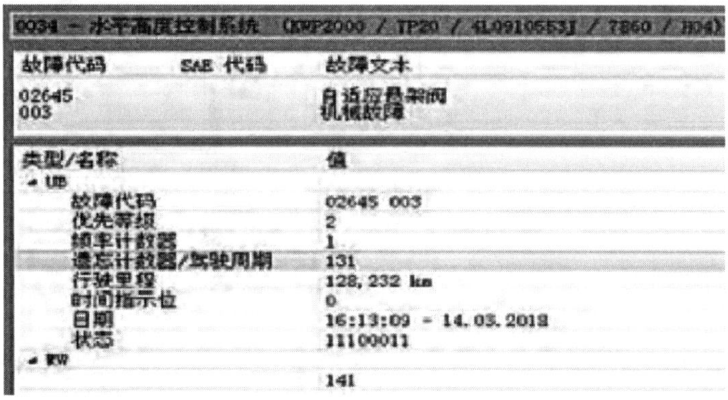

图 3-44 故障码

出现故障码 02645 的原因：为了减少气泵 V66 起动时的负荷，当气泵 V66 停止工作时泄压阀 N111 短时接通以降低泵出口压力，集成在电磁阀体上的压力传感器 G291 检测泵出口压力，压力值未达到极限，目标值约为 100kPa。

测量值第 6 组第 2 区为压力传感器 G291，读取测量值第 6 组，故障状态下第 2 区压力值为 716kPa，如图 3-45 所示。显然该压力值过高，导致泵出口压力过高的可能原因有排放阀 N111 卡滞、排放阀 N111 管路堵塞或泄漏、排气阀卡滞、排气阀泄漏。

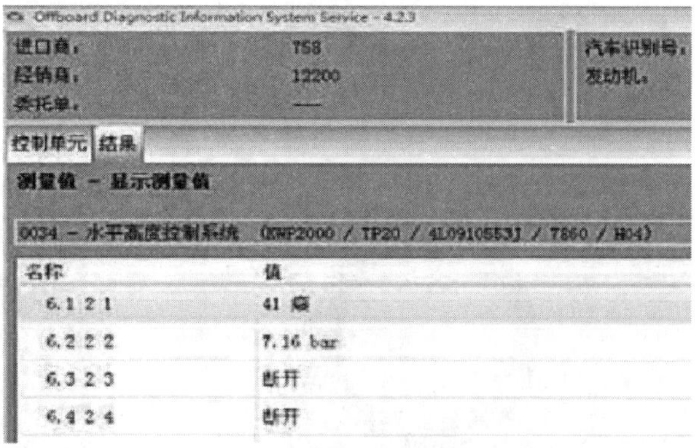

排放阀 N111 位于供气单元的干燥器上，实际上排放阀 N111 只是一个信号阀，而最终释放气压的是一个排气阀，排气阀是一套机械阀，也位于供气单元总成的干燥器上。当排放

图 3-45 故障状态下第 2 区压力值

阀 N111 通电时阀门打开，管路压力通过排放阀 N111 经 A 孔进入排气阀，排气阀柱塞呈阶梯状且左侧面积较大，因此在气压作用下克服弹簧压力向左侧移动，致使管路压力端口打开，管路压力经由 B 孔通过排气孔释放，管路压力将降低，如图 3-46 所示。排气阀压力保持状态如图 3-47 所示。

根据供气单元排气原理，首先检查排放阀 N111，为此将减压阀从干燥器上拆下，目测阀芯是否有机械损坏或卡滞，检查管路是否堵塞或泄漏，经检查排放阀 N111 一切正常。然

后检查排气阀，同样从干燥器上拆下排气阀，观察阀孔、柱塞、管路及密封圈有无损坏，经观察发现柱塞的密封圈老化变形（图3-48），密封圈老化势必导致 N111 的压力损失，致使柱塞无法向左移动，管路压力接口 B 无法打开，因此管路压力无法降低至目标值。

故障排除 匹配更新两个密封圈，如图 3-49 所示。

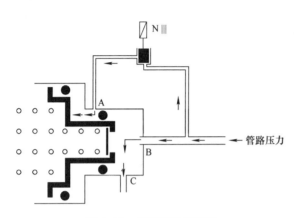
图 3-46 排气阀减压状态

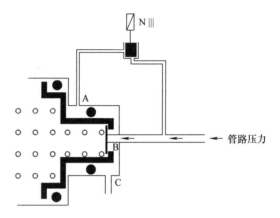
图 3-47 排气阀压力保持状态

图 3-48 密封圈老化变形

图 3-49 匹配更新两个密封圈

技巧点拨：故障码 02645 只是表示自适应悬架阀机械故障，并没有特别说明到底是哪一个阀门，其中 N111 集成在供气单元上，N148 左前减振支柱阀门、N149 右前减振支柱阀门、N150 左后减振支柱阀门、N151 右后减振支柱阀门和 N311 蓄压器阀门集成在电磁阀体上，如果不清楚生成该故障码的原因，同时更换供气单元和电磁阀体可以排除故障。

第四节 捷豹路虎车系

一、路虎发现4空气悬架故障

故障现象 一辆2012年路虎发现4，搭载3.0T涡轮增压发动机和手自一体变速器，行驶里程10万km，因空气悬架故障而进厂检修。

故障诊断 接车后试车验证故障，接通点火开关，起动发动机，发动机顺利起动，操作全地形反馈适应系统控制面板上的空气悬架开关，空气悬架气泵能正常工作，但一段时间后仪表板上的空气悬架故障灯点亮，与此同时全地形反馈适应系统失效。重新起动发动机，空气悬架气泵又能工作一段时间，但故障依旧会出现。

连接SDD读取故障码，读得的故障码为"C1131-92——供气""C1A20-64——加注储液罐时压力升高太慢"。用故障检测仪读取空气悬架的供气压力，发现当气泵工作时，空气悬架的供气压力从约300kPa缓慢升至约800kPa时就停止工作了。根据上述检查结果判断故障原因可能是供气管路故障或气泵故障。

本着由简到繁的诊断原则对上述可疑故障点进行排查，将车辆举升，检查空气悬架的管路，未见漏气故障，也未发现管路被压或折叠；检查气泵干燥瓶和排气阀，未见异常；将储气罐浸入水中验漏，也未发现有漏气现象。尝试更换气泵后试车，故障依旧。

将进气管路从气泵的进气口拆下后，起动发动机，按下空气悬架开关，空气悬架能缓慢升起，用SDD读取气泵工作时空气悬架的供气压力，压力达到约1400kPa，反复试车，空气悬架均能正常工作。由此可知，故障确实出在气泵的进气管路。

故障排除 对气泵的进气管路进行检查，发现进气管路上的空气滤清器的进气口堵塞。对空气悬架气泵空气滤清器的进气口进行清理后，装复试车，故障排除。

> **技巧点拨**：该故障是由空气悬架气泵空气滤清器进气口堵塞导致的，需要注意的是，空气悬架气泵空气滤清器属于易损件，应根据车辆的保养周期定期清理或更换。

二、捷豹XJ空气悬架故障灯点亮

故障现象 一辆2005年捷豹XJ（X350），搭载4.2L V8发动机和6速自动变速器，行驶里程19万km，因空气悬架故障灯点亮而进厂检修。

故障诊断 连接故障检测仪（SDD）读取故障码，读得的故障码如图3-50所示。与故障现象相关的故障码为"C2303-ASU——储气罐合理性错误"，查看故障码引导，系统也没有给出明确的诊断方向。因此，只能根据维修经验，对可能与空气悬架系统相关的元件进行排查。

首先检查空气悬架系统的储气罐。储气罐的作用是保持空气悬架系统气压的稳定，仔细检查其外观，未见破损，也无漏气的迹象；接着检查与储气罐相连的分配阀，分配阀上装有压力传感器，用于监测系统压力，维修人员怀疑该压力传感器损坏，导致产生与储气罐相关的故障码。重点对该压力传感器进行检查，起动发动机，对照电路图（图3-51）测量压力

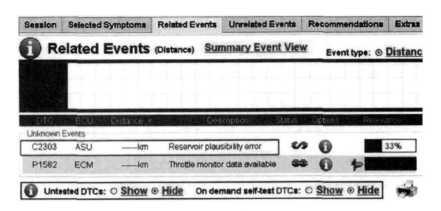

图 3-50　读取到的故障码

传感器导线插接器 CR92 端子 3 的电压，为 5V，端子 2 的电压为 1.3V，端子 1 搭铁正常。与正常车的测量数据对比后，初步确认压力传感器正常。

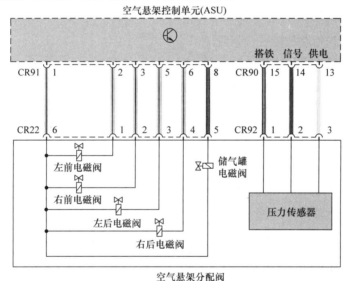

图 3-51　空气悬架控制电路

排除压力传感器故障的可能后，继续检查分配阀管路连接情况，用泡沫对分配阀上的气管接头进行检查，没有发现泄漏。拆卸底盘护板和左前侧轮胎，逐步检查供气管路及气管接头，包括气泵的接头，均没有发现泄漏。

对分配阀电磁阀进行检查，测得分配阀电磁阀导线插接器 CR22 端子 6 和端子 1 之间的电阻为 8.8Ω，端子 6 和端子 2 之间的电阻为 8.8Ω，端子 6 和端子 3 之间的电阻为 8.9Ω，端子 6 与端子 4 之间的电阻为 8.9Ω，端子 6 与端子 5 之间的电阻为 8.8Ω，电磁阀的电阻均正常。

登录 TOPIX，查阅该车的维修资料得知，储气罐的最大储气压力为 15bar（1bar = 100kPa），而气泵的工作压力可达 17bar，但当压力达到 15bar 时排气阀会打开。然而，维修人员留意到，该车气泵工作的最大压力仅为 13.5bar，12bar 左右时气泵就停止工作，且故障灯点亮。因此怀疑是气泵达不到正常的工作压力导致故障码产生。

拆卸气泵并进行分解检查，检查单向阀和排气阀，均未见异常，检查气泵的气缸和活塞都没有发现故障，故障排除陷入僵局。无奈之下联系厂家技术支持，被告知可能还是气泵有问题，并建议尝试更换。

故障排除　尝试更换气泵后试车，故障现象不再出现，故障彻底排除。

> **技巧点拨**：从最终确认的故障点可知，故障是气泵达不到正常的工作压力，导致储气罐内部的压力偏低，当需要调节空气悬架高度时，储气罐内部压力不足以进行有效补充，储气罐压力没有达到正常范围，所以会出现"储气罐合理性错误"的故障码。

三、2012款路虎揽胜行政版行驶中组合仪表提示悬架故障

故障现象　一辆2012款路虎揽胜行政版，车型代号为L322，搭载5.0L汽油发动机，行驶里程9.8万km。驾驶人反映，行驶中组合仪表提示"悬架故障，最大车速为50km/h"（图3-52），且车身高度无法调节。

故障诊断　用故障检测仪检测，发现空气悬架控制模块（RLM）中存储有故障码"C1A13 - 64J_14229_DTC_C1A13"和故障码"C1A36 - 01 排气阀"。查看维修资料得知，故障码C1A13 - 64为通道通风时压力不下降 - 信号合理性故障。该车供气装置（安装在备胎坑内）上有1个排气导向阀，连接至空气干燥器下游的输气管道。当要对空气悬架放气时，此阀打开，若在规定时间内空气悬架内的

图3-52　组合仪表上的提示信息

压力无法下降，则存储故障码C1A13 - 64。结合故障现象和故障码分析，认为随着车速的提高，空气悬架要求降低车身高度，但由于空气悬架排气系统工作异常，导致车身高度无法下降，可能的故障原有：排气管路堵塞；排气导向阀及其控制电路故障。

拆检供气装置，发现空气干燥器上有很多白色粉末；从储气罐阀组（图3-53）上拆下连接至空气干燥器上的黑色气管，直接给排气导向阀通电，然后向黑色气管中吹气（此时排气导向阀已拆下），发现不通气，说明排气功能异常。拆下排气导向阀，发现其表面有进水腐蚀的痕迹（图3-54），由此推断排气导向阀卡滞，无法打开。分析认为，空气干燥器失效，导致白色干燥剂粉末随着水分渗出空气干燥器，同时导致排气导向阀损坏。

故障排除　更换供气装置并在线编程后试车，车身升降功能恢复正常，故障排除。

> **技巧点拨**：对于大多数的4S店来说，为了尽可能地提高工作效率，"置换法"修车恐怕是用得最多的了，但这有一个弊病——不能充分锻炼和提高分析问题、解决问题的逻辑判断能力。

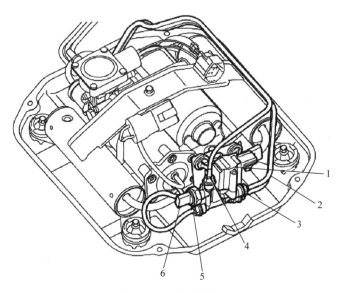

图 3-53 储气罐阀组
1—储气罐阀组 2—连接至储气罐的气管（黑色） 3—连接至后阀组的气管（蓝色）
4—连接至前阀组的气管（蓝白色） 5—连接至空气干燥器的气管（黑色） 6—压力传感器

图 3-54 排气导向阀表面腐蚀

四、2017 款捷豹 XJ 组合仪表交替提示"悬架故障、自适应减振系统故障"

故障现象 一辆 2017 款捷豹 XJ，搭载 3.0L 机械增压发动机，行驶里程 1.3 万 km，组合仪表间歇性提示"悬架故障、自适应减振系统故障"。

故障诊断 接车后，首先与驾驶人进行沟通，得知该车的故障为间歇性故障，有时一天会频繁出现，有时好几天也不出现一次，在颠簸路面行驶时，故障出现的频率比较高。维修人员更换过右后悬架高度传感器，但故障始终未能解决。

试车验证故障现象，在起动发动机时，组合仪表随即提示"悬架故障、自适应减振系统故障"，确认驾驶人描述的故障现象属实。连接故障诊断仪（SDD）读取故障码，在集成式悬架控制模块内存储有故障码"C1A71-1C——右后悬架高度传感器供电-电路电压超出范围"。在读取完故障码后，组合仪表上的故障提示又自行消失了。查阅维修手册，关于故障码 C1A71 - 1C 的相关解释见表 3-4。

表 3-4 故障码 C1A71 - 1C 的相关解释

DTC	说明	可能的原因
C1A71 - 1C	右后悬架高度传感器供电 - 电路电压超出范围	（1）右后悬架高度传感器供电 - 电路电压超出范围 （2）右后悬架高度传感器接线线束 - 对搭铁短路、对电源短路、断路或电阻过高 （3）右后悬架高度传感器故障

记录并尝试清除故障码，故障码可以清除。连接故障检测仪，按照驾驶人描述的路况（颠簸路面）进行试车，一段时间，故障现象再次出现。当故障出现时，读取的集成式悬架控制模块相关数据流如图 3-55 所示，发现右后悬架高度传感器的信号电压在 0 ~ 2.73V 变化，说明右后悬架高度传感器的信号电压存在异常。回厂后，查阅相关电路（图 3-56），得知右后悬架高度传感器上有 3 根连接线，分别是供电线、搭铁线及信号线。断开右后悬架高度传感器导线插接器 C4CL12A，未发现导线插接器 C4CL12A 端子存在氧化腐蚀的现象；接通点火开关，用万用表测量导线插接器 C4CL12A 端子 1 与端子 5 之间的电压，约为 5V，说明右后悬架高度传感器供电和搭铁正常。

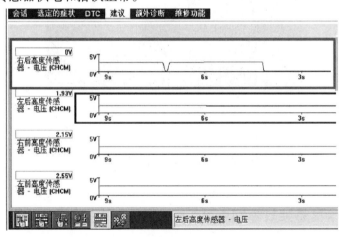

图 3-55 读取的集成式悬架控制模块相关数据流

断开点火开关，断开集成式悬架控制模块导线插接器 C4CD01F，测量集成式悬架控制模块导线插接器 C4CD01F 端子 22 与右后悬架高度传感器导线插接器 C4CL12A 端子 4 之间的电阻，为 0.2Ω，说明右后悬架高度传感器信号线导通良好。鉴于故障码 C1A71 - 1C 含义为右后悬架高度传感器供电电路电压超出范围，于是将检查重点还是放在右后悬架高度传感器供电线上。根据图 3-56，得知集成式悬架控制模块给右后悬架高度传感器供电的线路总长度为 5670mm，被位于后元宝梁处的转接插接器 C44 - B 分为 2 段，其中集成式悬架控制模块与转接插接器 C44 - B 之间的线路长度为 4635mm，右后悬架高度传感器与转接插接器 C44 - B 之间的线路长度为 1035mm，决定首先检查右后悬架高度传感器与转接插接器 C44 - B 之间的线路，发现位于燃油箱上部的右后悬架高度传感器供电线与车身产生干涉，已经破损（图 3-57），推测车辆在颠簸路面上行驶时，右后悬架高度传感器供电线偶尔与车身产生

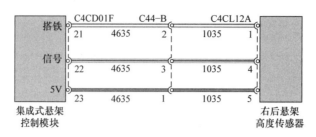

图 3-56 右后悬架高度传感器电路

接触，进而出现上述故障现象。

故障排除 修复破损的右后悬架高度传感器供电线，并将燃油箱上部的线束重新固定，后在颠簸路面上反复试车，上述故障现象不再出现，至此，故障排除。

技巧点拨：对于故障要深入分析，综合诊断，只有这样才能准确排除故障。

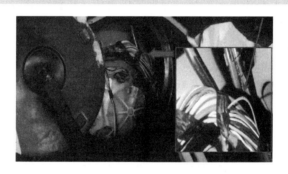

图 3-57 右后悬架高度传感器供电线已经破损

第五节 保时捷车系

一、保时捷卡宴悬架故障灯点亮

故障现象 一辆保时捷卡宴 9PA，配置 M55 发动机，行驶里程 154672km。车辆行驶在颠簸路段悬架故障灯点亮。

故障诊断 根据驾驶人描述，在颠簸路段试车未发现故障。用诊断仪检查，发现水平控制有故障，压力传感器的信号线存在信号异常故障，如图 3-58 所示。查阅图 3-59、图 3-60 所示电路图。由电路图可知，该车都是由水平控制单元给压力传感器信号的。可能引起故障的原因：①压力传感器；②吸气软管；③压缩空气管路泄漏；④水平调节控制单元故障；⑤水平控制单元针脚松动；⑥水平控制单元与阀组中间线路有虚接。

水平控制（水平控制）	1772	压力传感器的信号线（信号异常）
轮胎压力监测系统		?
座椅记忆，乘客		?

图 3-58 故障码

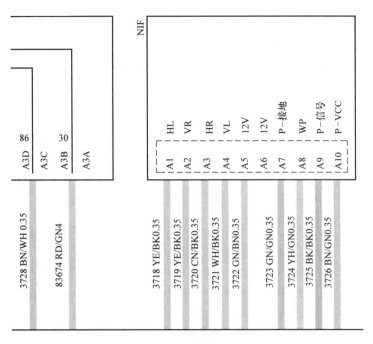

图 3-59 电路图 1

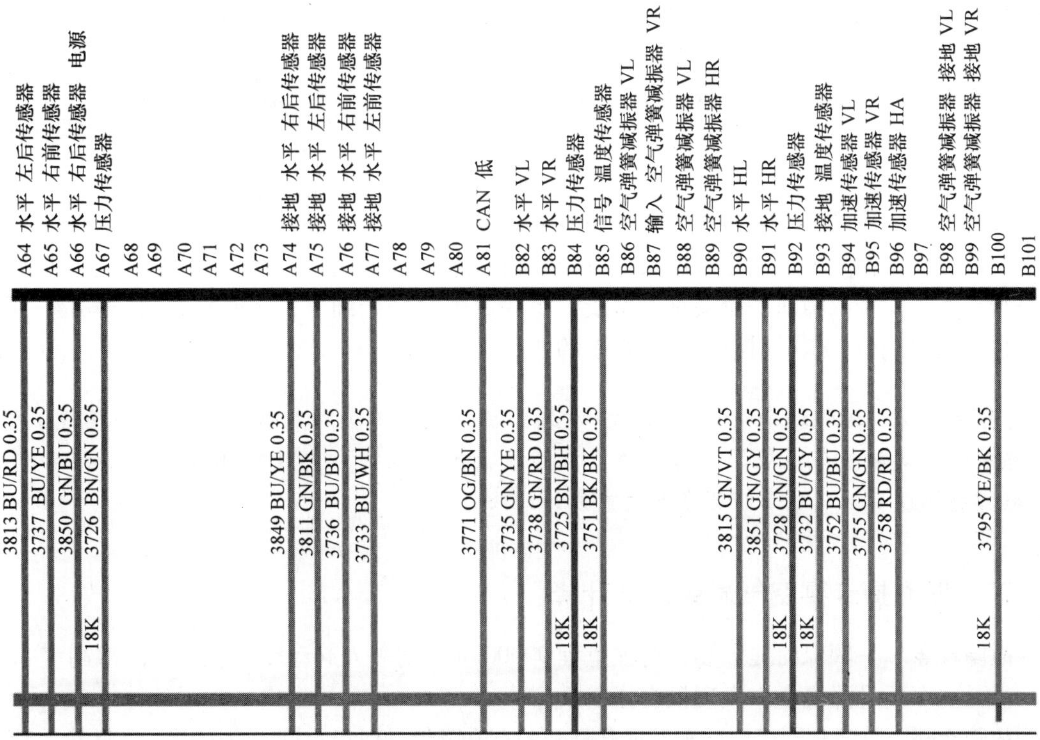

图 3-60 电路图 2

按照由简到繁的顺序检查线路，水平控制单元至阀组线路都没有问题。把水平控制单元拆解下来也未能看出有什么明显的故障部位，针脚均为正常。其他部件经过检查也都没有发现问题。于是先和驾驶人沟通更换阀组，更换阀组后试车未发现故障交车。

可没过两天，驾驶人打电话来说悬架故障灯又亮了。回厂后连接诊断仪查看系统故障存储为水平控制故障和压力传感器的信号线信号异常，和上次一模一样。水平控制系统的工作原理如下。

1）举升车辆。为了升高车辆，分别对前桥和后桥上的空气弹簧充气，压缩机将空气泵出蓄压器，并通过管路和阀门导入空气弹簧，为此会切换转换阀1和相应的空气弹簧转换阀。

2）降低车辆。为了降低车辆，分别切换前桥和后桥上的空气弹簧，压缩机通过转换阀1将空气泵出空气弹簧，空气通过空气干燥器和转换阀2导入蓄压器，这也意味着系统中的湿气会被清除。

维修厂里还有一辆92A，配置相同的控制悬架，决定对比验证一下。拆开打气泵进气管往管里面吹气或者吸气时都有气流，而且很大，在对有故障的车辆相同部位进气管进行吹气时，进气通畅，但是排气特别费力。难道故障出在这里？原来进气口里面有个类似于消声器的装置，中间黑色的部分好像阻塞了。它装在右前内衬里面，拆掉水壶上面的饰板也能看到它，由于此部件堵塞导致压缩机排气不是很通畅，造成短期试车正常，驾驶人一跑高速进行高度模式自动调节时气体就排不出来，因此进气管排气不通畅才是该故障的根本原因，如图3-61所示。

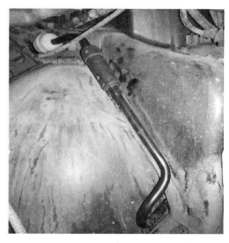

图3-61 排气不畅

故障排除 更换打气泵进气管。刚开始检查进气管，能进气，但不能确定进气出气是否都顺畅，因此忽略了这个细节——只能进气但排气不是很通畅。验证故障时一定要细心检查，不要放掉每一个细节，宁愿多花点时间慢一点，检查也一定要到位，这样可以避免走很多的弯路。

> **技巧点拨：** 通过这个案例我们可以看到，往往我们更关注故障的表现，而忽视了整个系统的组成和整个系统的工作原理。在维修故障时只关注与故障相联系的局部功能，忽略掉整体逻辑性，从而经历了多次重复的维修。

二、保时捷卡宴空气悬架无法升降

故障现象 一辆保时捷卡宴，行驶里程99000km。驾驶人起动后发现车辆前部高度非常低，于是上车后升降底盘，发现没有任何反应。

故障诊断 故障车到店后试车发现升降开关有升降信号但指示灯一直闪烁，重复起动后故障依旧，仪表提示底盘失效。首先连接保时捷检测仪PIWIS2读取车辆故障码（图3-62），在水平控制/PASM（A2.3）中有两个故障码：000283——液位控制，未到达位置；000284——控制位置不可调，车辆过高或过低。

图3-62 读取车辆故障码

接下来删除故障码，由于目前车身前高度偏低后高度偏高，通过检测仪对车辆水平高度进行标准化校准，发现无法对车辆进行标准化校准。为了使车辆高度处于水平，故对整个空气悬架系统进行放气，

注意：此步骤车辆必须在升降机上，将4个车轮完全悬空才可以进行操作。

进一步将车辆落下，前后悬架处于最低位置，起动车辆操作底盘升降开关，车辆没有任何变化，接下来测量空气悬架气泵电源，没有12V供电，根据电路图与相关资料得知气泵熔丝位于驾驶人仪表板左侧F56（40A），如图3-63所示。

检查发现熔丝烧断，接着更换相同型号的熔丝，再次起动车辆听到了气泵工作的声音，但是工作了1min后车辆没有升高的现象，操作底盘升降开关仪表显示无法实现。气泵过热已进入保护状态，熄火后5min再次起动，气泵又工作了1min后，仪表突然再次显示底盘失效，检测故障码依旧相同，拆下气泵，在空气输出端接上压力表，接通气泵，气泵开始工作但没有压力。于是断定空气悬架气泵内部损坏导致无法达到正常压力。更换新气泵，根据维修资料显示保时捷空气悬架要加注氮气，接下来连接PIWIS2对整个空气悬架进行充气（图3-64），将氮气瓶连接至空气悬架储气瓶充装接头，按规定将压力调至11kPa，同时4个车轮均处于悬空状态。

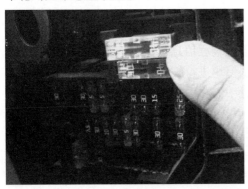

图3-63 气泵熔丝位置

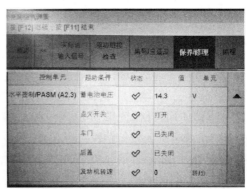

图3-64 空气悬架充气时检测仪显示

故障排除 充装完成后将车辆落下，再次删除故障码，操作底盘升降开关，底盘升降正常，故障彻底排除。

技巧点拨：该故障是空气悬架气泵自身损坏，导致长时间处于工作状态，气泵过热最终导致气泵熔丝烧断，出现底盘失效无法升降故障。

第六节　凯迪拉克车系

一、2014 款凯迪拉克 CTS 悬架系统故障

故障现象　一辆 2014 款凯迪拉克 CTS，行驶里程 2.6 万 km。该车在正常行驶过程中，仪表板上的信息中心有时会出现"维修悬架系统"的提示，但车辆行驶并无异常。

故障诊断　接车后，反复对车辆进行路试，驾驶人所反映的故障现象终于出现（图 3-65），说明该故障为偶发故障。连接 GDS，读取故障码，发现电动转向控制模块中存储了 1 个历史故障码：U0415 00——从电子制动控制模块接收到的数据无效（图 3-66）。

图 3-65　故障发生时仪表信息中心的提示

查阅相关资料可知，在一些装置通过串行数据通信网络持续接收来自其他装置信息的过程中，当接收信息的装置检测到从另一个装置接收的信息存在偏差而导致整体性出现问题时，将记录此类故障码。依据此原理进行推断，记录上述故障码的原因应该是软件版本信息异常导致车辆设置了此故障码。

图 3-66　GDS 读取到的故障码

登录上汽通用专用编程网站，输入车辆信息，进入编程信息页面后，发现有一项软件更新就是针对上述故障码的。于是立即对电动转向控制模块进行编程，然后清除故障码，对车辆进行路试，车辆在一路口转向时，仪表板上的信息中心再次提示"维修悬架系统"。

立即使用 GDS 读取故障码，无故障码存储，但该车悬架控制模块的状态却显示为"DTC 请求响应无效"（图 3-67）。既然仪表板上的信息中心提示"维修悬架系统"，为何悬架控制模块却无通信？查找该车的常规选装件（RPO）代码表（图 3-68），此车配有"F55"，说明此车确实配备了悬架控制模块。通常造成悬架控制模块无通信的原因是悬架控制模块及其供电、搭铁和通信线有故障。然而悬架控制模块是通过高速网络与其他控制模块进行通信的（图 3-69），如果是上述原因导致的无通信故障，其他模块中必将记录与悬架控制模块失去通信的故障码。而现在的情况是 GDS 与悬架控制模块无通信，且其他控制模块却未记录相关故障码，这是什么原因呢？经过仔细思考，分析造成上述情况的可能原因有悬架控制模块软件问题、GDS 诊断软件有问题。

为了确定悬架控制模块软件是否存在问题，维修人员再次登录编程网站，进入模块编程，选择悬架控制模块，查看软件号信息，发现有软件信息需要更新。立即对悬架控制模块

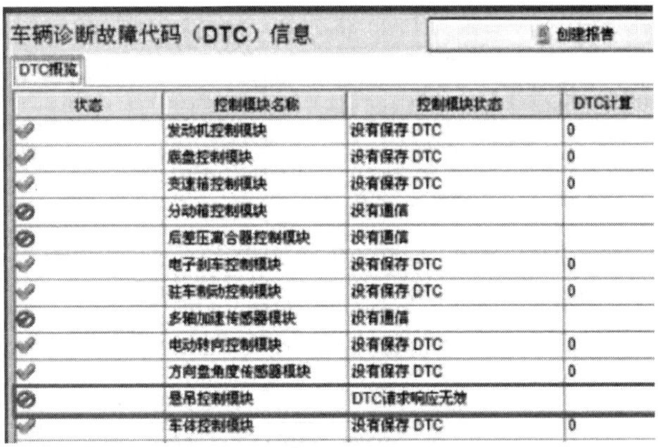

车辆诊断故障代码（DTC）信息　创建报告

DTC概览

状态	控制模块名称	控制模块状态	DTC计算
	发动机控制模块	没有保存 DTC	0
	底盘控制模块	没有保存 DTC	0
	变速箱控制模块	没有保存 DTC	0
	分动箱控制模块	没有通信	
	后差压离合器控制模块	没有通信	
	电子刹车控制模块	没有保存 DTC	0
	驻车制动控制模块	没有保存 DTC	0
	多轴加速传感器模块	没有通信	
	电动转向控制模块	没有保存 DTC	0
	方向盘角度传感器模块	没有保存 DTC	0
	悬吊控制模块	DTC请求响应无效	
	车体控制模块	没有保存 DTC	0

图 3-67　悬架控制模块无通信

已存储数据浏览　创建报告

书签　系统系统　选择的车辆配置　RPO

数值	说明
DR4	電式照後鏡 左側&右側, 遙控, 電動, 加熱,熾光敏感, 電動折疊, 彩色
DT4	煙灰缸和點煙打火機（吸煙者套件）
EXP	輸出
F55	CHASSIS CONTINOUSLY VARIABLE REAL TIME DAMPING MAGNETC RHEOLOGICAL VARIABLE TIME DAMPING CHASSIS(F55)
FE2	平顺性，操控

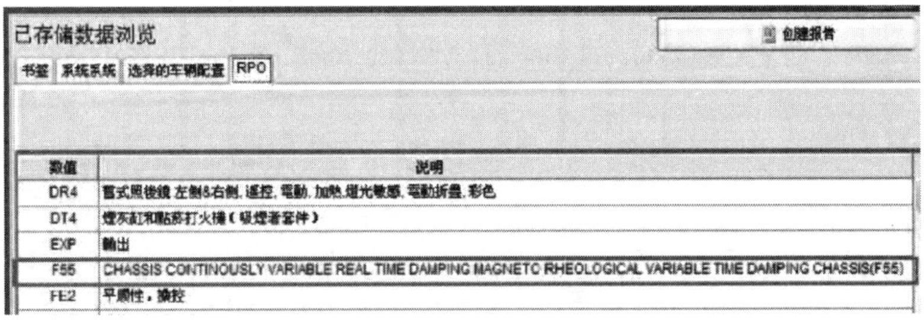

图 3-68　常规选装件代码表

的软件进行更新后，清除故障码试车，GDS依旧无法与悬架控制模块进行通信。既然能够对悬架控制模块进行编程，说明悬架控制模块是正常的；而我站的GDS在检测其他车辆时均未发现问题，也可以排除GDS诊断软件有问题的可能。因此怀疑是车辆设计原因导致GDS无法读取故障码。为了验证这一猜测，维修人员找来相同配置的正常车辆，使用GDS读取故障码，果然悬架控制模块也无通信。由此确定GDS无法读取2014款CTS悬架控制模块的故障码。

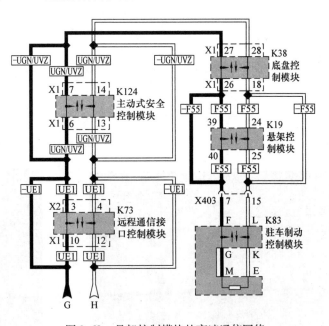

图 3-69　悬架控制模块的高速通信网络

虽然知道GDS无法读取该车悬架控制模块的故障码属于正常现象，但该车的故障还是没有排除，而且维修人员无法借助GDS来快速确认故障点。对照悬架控制系统相关电路（图3-70），仔细梳理整个维修流程，目前已经排除了悬架控制模块及其供电、搭铁和通信线存在故障的

可能，那么故障点只剩下 4 个悬架位置传感器和 4 个碰撞吸能执行器了，由于故障为偶发，因此重点对相关线路进行检查。虽然只剩下 8 个故障点等待排查，但如果通过逐一测量来确认最终故障原因还是比较烦琐的，维修人员决定有针对性地对车辆进行检查。

接通点火开关，起动车辆，等待系统自检完毕，此时仪表板上的信息中心并未显示"维修悬架系统"信息，说明此时故障并未出现。将车辆举升，逐一对相关线束采取晃动拉拽的办法，模拟故障发生时的情况，当拽动左前碰撞吸能执行器的线束时，仪表板上出现"维修悬架系统"的提示，说明故障点就在此线束上。拆检线束，发现线束在左前减振器线束固定卡子处虚接（图 3-71），用手一拽，线就断开了（图 3-72）。

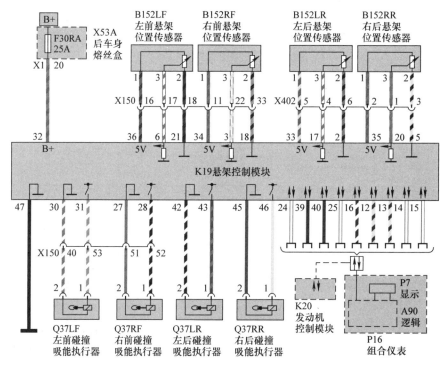

图 3-70 悬架控制系统相关电路

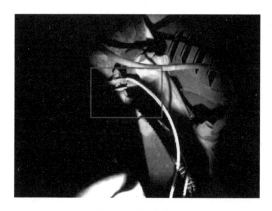

图 3-71 故障位置

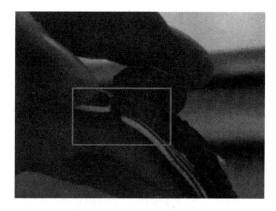

图 3-72 线束已拽断

故障排除 对线束进行处理后反复试车，故障未再出现。

技巧点拨：GDS无法读取2014款CTS悬架控制模块的相关故障码及数据流给故障排除带来了一定困难。但是只要掌握系统构造和原理，反复试车捕捉相关影响因素并记录，合理分析确认测量步骤和方法，遵循由简到繁的故障诊断原则就能顺利排除故障。

二、2014款凯迪拉克CTS仪表提示"维修悬架系统"

故障现象 一辆2014款凯迪拉克CTS，行驶里程5955km，车辆进站报修仪表显示"维修悬架系统"（图3-73）。此故障是在正常使用过程中出现的，现在一直提示。

故障诊断 经试车，故障存在。试驾时动力操作系统未发现异常，除仪表显示"维修悬架系统"外无其他故障提示。使用故障诊断仪进行诊断，未发现其他故障码。

使用诊断仪查看悬架控制模块数据，发现悬架控制模块显示数据未通信（图3-74）。初步怀疑为高速通信网络可能存在故障，决定检查车辆高速通信网络。

查看维修手册电路图（图3-75），测量高速网络终端电阻为60.05Ω，测试悬架控

图3-73 仪表显示

制模块供电电压为12.3V，搭铁线路正常，初步判定为模块内部故障。经测试已基本确定是悬架控制模块故障。为安全起见，决定与其他正常车辆互换悬架控制模块（图3-76）后试车。

与其他正常车辆互换悬架控制模块后试车，故障依然存在。测试线路正常，模块正常，但依然无法与诊断仪进行通信。经分析，尝试使用诊断仪输入其他车型（2014款XTS）版本信息来读取故障码。读取故障码为C0575。

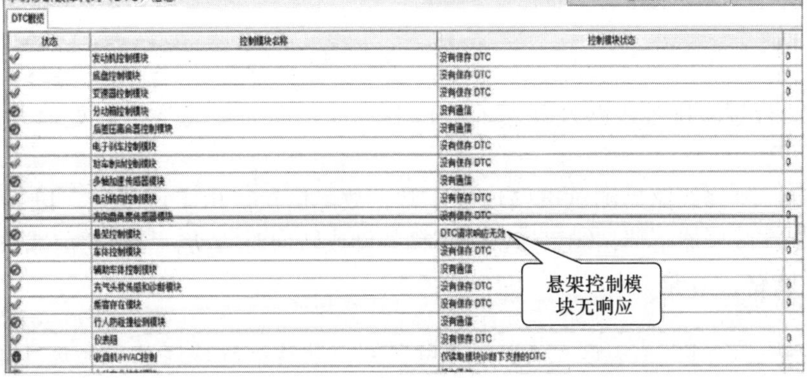

图3-74 数据流

根据维修电路图测试左前减振器执行器线路端子1和2之间的电压为0（正常电压为9~11V），如图3-77所示；减振器执行器端子2与线路1005之间的电阻为无穷大，如

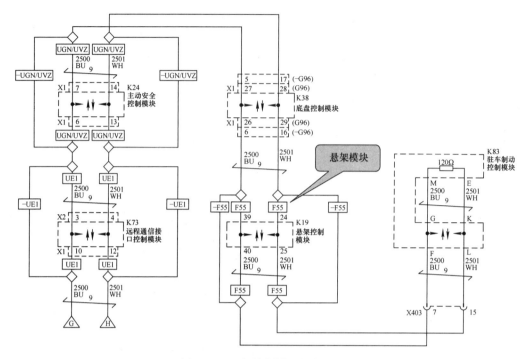

图 3-75 悬架控制模块控制电路

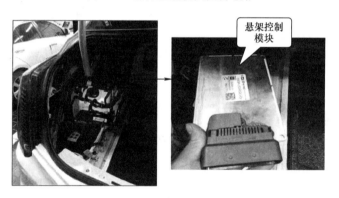

图 3-76 互换模块

图 3-78 所示。经逐步排查线路发现左前减振器下部距离连接线路 5cm 处断开，如图 3-79 所示。

故障排除 维修线路后测试电路恢复正常，故障解决。由于该线束一段固定在下支臂处，一段固定在减振器下部，线束经常随车辆颠簸或转向时活动，导致左前减振器执行器线束 1005 折断断路，出现故障。

> **技巧点拨**：诊断仪无法正常读取该车故障码，使得故障诊断按照高速通信网络故障方法进行排除，导致故障排除方向错误。因此在车辆出现上述故障时，由于是诊断仪版本问题导致诊断信息不正确，无法进行正常诊断，可通过尝试选择其他车辆版本读取故障码，找出正确的诊断方向，排除故障。

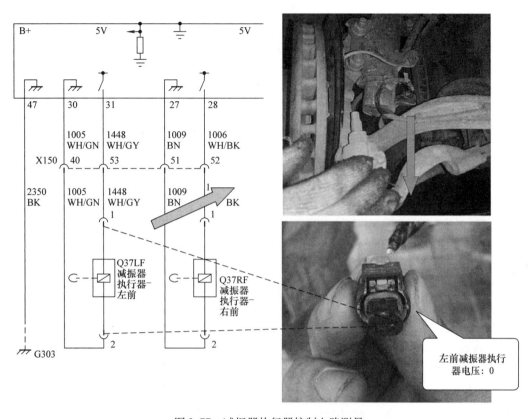

图 3-77　减振器执行器控制电路测量

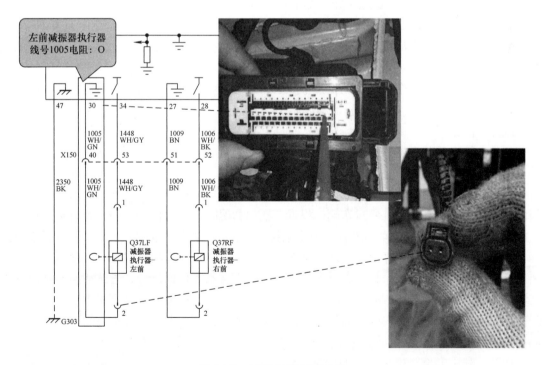

图 3-78　1005 线路两端测量

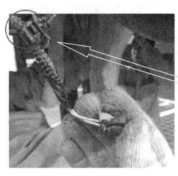 

图 3-79 线路断开位置

第七节 其他车型

一、雷克萨斯 LX570 底盘升降无法正常工作

故障现象 一辆雷克萨斯 LX570，行驶里程 12 万 km，配置 1UR-FE 8 缸发动机。驾驶人到店反映右后侧减振器无法进行升降工作，车辆在升降过程中会出现明显的侧倾，要求给予检查。

故障诊断 起动发动机，仪表显示正常，没有任何报警信息。观察当前车身高度的位置在 N（正常高度），车辆的姿态良好，无任何侧倾的情况。将车辆高度调整到 HI（高位）的位置，等待一段时间后，仪表显示器内的高度指示就从 N（正常）位置变化到了 HI 位置上，但是下车后发现右后减振器基本没有上升，还是维持原来的高度，而其他 3 个方位的减振器都有所上升，最终导致车辆侧倾。将车辆高度调整到 LO（低位），发现右后侧的车身高度无变化，而其他 3 个方位都能正常下降。通过确认，可以判定的是右后侧的减振器无法正常工作。

故障可能原因：①高度控制传感器；②高度控制传感器的线路；③高度控制传感器没有调节到位；④右后减振器故障；⑤中央悬架控制缸；⑥液压管路；⑦高度控制泵和电动机；⑧其他问题。

询问驾驶人的用车情况，驾驶人反映最近一段时间才出现此异常情况，之前使用都无任何问题，也没有在其他厂维修过车辆。根据车辆的情况，决定先使用诊断仪查看是否存在相关故障码，进入 AHC（主动高度控制悬架系统），无任何故障码存在。接着拆下右后轮处的翼子板内衬，检查底盘升降油，发现没有缺少。接着重点检查右后侧的车身高度传感器，安装良好，重新调节其位置，将其调整到最上端和最下端都无任何反应，尝试替换高度控制传感器后故障依旧。因为没有故障码，所以线路上基本不存在故障。尝试重新进行更换底盘升降油，发现右后侧出油孔内的压力偏低，而车辆高度的控制主要是通过中央悬架控制缸内的调平阀来调节车身高度，如图 3-80 所示。

怀疑是其中央悬架控制缸内的调平阀存在故障，于是更换了中央悬架控制缸后故障依旧，此时陷入僵局。该检查的地方基本都检查了，还有什么原因呢？难道是右后侧的减振器

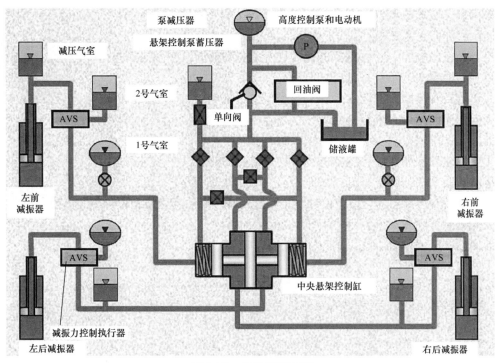

图 3-80 AHC 液压回路

本身损坏？但是更换后，故障依旧。最后连高度控制泵和电动机都替换了，故障还是存在。

冷静下来重新分析，为什么只有右后轮无法正常工作呢？正常情况下，在按下车内高度控制悬架开关后，悬架控制 ECU 会控制高度控制泵和电动机工作，用来提供压力，再通过中央悬架控制缸内的调平阀进行电控调节，然后将压力输送至各个减振器，用来升高和降低车身高度，另外一方面悬架控制 ECU 会时刻检测每个方位的车身高度，在车辆高度达到目标高度后，会停止高度控制泵和电动机工作。

除了右后侧的悬架无法正常升降外，其他都可以，说明高度控制泵的工作良好，压力也满足上升和下降的条件，加上中央悬架控制缸也替换了，说明中央控制缸的调平阀本身不存在问题，那有没有可能是控制调平阀的线路存在故障呢？考虑到系统内并没有任何故障码，另外也测量了调平阀到悬架控制 ECU 的线路，无任何异常。最后考虑到油管，是不是油管受到磕碰导致弯曲从而导致进油和出油不畅呢？毕竟右后侧出油口的出油压力较低，将车辆顶起来检查油管，没有异常情况出现。

检查到这里，再次没有了思路，于是准备再检查下数据流，看看是否可以看出异常，终于发现了异常，RR Height Control Sensor（右后侧高度控制传感器）明显偏大，高达 113.7mm（图 3-81）。尝试再次调节车身高度传感器，将其位置调整到最上面

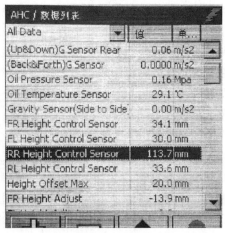

图 3-81 数据流

和最下面，反馈的数值依旧和其他3个方位的差距较大，如图3-82所示。

为什么偏差较大，而右后侧的高度传感器已经更换，说明本身不存在故障，另外车身高度可以进行有效反馈，说明右后侧的传感器线路也不存在任何问题，难道是右后侧的车身高度传感器安装不到位？经过与其他车辆的对比，果然发现右后侧高度传感器的支架存在变形，用活动扳手重新将支架轻微整形后，再次查看右后侧高度传感器的反馈数值恢复正常。

故障排除 再次调节车辆的高度控制，发现右后侧的减振器恢复工作，可以正常上升和下降。至此，故障排除。

图3-82 调节传感器

> **技巧点拨**：怀疑是车辆在越野的过程中，撞击了该传感器的固定支架，导致其变形，从而使反馈的右后侧车身高度传感器与实际的车辆高度存在偏差，导致悬架控制ECU接收到了错误的高度传感器信号，最终导致其右后侧减振器无法正常工作。

二、途锐NF3.0 TSI的ABS/侧滑/悬架同时报警

故障现象 一辆途锐NF 3.0TSI，行驶里程37km。行驶转向时，仪表出现ABS/侧滑/悬架同时报警，如图3-83所示。询问驾驶人后得知该车是刚刚买的新车，准备离店开车回家。当转弯时，车辆仪表突然出现很多故障灯报警，强烈要求给予退车处理。

故障诊断 途锐配备了双回路制动系统，其中一个制动回路用于前部制动器，另一个制动回路用于后部制动器（图3-84）。该车取消了传统的机械制动开关，安装了霍尔原理的制动信号开关（图3-85）。通过ABS控制单元进行数据处理，由组合仪表控制单元进行故障灯报警提示。该车故障呈偶发性，出现后可以自行恢复。鉴于此车是新车，驾驶人不同意任何拆装，只支持诊断仪检测，给维修带来了极大挑战。

图3-83 仪表显示

试车观察，发现故障现象与驾驶人报修的问题基本一致，即当转弯行驶时车辆仪表突然出现很多故障灯报警。用VAS5052诊断仪查看故障码，得知是左后轮速传感器机械故障。利用VAS5052诊断仪上路试车，通过转向行驶模拟出了故障现象，同时，通过诊断仪读取03制动电控制动系统、08读取测量数据块2，分别显示车轮的当前转速，见表3-5。

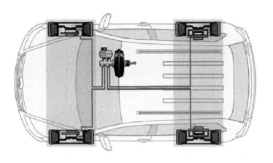

图3-84 制动回路

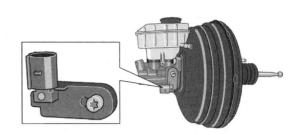

图3-85 制动信号开关

表3-5 故障状态显示

显示区域	表示含义	VAS5052屏幕显示
1	左前轮速度	37km/h
2	右前轮速度	38km/h
3	左后轮速度	30km/h
4	右后轮速度	37km/h

数据块显示的左后轮转速有很大疑点。通过和其他车辆对比，发现测得的数值存在差异性。同时发现左后轮的轮速传感器也能给控制单元传递速度信号。所以，先不考虑线路以及控制单元问题，而是通过数据块，将重点锁定在传感器和被传感器检测的滚动轴承元件。通过备件部得知左右轮速传感器是一个零件号，可以互换使用。维修人员将左侧和右侧互换试车，发现故障现象消失。

出于好奇，又将左侧和右侧的位置互换回来，结果发现问题也没有出现，用诊断仪查看，也没有故障码出现。这不禁让人感到奇怪：互换传感器就能把问题解决吗？带着这个疑问路试，仔细观察发现：踩制动踏板时，车身有种不舒服的感觉，同时制动踏板存在一点抖动的感觉。

故障排除 路试回来重点拆卸左后轮胎和传感器进行仔细检查，检查后发现：被传感器检测的滚动轴承元件上面有个微小的铁屑。将铁屑去除，再路试，故障现象消失，然后通过诊断仪对比数据块（表3-6），一切正常。

表3-6 修复后显示

显示区域	表示含义	VAS5052屏幕显示
1	左前轮速度	38km/h
2	右前轮速度	38km/h
3	左后轮速度	37km/h
4	右后轮速度	37km/h

技巧点拨：该故障现象比较隐蔽，只能认真地将故障进行模拟还原，对可能产生的问题点进行细致排查，找到关键问题点进行修复。在没能准确找到问题点时，即便是故障消失，也不要着急交付车辆，应进行反复试车，论证车辆是否一次性修复。

第四章

电控动力转向系统维修技能与技巧点拨

第一节 宝马车系

一、宝马 730Li 转向无助力，故障灯点亮

故障现象 一辆 2009 年宝马 730Li 轿车，车型为 F02，搭载 N54 发动机，行驶里程 17 万 km。驾驶人反映该车转向无助力，故障灯点亮。

故障诊断 维修人员初步检查发现，该车行驶稳定控制系统（DSC）报警。快速检测，发现有 DSC 无通信的故障提示。测量 DSC 控制单元的电源电压，发现为 0V。

检查电源熔丝，发现 F2 熔断。测量熔丝的输出端，未发现对搭铁短路的现象，但是既然熔丝已经熔断，说明问题一定是存在的。更换熔丝后反复试车，无奈故障始终不能重现，只好让驾驶人把车先开走。

几天后驾驶人反映故障又出现了，而且还提供了一个重要线索，就是车上乘客多时故障就会出现。维修人员接到车后立即检查，果然发现熔丝再次熔断。更换熔丝后，在满员的状态下反复在颠簸路段试车，并不时采取紧急制动，但是故障还是无法重现。

试车回来后，对照电路图检查，发现熔丝 F2 除了给 DSC 供电外，还有一个分路，在电路图中只是一个箭头而已（图 4-1）。扩大电路图的查找范围，发现此处的电源是送给 4 个门外把手的。联想到驾驶人提到乘客多时故障容易出现，推测问题应该与多个车门被打开有关。

将车门逐个打开，当开到左后车门时，熔丝熔断。将左后门外拉手保持在拉开位置，测量熔丝的输出端，发现其对搭铁短路，拉手松开后短路立刻消失，原来问题出在这里。

故障排除 更换左后车门外拉手，故障排除。

> **技巧点拨**：对于熔丝熔断的现象，一定要找到熔丝熔断的根源，否则这种现象会持续出现。

第四章 电控动力转向系统维修技能与技巧点拨

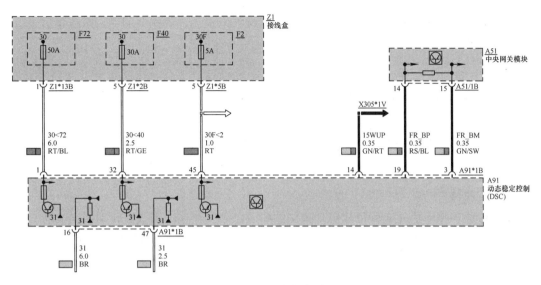

图 4-1 相关电路图

二、宝马 730Li 转向助力突然消失

故障现象 一辆宝马 730Li 轿车，发动机型号为 N52，行驶里程 10 万 km。驾驶人反映车辆在行驶过程中，发电机警告灯突然点亮，且没有转向助力。

故障诊断 驾驶人将车辆拖至店后，维修人员首先试车，发现发电机警告灯时不时点亮，且车辆没有转向助力，与驾驶人描述的故障现象一致。根据维修经验判断，造成此类故障的直接原因就是发电机传动带出现问题，再结合该车的使用里程数，维修人员判断车辆出现故障的原因应该是发电机传动带老化。

拆开发动机上护板盖，可以明显看到发电机的传动带出现了老化断裂的情况（图 4-2）。同时维修人员还注意到，气门室盖周边有严重的漏油现象，渗漏出来的油液直接滴落在传动带上，造成传动带长时间被污染，出现了老化。对传动带进行更换后试车，故障现象消失，但是在起动车辆的时候，明显听到发电机位置有"吱吱"的异响。仔细听了几次后，维修人员判断应该是传动带的张紧器出现了问题。但是为什么之前驾驶人并没有反映这个情况呢？仔细回想一下发现，因为气门室盖处的渗漏油液也流到了张紧器位置，所以无形中给传动带进行了"润滑"，所以驾驶人并没有发现这个问题。

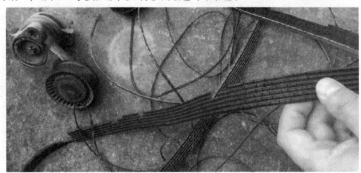

图 4-2 老化断裂的传动带

故障排除 更换发电机传动带和张紧器，清洗气门室盖，更换新的气门室盖垫后进行试车，故障消失。

> **技巧点拨**：故障的最终问题是发电机传动带的问题，最终原因是张紧器故障导致传动带出现问题，转向助力的带轮也由发电机传动带驱动，进而导致转向助力出现问题。

三、2013 款宝马 F06 转向盘故障灯点亮

故障现象 一辆 2013 款宝马 F06（6 系），搭载型号为 N55 的发动机，因转向盘故障灯点亮而进厂检修。

故障诊断 接车后试车验证故障现象，故障现象确实存在。当快速转动转向盘时，转向盘故障灯点亮。连接 ISTA 对车辆进行检测，读取到图 4-3 所示的故障码。读取 EPS（电子助力转向控制单元）相关数据流，发现故障现象未出现时，EPS 的供电电压约为 28.7V（图 4-4）；故障出现时 EPS 的供电电压降至约 14.3V（图 4-5）。

图 4-3 读取到的故障码

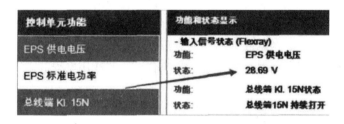

图 4-4 故障未出现时 EPS 的数据流

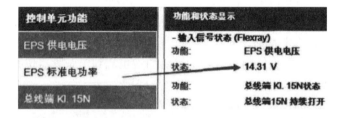

图 4-5 故障出现时 EPS 的数据流

查阅 EPS 相关电路（图 4-6），分析可知，该车 EPS 的供电是由主蓄电池经过 1 个 125A 的熔丝与辅助蓄电池串联后，再经过断路继电器提供的。由于 2 个蓄电池串联，因此供电电压应约为 24V。此外，在这条 24V 的供电线路上，分出 1 根经过 1 个 40A 熔丝的线路通往 DC/DC（直流/直流变换器），DC/DC 据此判断 24V 供电线路是否良好。如果电压低于设定值，DC/DC 则控制断路继电器触点断开，切断主蓄电池与辅助蓄电池之间的连接，并将故障信息通过 LIN 线发送给 DME 控制单元，这也就是故障码 218301 的触发机理。与此同时，

由于主蓄电池与辅助蓄电池之间的连接被切断，EPS 得到的供电电压变为 12V，于是在 EPS 内存储了故障码 4823F1。

通过上述原理分析，认为故障原因可能是断路继电器故障或辅助蓄电池故障。那么如何判断究竟是断路继电器故障还是辅助蓄电池故障呢？

将转向盘转至极限位置并保持或快速转动方向盘，测量辅助蓄电池电压。需要注意的是，测量过程中一定要观察实时的动态数据，因为一旦电压低于设定值，DC/DC 就会将断路继电器切断，此时辅助蓄电池就会处于无负载状态，所测得的电压也会迅速恢复至约 12V，但这个电压值是辅助蓄电池无负载时电压，并没有什么意义。

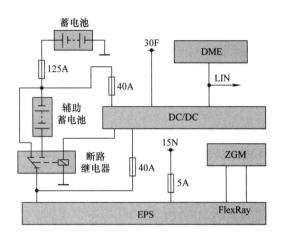

图 4-6　EPS 电路
DC/DC—直流/直流变换器　DME—发动机控制单元
EPS—电子助力转向控制单元　ZGM—中央网关

如果辅助蓄电池的电压不正常，则用蓄电池检测仪检测蓄电池状况。如果辅助蓄电池的状态正常，则继续测量断路继电器输出端与 DC/DC 之间的线路。

测量发现，快速转动转向盘时辅助蓄电池的电压低于 6V，怀疑辅助蓄电池有问题。进一步使用蓄电池检测仪对其进行检测，测得辅助蓄电池电压为 12.55V（无负载状态），START CAPACITY（起动能量）为 13%，测试的结论为"BATTERY UNSERVICEABLE（蓄电池不可用）"。由此可以断定故障原因为辅助蓄电池损坏。

故障排除　更换辅助蓄电池，并用 ISTA 执行服务功能"记录更换蓄电池"后，故障彻底排除。

> **技巧点拨**：在检查排除故障时，有一类故障的故障现象并非故障点本身，而是另外的系统出现问题，这类故障诊断起来的难度相对较大，需要系统分析造成故障现象的各种细节所在，只有这样才能有针对性地排除故障。

四、2013 款宝马 640i 转向系统故障灯亮

故障现象　一辆 2013 款宝马 640i（F06）双门轿跑车，配置 N55 发动机、自动变速器。快速打转向盘时转向系统故障灯亮，转向盘较重。

故障诊断　ISID 测试有故障码 OX4823F1——EPS 车载电网 24V 供电中断，回落至 12V；OX218101——辅助蓄电池充电装置屏蔽监控，线路故障，如图 4-7 所示。

根据故障码及故障现象分析，可能此时 EPS 供电电压不足，用万用表测量断路继电器（图 4-8）Q1*1B#1，EPS 供电仅有 12.57V 车载网络电压。影响 24V 供电的因素有哪些呢？车载网络蓄电池老化或损坏；辅助蓄电池充电装置故障（包括供电接地及通信故障）；辅助蓄电池断路继电器故障；辅助蓄电池本身故障；24V 供电线路故障（断路或断路）。

首先用博世蓄电池测试仪测量车载网络蓄电池，经测量蓄电池电压正常，为 12.57V，

	辅助电池、辅助电池的充电装置和断路继电器	1	
ABL-DIT-AT6142_BNEBCU	辅助电池、充电器和断路继电器	ABL	NotCalled
MEVD172Y	0x218101: 辅助电池充电器：屏蔽监控，线路故障		
EPS_10	0x4823F1: EPS 车载电网：24 伏特供电中断，回落至 12 伏特		
	低电压时的故障查询	1	
ABL-DIT-AT6100_UNTSPA	低电压时	ABL	NotCalled
ICM_25	0x48279B: ICM：车辆中电压过低		
	01 总线系统分析：线路故障和通信故障	1	
ABL-DIT-AT6131_01LEITNG	CAN/FlexRay 系统分析：物理总线故障和通信故障	ABL	NotCalled
HSR_01	0xD3C41F: HSR，FlexRay：线路故障		

图 4-7 故障码

起动能力 94%，首先排除蓄电池故障。其次测量辅助蓄电池正极对地电压为 29.1V，负极对地电压为 14.5V，电压正常。由于辅助蓄电池容量太小，无法用蓄电池测试仪测量，况且 24V 供电未进入工作状态无法用压降法判断其好坏，辅助蓄电池充电装置也没有储存相关故障码，可以先排除。再次测量断路继电器，经测量断路继电器控制信号线电压为 0，正常，为车载网络电压；接地正常，对地电压 0。因为断路继电器由辅助蓄电池充电装置控制，所以继续测量辅助蓄电池充电装置，经测量，充电装置供电电压为 12.51V，正常，接地电压正常，LIN 波形正常（图 4-9）。由于 EPS 的 12V 供电正常，暂时排除线路故障。现在初步判断为充电装置损坏。

更换辅助蓄电池充电装置后故障依旧，故障码和以前一模一样。由于考虑不全面导致错误分析，这次需不放过任何一个可疑目标。之前由于偷懒没有检查 24V 供电导线，这次检查线路时发现 EPS 插头 A67*2B#1 附近 EPS 供电线破损且对屏蔽线短路。

24V 的 EPS 导线带有一个导电屏蔽层，该屏蔽层既对 EPS 导线绝缘也对车身绝缘。屏蔽层由低电阻的金属丝网组成。在屏蔽层的两端即 EPS 插头处和辅助蓄电池充电装置端分别引出一根导线，两根导线与辅助蓄电池充电装置连接。辅助蓄电池通过输入端的两个阻值相同的电阻读取 EPS 导线上的电位。导线正常时两个电阻将测得约一半的供电电压。对地短路时两个电阻将测得电压约为 0。对正极短路时将测得导线上的电压。

故障排除 出于安全考虑，辅助蓄电池充电装置对 EPS 的 24V 供电导线进行监控。当 24V 供电线路存在短路和断路时，辅助蓄电池充电装置切断 EPS 的 24V 供电，此时由车载网络电压对 EPS 供电，因为 EPS 在 12V 供电时蓄电池配电盒上 F507 是一个 125A 的熔丝，对地短路时自己会熔断，所以是安全的。

> **技巧点拨**：因为该车配置了 SA2VH（集成式主动转向控制 24V 供电），所以当转向负荷较大时 EPS 供电电压不足导致打转向重。之前检查问题时没有仔细分析故障码及对屏蔽监控不太了解造成判断错误。当遇到不熟悉的系统时应当先查看 FUB 文件，读懂电路图，仔细分析工作原理，再根据故障树的逻辑进行检查和维修就能达到事半功倍的效果。

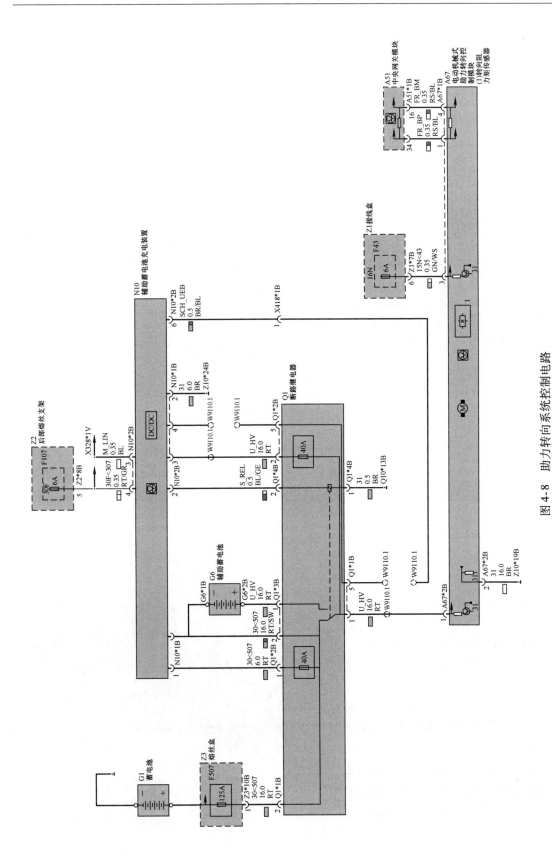

图 4-8 助力转向系统控制电路

五、2011 款宝马 X5 转向异响

故障现象 一辆 2011 款宝马 X5 运动型多功能车，配备型号为 N55 的 3.0T 发动机，行驶里程 7 万 km。驾驶人反映该车低速行驶条件下转向时，底盘会出现"咯咯咯"的异响，就像在不平的搓板路上行驶一样。

故障诊断 维修人员试车，发现无论是向左还是向右转向，都存在驾驶人所说的异响。举升车辆检查，发现 4 条轮胎均为 2011 年制造，已经使用了 7 年，并且 2 条前轮胎的磨损十分严重（图 4-10）。

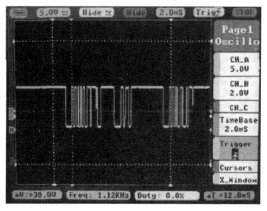

图 4-9 LIN 波形

图 4-10 严重磨损的前轮

该车采用了宝马 xDrive 全时四驱系统，从故障现象结合前轮的磨损情况来判断，应该是分动器发出的异响。宝马 X5 车型的 xDrive 系统在正常直线行驶时，xDrive 系统会按照 4:6 的比例分配前、后桥的动力；而在转向时，分动器会通过电控多片式离合器将 80% 的动力传递至后桥，这样前桥就不会获得过多的驱动力矩，从而以最佳的方式执行转向任务，提高车辆机动性，有效防止转向不足。

分动器控制单元（VTG）安装在多片式离合器伺服电动机下方，可以控制伺服电动机将驱动力矩无级分配至前轴（图 4-11）。而后桥则是始终驱动的，当断开多片式离合器时，所有的驱动力矩都会传递至后桥上。VTG 会根据以下因素调节分动器内多片式离合器的锁定力矩：来自 DSC 的锁定力矩请求、齿轮油的状态、多片式离合器的磨损情况、伺服电动机的负荷、变速器油温。在伺服电动机中有一个电动机位置传感器，可以识别伺服电动机位置，并将位置信息发送给 VTG。此外还有一个温度传感器，用以监控伺服电动机的温度，避免伺服电动机热

图 4-11 分动器结构
1—输出至前轴 2—多片式离合器 3—输出至后轴
4—分动器控制单元（VTG） 5—伺服电动机

过载。

为了进一步验证是不是分动器故障引起了异响，维修人员用举升机升起本车，然后断开分动器控制单元（VTG）的插接器，此时分动器的伺服电动机停止工作，分动器内的多片式离合器也就起不到调节前桥驱动力矩的作用。或者也可以根据电路图，打开行李舱熔丝盒，拔下 VTG 的供电熔丝，也可以起到同样的效果。然后将车辆放下并试车，在低速下反复左右转弯，底盘不再出现异响。

可能影响分动器调节的因素有以下几点。首先是分动器油的状态，该车已经行驶 7 万 km，有可能是油品变质造成多片式离合器接合力不足，离合器片轻微打滑，影响了前后桥驱动力分配，转弯时出现异响。第二是多片式离合器内的摩擦片严重磨损，间隙变大，也会造成同样的结果，但是这需要拆解检修分动器，才能恢复原来的技术参数。此外，也有可能是伺服电动机故障，但是此类电器故障，一般都会出现故障码，并且点亮故障灯。

综上所述，征得驾驶人同意后更换了分动器油，路试时最初还有异响存在，行驶一段时间后异响就逐渐消失了，分析应该是最初新的液压油在分动器内分布不均所致。由此也说明本车故障就是分动器油变质所造成的。

故障排除 更换分动器油，故障排除。

> **技巧点拨**：在该故障的诊断过程中，关键点就是分清分时四驱、适时四驱及全时四驱，熟悉每种驱动形式的结构原理。在判断故障点时也有一些小技巧，不要盲目更换总成试验，可以先通过断开插接器或者拔下熔丝的方法使分动器暂停工作，以此就能判断故障点。
>
> 该车前轮磨损严重，其实此前保养时也已经建议驾驶人更换，但驾驶人并未采纳。对于全时四驱车型来说，四驱系统会采集 4 个车轮的轮速信号，并据此调整四驱系统。如果轮胎严重磨损，也容易加速多片式离合器的磨损。因此，如果遇到四驱车型轮胎磨损严重，一定要告知驾驶人可能造成的后果，并建议他们及时更换。

六、2011 款宝马 535GT 转向系统报警

故障现象 一辆 2011 款宝马 535GT 大旅行车，车型为 F07，搭载 N55 发动机和 8 档自动变速器，行驶里程 17 万 km。驾驶人反映该车转向系统报警。

故障诊断 维修人员检测转向系统，发现 2 个故障码：D3843A——底盘控制单元 ICM 故障；480154——后轮随动转向控制单元 HSR 故障。查阅资料得知，该车的转向系统除了常规的转向机外，增加了后轮随动转向机，这种转向系统被称作一体化主动转向系统。该系统可以在转向盘转角不变的前提下，大幅度减小车辆在低速行驶时的转弯半径，增加了机动性能。

HSR 装在行李舱的凹槽中，靠近后轮转向机。在后轮转向机上有温度传感器监测伺服电动机的工作温度。后轮转向机上还有伺服电动机位置传感器和齿条位置传感器，这些传感器的信号均由 HSR 控制单元进行分析和处理。

在行李舱中找到 HSR 后，检查其插接器，未见异常。根据电路图测量其电源及搭铁线路，均正常。由此判断是该控制单元内部失效。

故障排除 更换后轮转向控制单元 HSR，故障排除。

技巧点拨：本例经过缜密的判断与分析，最终确定故障出现在 HSR 控制单元上，这样可以准确地锁定故障点，节省维修时间。

第二节 路虎车系

一、路虎揽胜行驶中仪表多个故障灯点亮

故障现象 一辆路虎揽胜越野车，车速达到 100km/h 左右时仪表板制动故障灯、动态稳定灯点亮（图4-12），出现故障时空气悬架不可用，并且开关一直闪烁，车辆最高车速被限制为 60km/h，熄火后再次着车故障消失。

故障诊断 连接 SDD 读取故障码，相关事件里无任何故障码，不相关事件有故障码 U0401-68：相关性0%；P023D-22：相关性0%。删除故障码，继续试车故障依然出现，故障码并没有很明显的提示，打开机盖检查发现通往节气门的进气管漏气（图4-13）。将进气管包住后删除故障码继续多次试车，故障未出现。

图4-12 仪表板故障灯点亮

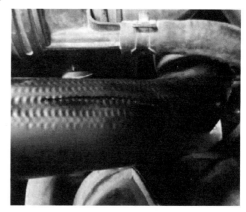

图4-13 进气管漏气

故障排除 更换通往节气门的进气管，故障排除。

技巧点拨：故障原因是发动机控制单元检测到发动机进气压力传感器数值异常，限制发动机动力输出造成的。

二、2015 款路虎揽胜转向沉重无助力

故障现象 一辆 2015 款路虎揽胜运动版车型，行驶里程 2 万 km。据驾驶人反映车辆在正常行驶过程中，突然出现仪表板上各指示灯全亮，并伴有转向沉重无助力的故障现象。

故障诊断 接车后，首先检查车辆情况，确认全车油液正常，无泄漏。试车验证故障，接通点火开关，仪表板上多个故障灯点亮（图4-14），起动车辆后发现仪表信息中心交替显

示“巡航不可用”“EBD 故障”“盲点系统不可用”“变速器故障”“性能受限”“稳定性不可用小心驾驶”“前向警示不可用”和“冷却液过低”等故障信息。

图 4-14 故障车的仪表盘

连接故障检测仪 SDD 读取故障码，发现系统内存储了很多故障码（图 4-15）。对故障码进行分析可知，这些故障码几乎都与通信故障有关。根据维修经验，多个系统同时出现故障的概率比较低，这类故障大多是由某个系统故障引起其他多个系统产生的被动故障，通常一些主要的系统或电路有问题造成故障的可能性较大。

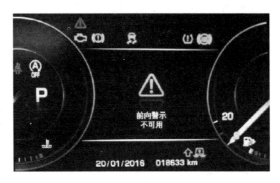

18,633公里 -事件 1

DTC	ECU	距离	描述
U0140-00	RBM	18,633公里	与车身控制模块的通信丢失
U0121-68	RBM	18,633公里	与ABS控制模块的通信丢失
U0104-00	PCM	18,633公里	与速度控制模块的通信丢失
U0121-00	PCM	18,633公里	与ABS控制模块的通信丢失
U0121-87	TCM	18,633公里	与ABS控制模块的通信丢失
U0001-87	IPC	18,633公里	高速CAN通信总线
U0402-00	PCM	18,633公里	接收到来自变速器控制模块的无效数据
U0439-68	RBM	18,633公里	接收到来自所有地形控制模块的无效数据
U0001-87	PBM	18,633公里	高速CAN通信总线
U0001-87	SPMA	18,633公里	高速CAN通信总线
U0001-87	SPMB	18,633公里	高速CAN通信总线
U0001-87	CHCM	18,633公里	高速CAN通信总线
U0001-81	PBM	18,633公里	高速CAN通信总线
U0416-68	PCM	18,633公里	接收到来自车辆动态控制模块的无效数据
U0010-87	SODL	18,633公里	中速CAN通信总线
U0010-87	SODR	18,633公里	中速CAN通信总线
U0001-87	RCM	18,633公里	高速CAN通信总线
B103C-87	BCM	18,633公里	左前照灯控制
C1B14-12	RBM	18,633公里	传感器供电1

图 4-15 故障检测仪

根据故障检测仪的提示可知故障码“U0121－00PCM”和“U0121－87TCM”为主要故障码，且故障码的含义均为“与 ABS 控制模块的通信丢失”。用 SDD 查看 ABS 控制模块内存储的故障码，未发现任何与 ABS 相关的故障码，这并不能说明 ABS 没问题，也可能是 ABS 控制模块无法通信，导致无法读取到故障码。因此，必须确认 ABS 控制模块是否能够正常通信，这可以通过查看网络通信中是否检测到 ABS 控制模块来确认。

用 SDD 检测，在网络通信中确实无法检测到 ABS 控制模块（图 4-16），故障诊断至此，可以断定故障原因可能是 ABS 控制模块及其相关线路故障。

本着由简到繁的原则，首先根据电路图（图 4-17）检查 ABS 控制模块的供电和搭铁。测量发现搭铁点 G1D129AL－1 和 G1D129AR－1 的电阻为∞，说明搭铁有问题。然而在测量过程中，维修人员意外发现搭铁点 G1D129AL－1 和 G1D129AR－1 之间有约 8V 的电压。找到 ABS 的搭铁点，发现搭铁螺钉及螺栓上全是油漆（图 4-18 所示左侧为故障车辆 ABS 的搭铁）。进一步检查发现，ABS 的搭铁点与 PCM 搭铁点共用，至此终于弄清了此前测得的电压是由于 PCM 搭铁接触不良造成的。

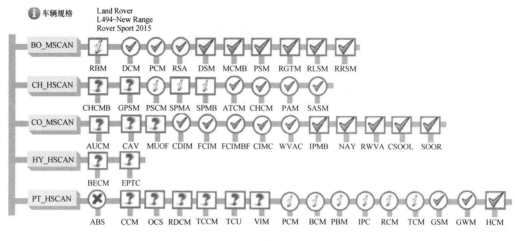

图 4-16 无法检测到 ABS 控制模块

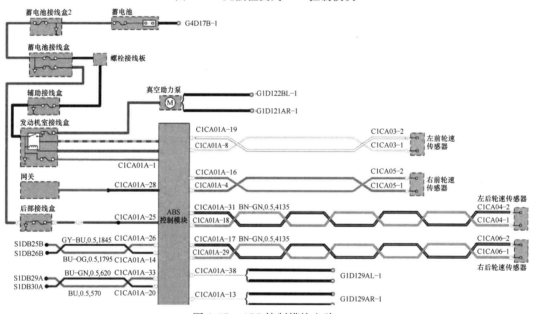

图 4-17 ABS 控制模块电路

故障排除 对搭铁点进行处理,并重新紧固后试车,故障排除。

> **技巧点拨**:ABS 作为全车最重要的安全系统,影响着车辆的安全性,当 ABS 存在问题时,会影响其他系统的正常工作。基于 ABS 的巡航系统、盲点控制系统、DSC 系统等,失去了车速等重要信号,自然也就无法正常工作了,转向助力系统没有车速信号及通信信号后,由于无法计算助力大小导致系统功能紊乱而被禁用。发动机、变速器等动力系统与 ABS 通信失败后,会限制动力输出,导致车辆性能受限。
>
> 当遇到此类案例时,应当深入分析其本质原因,而不是仅仅通过表面现象盲目检修。诊断仪等只是辅助维修的工具,维修人员应能够筛选有用信息。

图 4-18 故障车 ABS 的搭铁

三、路虎神行者 2 侧滑灯亮

故障现象 一辆路虎神行者 2，行驶里程 10 万 km。行车过程中仪表侧滑灯长亮。

故障诊断 根据驾驶人描述，行驶过程中出现仪表侧滑灯点亮。接车后仪表侧滑灯确实是长亮状态，说明该车存在故障现象。

连接路虎诊断仪，读取车辆故障码：ATCM 模块存在故障码 U0415-94——接收到来自 ABS 控制模块的无效数据；ABS 模块中存在故障码 C0051-28——转向盘位置传感器。

这两个故障码都是当前存在且无法删除的故障码，然而 ATCM 里面的故障引导是查看并处理 ABS 中的故障，看来故障的根本源头就是 ABS 报的转向盘位置故障。接下来检查转向盘位置传感器的故障（也就是转向角度传感器），读取转向角度传感器的实际值，转向盘回正的情况下转向角度是 0°，把转向盘左右打到底的情况下转向角度是 470° 和 -470°。可以看到转向角度传感器的实际值都处于正常值，转向角度传感器都在正常值而且转向盘放正的时候也是 0°，为什么还一直存在这个故障呢？难道是转向角度模块存在错误记忆引起的？于是校准转向角度传感器，在校准的时候发现无法校准，难道是转向角度模块坏了？

调换转向角度传感器后再次校准编程，可以校准成功，想着应该问题已经解决。但是发现校准以后着车仪表中侧滑灯依然亮着，并且是当前无法删除的，和来的时候故障现象一样。不是转向角度传感器的故障会是哪的故障呢？接下来检查线路未发现异常，难道是需要路试学习才能够记忆正确的转向盘位置吗？但路试后故障依旧，且在路试的过程中发现车辆有轻微跑偏的现象。然后检查悬架及四轮定位，发现右后轮前束调整臂有变形，如图 4-19 所示。

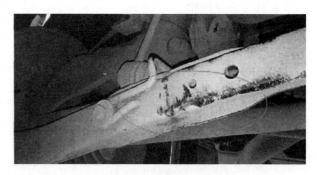

图 4-19 右后轮前束调整臂变形

故障排除 更换右后轮前束臂并进行四轮定位，试车故障排除。

> **技巧点拨**：该车由于右后轮前束臂变形，导致在行驶过程中转向盘长期不在正确角度范围内，使得车辆模块通信中转向盘的位置不正确引起故障灯点亮，此故障在检查过程中需要注意细节，考虑因素要全面。

四、2017 款路虎发现转向沉重

故障现象　一辆 2017 款路虎发现，搭载 3.0L 机械增压发动机，行驶里程 2.1 万 km。车辆行驶过程中，组合仪表有时会突然提示"助力转向性能降低、AEB 不可用、前方警示功能不可用"，并伴随有转向沉重的故障现象。

故障诊断　接车后询问维修人员的检修过程，得知在用故障检测仪进行检测时，在网关模块（GWM）内读取到故障码"B1412-96——静态继电器盒-部件内部故障"，且该故障码一直无法清除，另外驾驶人反映故障出现时组合仪表上的多个故障灯点亮，于是怀疑网关模块存在故障。尝试对网关模块进行多次配置，均失败。而对于驾驶人反映的转向沉重故障，维修人员并没有对相关系统进行检查。

从故障现象着手检查，如果助力转向系统出现故障，也可能通过 CAN 通信总线引起其他系统功能异常。与驾驶人进行当面沟通，得知车辆一般是上下班使用，一直在城区平坦的路面上行驶，每次行驶里程约为 15km。故障一共出现了 3 次，有 2 次出现时间较短，有 1 次出现时间较长。时间长的那一次是经过一段正在维修的路面，当时路面状况比较差，车辆颠簸严重，故障一直出现。将发动机熄火并等待 10min，重新起动发动机，上述故障现象消失。根据驾驶人反馈的信息，初步判断故障是由线束接触不良导致的。

接通点火开关，起动发动机，组合仪表上没有任何故障灯点亮。按照驾驶人描述的路况（找了一段非常颠簸的路面）进行试车，大概行驶 1min，故障就出现了，此时组合仪表交替提示"助力转向性能降低、AEB 不可用、前方警示功能不可用"，并伴随有转向沉重的故障现象。用专用故障检测仪（pathfinder）进行检测，在 ECU 诊断界面（图 4-20）发现动力转向控制模块（PSCM 模块）无法通信，于是决定从 PSCM 模块着手检查，重点检查 PSCM 的供电、搭铁及通信线路。

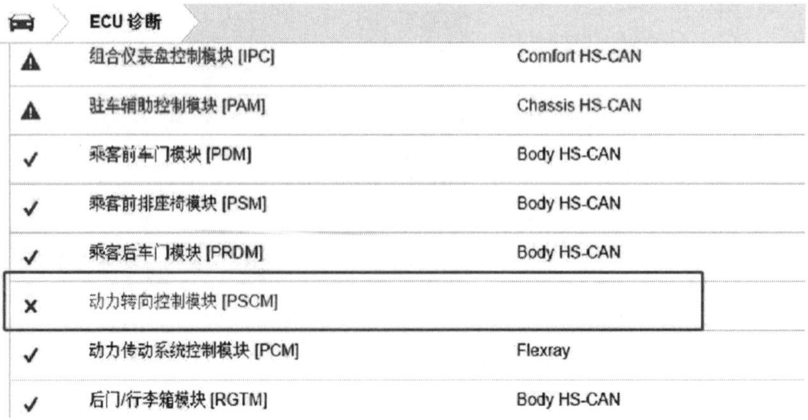

	ECU 诊断	
⚠	组合仪表盘控制模块 [IPC]	Comfort HS-CAN
⚠	驻车辅助控制模块 [PAM]	Chassis HS-CAN
✓	乘客前车门模块 [PDM]	Body HS-CAN
✓	乘客前排座椅模块 [PSM]	Body HS-CAN
✓	乘客后车门模块 [PRDM]	Body HS-CAN
✗	动力转向控制模块 [PSCM]	
✓	动力传动系统控制模块 [PCM]	Flexray
✓	后门/行李箱模块 [RGTM]	Body HS-CAN

图 4-20　ECU 诊断界面

查阅 PSCM 控制电路（图 4-21），决定首先检查 PSCM 通信线路。接通点火开关，用万用表测量 PSCM 导线插接器 C1CS05B 端子 2（CAN-L 端子）的电压，为 2.21V，正常；测量端子 5（CAN-H 端子）的电压，为 2.83V，正常。断开点火开关，测量 PSCM 导线插接器 C1CS05A 端子 1 的电压，为 12.52 V，正常；测量 PSCM 导线插接器 C1CS05B 端子 6 的电压，为 0V，正常。接通点火开关，测量 PSCM 导线插接器 C1CS05B 端子 6 的电压，为 12.50V，测量 PSCM 导线插接器 C1CS05A 端子 2 与车身搭铁之间的电压，为 6.5V，不正常，怀疑搭铁线连接不良。找到位于右侧纵梁上的搭铁点 G1DI32ASB-1（图 4-22），拆卸搭铁点 G1DI32ASB-1 上的固定螺母，未发现搭铁点表面有氧化腐蚀现象。重新连接

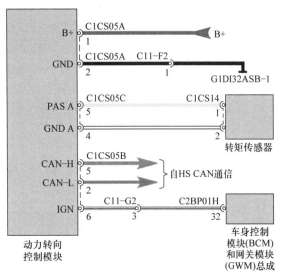

图 4-21 PSCM 控制电路

PSCM 导线插接器，接通点火开关，测量搭铁线的电压，为 0V（正常情况下应为 12V），不正常。通过对 PSCM 导线插接器 C1CS05A 端子 2 和搭铁点 G1DI32ASB-1 测得的电压进行分析，判定两者之间的线路接触不良。根据图 4-22，得知两者之间的线路上有一个转接插接器 C11-F2，决定去检查该转接插接器端子是否存在氧化腐蚀现象。找到转接插接器 C11-F2（该转接插接器位于发动机室右侧空气滤清器盒的下部），结果发现该转接插接器用手一碰就脱落了（图 4-23），至此，确定故障部位为转接插接器 C11-F2 端子接触不良。

图 4-22 搭铁点 G1DI32ASB-1

图 4-23 脱落的转接插接器 C11-F2

故障排除 重新连接转接插接器 C11-F2，起动发动机，在颠簸路面上反复试车，上述故障现象不再出现，于是将车辆交还给驾驶人。一周后进行电话回访，驾驶人反映车辆一切正常，至此，故障排除。

技巧点拨：本案例并不复杂，主要是由于 PSCM 搭铁接触不良，导致助力转向性能下降，进而影响到自动紧急制动（AEB）等其他系统。需要提醒维修人员注意的是，如果

诊断思路出现错误，往往会把简单的问题复杂化；其次，所有怀疑的故障部位都要做好基本检查，模块的检查也不例外，需要确认供电、搭铁及通信总线是否正常。千万不能因为车辆是高档车，或者牵扯的模块比较多，就把故障想得非常复杂。在实际故障检修过程中，很少会出现2个故障叠加在一起的情况，维修好一个模块故障，相应的其他模块故障也会解决，这也是检修CAN通信总线故障时经常会遇到的，故需要维修人员能找到一个合适的系统作为故障排除的切入点。

第三节 大 众 车 系

一、2014款奥迪A6L组合仪表故障灯点亮，电子转向机无助力

故障现象 一辆2014款奥迪A6L，行驶里程56276km。行车过程中转向沉重，组合仪表故障灯点亮。

故障诊断 用ODIS诊断仪读取44-电子转向控制单元发现诊断程序未能识别到J500电子转向机控制单元。

用ODIS诊断模式进行引导性测试计划故障解析时发现该车存储记录有多个故障码，但能引起J500电子转向机控制单元报警的故障码只有两个。根据故障码分析，能引起该故障的原因有：①J500电子转向机控制单元自身损坏；②J500电子转向机控制单元程序错误；③供电异常；④搭铁异常；⑤J500电子转向机线束损坏。

根据以上分析，重点检查该车底盘部位是否有撞击痕迹，两侧转向机防尘套是否有损坏进水现象，但均未能发现异常。于是查询电路图发现J500电子转向机控制单元的供电直接取至蓄电池A-N253继电器的2号位S132熔丝，由D1电源线经过T1d/1插接器连至T2fa/1再至J500电子转向机控制单元，如图4-24所示。

于是根据ELSApro电路图查询的信息，将J500电子转向机控制单元的插接器拔下，使用VAS1526E测量，发现

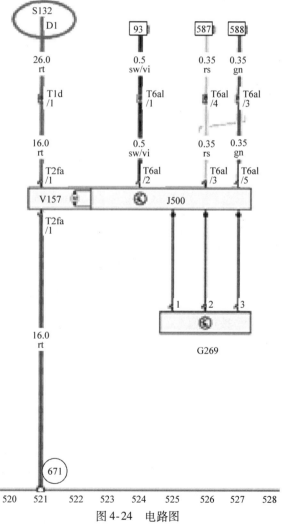

图4-24 电路图

该插接器没有 12V 电压，其电压仅为 0.017V，完全不能支撑 J500 的工作。于是再次根据 ELSApro 电路图查询蓄电池 A – N253 继电器 2 号位 S132 熔丝，测量其电压为 12.5V，S132 熔丝也正常安装，未见松脱。

使用 VAS1526E 通断档测量 T2fa/2 至 671 左前纵梁接地点，结果为导通，无异常现象。根据 ELSApro 电路图查询安装在左侧车身底板处的 T1d 插接器，发现该插接器连至 J500 电子转向机控制单元的线路松脱，导致电压不正常，如图 4-25 所示。重新将 T1d 插接器至 J500 的线束安装到位后故障消失，再次使用 VAS1526E 测量 T2fa 插接器的供电电压已经恢复至正常，为 11.93V，如图 4-26 所示。起动车辆后故障灯自动熄灭，且 ODIS 诊断仪未能诊断出任何关于 J500 的故障码，至此故障排除。

故障排除 更换电子转向机线束，试车故障排除。

> **技巧点拨**：由于该车左侧护板被异物损坏，导致 T1d 插头被拉扯后松脱，无法正常连接，从而导致蓄电池电压无法传送至 J500。

图 4-25 线路松脱

图 4-26 电压为 11.93V

二、奥迪 A6L 黑屏，转向无助力，玻璃不能升降，驻车制动灯报警

故障现象 一辆奥迪 A6L，配置 BPJ 发动机、01J 变速器，行驶里程 191940km。车辆行驶过程中仪表黑屏，转向无助力，玻璃不能升降，仪表上驻车制动灯报警。

故障诊断 用诊断仪检测车辆时发现一些控制单元不能识别，如图 4-27 所示。读取数据流，如图 4-28 所示。

可以得出结论：前排乘客侧车门电子设备、右后车门电子设备、左后车门电子设备、电子中央电气系统、电子中央电气系统 2、转向柱电子设备、进入及起动许可、驾驶人侧车门电子设备均无通信。舒适总线基本瘫痪。

故障原因可能出现在：①网关故障；②总线线路故障；③舒适系统中某个控制单元故障；④其他系统干扰；⑤其他故障。

为了快速找到故障，采用由简到繁的诊断思路，首先对车辆网关供电和线路进行检测，正常。替换正常车辆的网关后故障依旧。维修人员在检查网关过程中，发现车辆有很多加装设备，怀疑故障由加装引起，在拆除了加装设备以后试车故障依旧。

将以上控制单元插头依次拔下后试车，故障依旧没有排除。再次确认故障现象确实存在。按照功能导航查看舒适系统已安装的控制单元，如图 4-29 所示。乘客侧 CAN 插头 T46

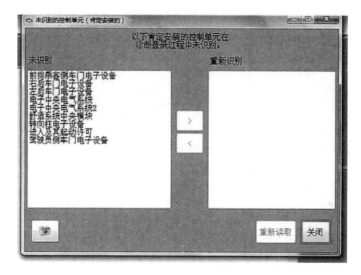

图 4-27　用诊断仪检测

读取测量值

地址	ID	测量值	值
0019	5.1	便捷系统CAN总线状态	K-CAN启用
0019	130.1	舒适模式数据总线	双线
0019	130.2	中央电气电子设备	电子设备控制单元0
0019	130.3	舒适系统中央模块	Central 0
0019	130.4	驾驶员侧车门电子设备	驾驶员侧车门0
0019	131.1	乘客侧车门电子设备	FP-door 0
0019	131.2	左后车门电子设备	Door rl 0
0019	131.3	右后车门电子设备	Door rr 0
0019	131.4	驾驶员座椅调整	
0019	132.1	泊车辅助系统	驻车0
0019	132.2	后座椅调节	
0019	132.3	轮胎压力显示器	
0019	132.4	转向柱电子元件	方向盘电子设备0
0019	133.2	空调/暖风电子装置	空调0
0019	133.3	进入及启动识别	电子点火开关0
0019	133.4	后视摄像系统	
0019	134.1	附加/辅助加热器	
0019	134.2	中央电气系统电子部分II	电子设备控制单元2 0
0019	134.4	挂车功能	
0019	135.1	座椅调节，乘客侧	
0019	135.2	空调控制台，后	
0019	135.3	专用功能	
0019	135.4	尾门电子设备	

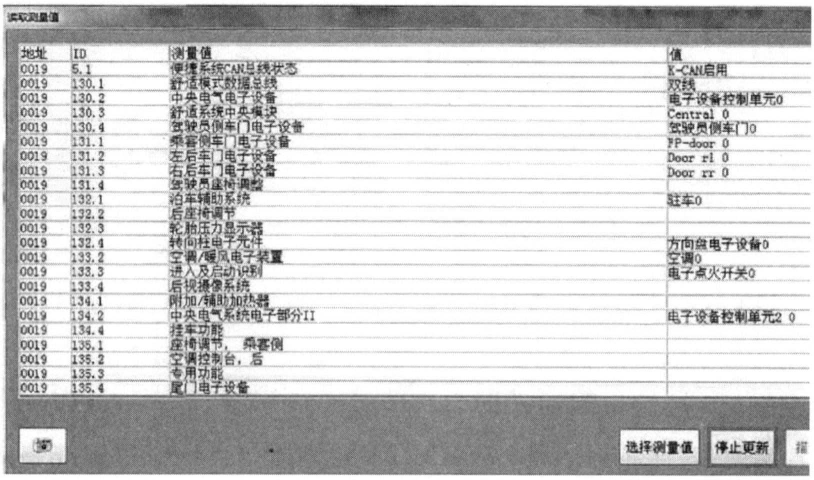

图 4-28　数据流

针脚如图 4-30 所示。使用专用工具 VAG1598/38 依次断开乘客侧 CAN 控制单元（工具如图 4-31 所示）。

当断开 14 号时故障消失，14 号连接的控制单元为 J393 舒适/便捷功能系统中央控制器和 J446 泊车辅助控制器。仔细检查 J393 舒适/便捷功能系统中央控制器和 J446 泊车辅助控制器发现驾驶人加装了摄像头，如图 4-32 所示。

故障排除　拆除加装倒车模块，试车，故障排除。

技巧点拨：加装设备是引起各类故障的罪魁祸首，本案例中第一次拆除设备并未将故障排除，这给我们的诊断维修工作带来了比较大的难度，进一步深入诊断，才将加装设备引起的故障找到，可以说是费尽了周折。

第四章 电控动力转向系统维修技能与技巧点拨

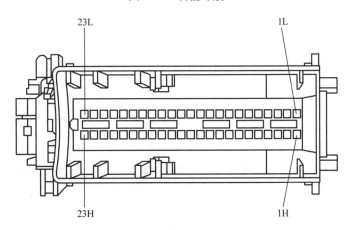

图 4-29 功能导航

图 4-30 乘客侧 CAN 插头

图 4-31 专用工具 VAG1598/38

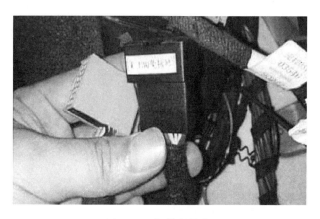

图4-32 加装的设备

三、奥迪A4L仪表侧滑灯和电动转向机故障灯长亮

故障现象 一辆奥迪A4L，配置2.0T发动机，行驶里程31520km。仪表侧滑灯和电动转向机故障灯长亮。

故障诊断 用诊断仪检查多个控制单元有故障码：U111300——由于接收到错误数值而功能受限；U021200——失去与转向柱控制单元的通信，无通信，主动/静态；U012600——转向角传感器 无通信等相关故障。车辆可以打开点火开关并起动，但诊断仪显示点火开关没有打开。

诊断仪一直显示点火开关没有打开，但车辆可以打开点火开关并起动，说明给诊断接口15+供电存在故障。用诊断仪检查16转向柱控制单元可以进入，但没有故障码。读取转向柱有关供电方面的数据如图4-33所示。

地址	ID	测量值	值	单位	目标值
0016	13.1	端子15（硬件）	断开		
0016	13.2	端子15（传输诊断CAN）	断开		
0016	13.3	端子15（自仪表板CAN）	接通		
0016	14.1	端子30的电压	14.7	V	
0016	14.2	接地电压5V	5.0	V	

图4-33 供电数据

以上现象说明转向柱控制单元也没有15+电源供给，查阅电路图得知J527、诊断接口、J533的15+都由SD的ST1列供电。而SD的ST1列电源由SC-ST1-SC15熔丝供电，此列熔丝的电源由15+继电器J329供电，电路图如图4-34所示。

故障排除 厘清整个供给系统电路，开始检查位于SD-ST1的SD5和SD7，发现此列熔丝没有15+供电，进一步检查发现位于SC-ST1的SC15号熔丝烧毁。更换此熔丝后故障排除。再次读取J527相关供电数据，如图4-35所示。此车由于给诊断接口J527、J533供电的15+熔丝烧毁，导致多个控制单元报和转向柱控制单元无通信；同时由于G85集成在转向柱控制单元内，侧滑灯和电动转向机由于无法获得转角传感器信号而点亮故障灯。需要注意的是转向柱控制单元本身并没有报故障码，只能通过相关数据流来确定。

第四章 电控动力转向系统维修技能与技巧点拨

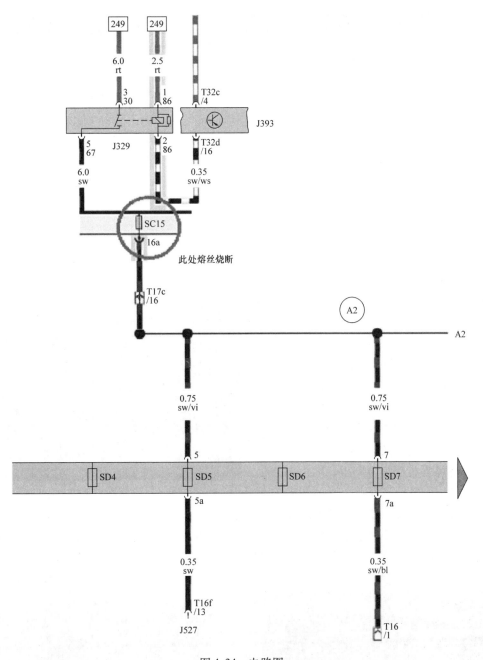

图 4-34 电路图

技巧点拨：最后 SC15 熔丝为什么会烧毁，而在它之后的熔丝却没有烧毁？原来此车加装导航倒车影像一体机时，从 SD5 熔丝的电源输入侧焊接了一条电源线给加装设备，此故障是由于加装设备存在内部故障导致直接烧毁了 SC15 号熔丝。此案例提示我们在改装或加装电源时一定要从熔丝的电源输出侧接入，否则可能导致熔丝在关键时刻不起作用，导致重大的安全隐患和经济损失。

175

地址	ID	测量值	值	单位	目标值
0016	13.1	端子 15（硬件）	接通		
0016	13.2	端子 15（供输诊断 CAN）	接通		
0016	13.3	端子 15（自仪表板 CAN）	接通		
0016	14.1	端子 30 的电压	13.3	V	
0016	14.2	接地电压 5V	5.0	V	

图 4-35 再次读取供电数据

四、2012 款奥迪 A4L 助力转向系统故障

故障现象 一辆 2012 款奥迪 A4L，转向沉重，组合仪表提示助力转向系统有故障，且红色助力转向系统警告灯点亮。

故障诊断 用故障检测仪 VAS5054 检测，在 44—助力转向系统中读得故障码："C10F129——转向力矩传感器 2 不可信信号 主动/静态"，尝试清除故障码，发现故障码无法清除。推断可能的故障原因有：转向力矩传感器及其线路故障；助力转向控制单元损坏。

拆检转向力矩传感器（图 4-36），其线路无异常，经测量得知其电路板上各端子的含义如图 4-37 所示，中间曲线将线路板分成 2 个部分，左侧为转向力矩传感器 1 电路，右侧为转向力矩传感器 2 电路。进一步测量得知，转向力矩传感器 2 的 5V 供电线路断路，怀疑断路位置在电路板背面。

拆下转向力矩传感器电路板的固定螺栓，用电热风焊枪吹焊电路板，取出电路板（拆焊时一定要小心，否则会损坏转向力矩传感器霍尔元件的端子），发现电路板背面

图 4-36 转向力矩传感器

进水腐蚀，且转向力矩传感器 2 的 5V 供电电路腐蚀断路（图 4-38）。为什么转向力矩传感器会进水呢？检查发现转向力矩传感器密封盖上有裂缝，推断车辆涉水较深时，水由此处渗入。

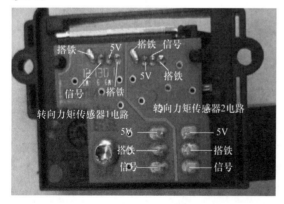

图 4-37 转向力矩传感器电路板

图 4-38 转向力矩传感器 2 的 5V 供电电路腐蚀断路

故障排除 焊接转向力矩传感器 2 的 5V 供电电路，并在转向力矩传感器密封盖上涂抹密封胶后试车，转向助力恢复正常，且助力转向系统警告灯熄灭，故障排除。

> **技巧点拨：** 转向力矩传感器与助力转向电动机、助力转向控制单元及转向柱等集成为一体，无单独配件供应，若要更换转向机总成需要花费几万元，与驾驶人协商后决定对转向力矩传感器进行修复。

五、奥迪车系电动机械式助力转向系统工作解析

如图 4-39 所示，奥迪车电动机械式助力转向系统主要由助力转向控制单元（J500）、助力转向电动机（V187）、转向力矩传感器（G269）及滚柱丝杠等部分组成。

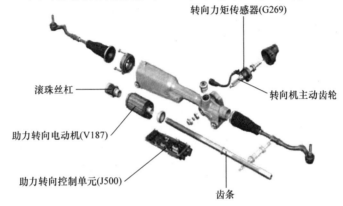

图 4-39 奥迪车电动机械式助力转向系统结构

（1）助力转向控制单元（J500） J500 根据 V187 转子位置和转向力矩信号确定 V187 相电压的状态模型，由此设定的相电流使 V187 产生不同的力矩，这些匹配关系储存在 J500 内，J500 通过 Flex Ray 总线与其他控制单元进行通信。J500 外部导线插接器接口（图4-40）分别为 G269 接口、15 号供电及 Flex Ray 总线接口、30 号供电及 31 号搭铁接口。

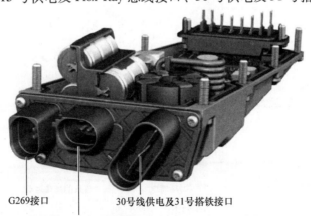

图 4-40 J500 外部导线插接器接口

(2) 助力转向电动机（V187） V187 负责产生转向助力所需的力矩，是一个永磁式三相交流同步电动机（图4-41），其体积小、功率大。V187 上带有转子位置传感器，用于检测转子的位置，以便 J500 计算定子磁场所需的相电压，另外，转子位置传感器的测量值还可以用于确定转向止点。

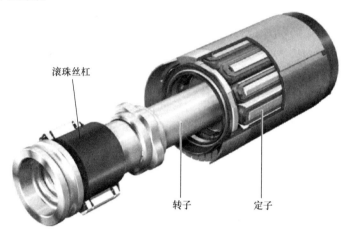

图 4-41 助力转向电动机

(3) 滚珠丝杠 滚珠丝杠将 V187 的旋转运动转换为齿条的直线运动。如图 4-42 所示，滚珠丝杠类似于普通的螺栓与螺母系统，齿条相当于螺栓，沟道相当于螺距，齿条和球循环螺母通过沟道中的球连接。球循环螺母与转子空心轴刚性连接在一起，V187 激活时转子空心轴带动球循环螺母旋转，由于球循环螺母无法左右移动，其内部的球带动齿条左右直线运动。为了限制这些球相互之间接触，球的循环通道越短越好，因此在球循环螺母中采用了 2 条分开的循环通道。

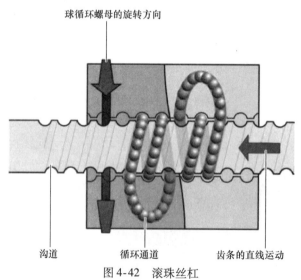

图 4-42 滚珠丝杠

(4) 转向力矩传感器（G269） 要想计算所需转向助力力矩大小，其基础信息就是驾驶人所施加的转向力矩大小。转向主动齿轮与转向轴通过扭力杆连接，这与带有转向阀的普通液压转向机构结构一样。如果驾驶人转动了转向盘，那么扭力杆和转向轴相对于转向主动齿轮就发生扭转。扭转的程度取决于驾驶人所施加的转向力矩的大小，G269 可以测量出该扭转程度的大小。

如图 4-43 所示，G269 中有 2 个霍尔传感器，其上下各有 1 个传感器靶轮，传感器靶轮与转向主动齿轮刚性连接；传感器靶轮上各有 8 个齿，2 个传感器靶轮的齿错开布置，即沿着转向轴方向向下看，上部传感器靶轮的齿处于下部传感器靶轮的齿隙中；传感器靶轮中部有 8 对环形磁铁，环形磁铁与转向轴刚性连接。

如图 4-44 所示，如果没有转动转向盘，每个传感器靶轮上的齿都在环形磁铁 N 极与 S 极的正中位置，因此这 2 个传感器靶轮被磁力线所穿过的方式是一样的，2 个传感器靶轮之间没有磁场，2 个传感器输出信号相同；如果转动转向盘，环形磁铁与传感器靶轮之间产生相对运动，传感器靶轮上的齿离开环形磁铁 N 极与 S 极的正中位置，此时一个传感器靶轮上的齿按比例会靠近环形磁铁 N 极一些，而另一个传感器靶轮上的齿会靠近环形磁铁 S 极一些，这使磁路发生失调，产生的磁通量被霍尔传感器测量到。

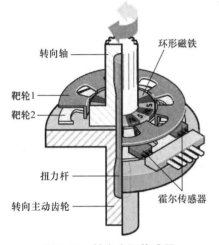 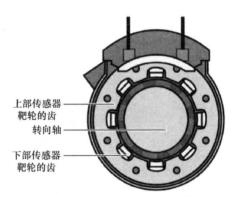

图 4-43 转向力矩传感器　　　　图 4-44 未转动转向盘时传感器靶轮的位置

（5）电动机械式助力转向系统工作原理　如图 4-45 所示，电动机械式助力转向系统的工作原理如下。

1）打开左前车门，Flex Ray 总线被唤醒，控制单元间开始通信。

2）接通点火开关，组合仪表控制单元（J285）短时激活助力转向警告灯（红色），若助力转向系统无故障，助力转向警告灯熄灭。如图 4-46 所示，若助力转向系统有故障但不严重，助力转向警告灯呈黄色；若助力转向系统有故障且很严重，助力转向警告灯呈红色。

3）起动发动机后，若发动机转速超过 500r/min，助力转向系统处于激活状态。若扭力杆未被转向盘上的作用力扭动（由 G269 感知），转向角传感器（G85）的信号与 V187 转子位置传感器的信号进行同步。这 2 个测量值间的相互关系作为特性曲线存储在 J500 中，在随后的车辆行驶中，J500 通过分析 V187 转子位置传感器的信号感知转向运动。

技巧点拨：在车辆行驶过程中，转向助力的大小主要根据转向力矩、转向角及车速来确定。V187 的激活电流由 J500 计算，V187 通过滚珠丝杠作用到齿条上的力增大驾驶人施加在转向盘上的转向力。

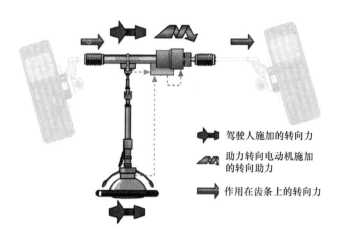

图 4-45　电动机械式助力转向系统的工作原理

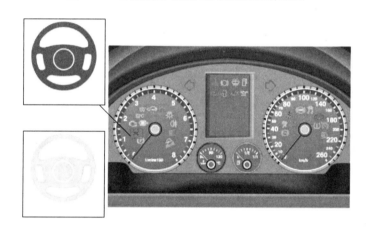

图 4-46　助力转向警告灯

六、2013 款奥迪 A1 无转向助力

故障现象　一辆 2013 款奥迪 A1，行驶里程 3.5 万 km，因左前部发生碰撞进厂维修，维修后试车，无转向助力，转向沉重。

故障诊断　用故障检测仪检测，44—动力转向控制单元内无故障码存储；检查悬架，未见明显异常。该车装备电动液压转向助力系统，查看维修资料得知，在以下 2 种特殊情况下，转向助力功能会被限制。

1）有碰撞信号时的功能限制。在收到安全气囊控制单元的碰撞信号后，转向泵会被关闭，同时存储故障码，转向助力警告灯点亮。转向助力一直处于关闭状态，直至清除故障码。

2）温度保护所造成的功能限制。动力转向控制单元的温度由控制单元内部的一个传感器来监测，允许的最高温度为 120℃。温度过高时，会存储故障码，如果此时助力转向正在工作，那么转向助力呈线性递减，然后完全关闭，同时转向助力警告灯点亮。

读取安全气囊控制单元测量值，无碰撞信号；读取动力转向控制单元测量值，控制单元的温度为 55℃，正常。检查电动液压泵的供电及搭铁，均正常；按 ELSA 更换电动液压泵后试车，故障依旧。检查电动液压泵与转向机间高、低压管路，未见变形；按 ELSA 更换转向机后试车，仍无转向助力。

与试乘试驾车对比发现，故障车电动液压泵的工作噪声明显偏大，且振感较强，感觉像管路被堵，电动液压泵泵不出油，负荷过大产生的噪声。拆检电动液压泵和转向机的高压管与回油管，未发现堵塞；检查高压管接头的带孔螺栓（图 4-47），发现其内部单向阀凸出（图 4-48），由此推断该车发生碰撞时，左前轮受到撞击，导致转向机瞬间转动，内部带有压力的液压油回流，将带孔螺栓的单向阀反向顶出，从而导致管路堵塞。

故障排除 更换高压管接头的带孔螺栓后试车，转向助力恢复正常，故障排除。

> **技巧点拨**：作为现代汽车维修人员，在故障诊断的过程中，不但要排查线路和机械故障，还要知道它们的工作条件和原理，这样的话，维修起来就会少走弯路。

图 4-47 高压管接头的带孔螺栓

图 4-48 带孔螺栓内的单向阀凸出

七、上海大众凌渡多功能转向盘按钮失灵且开灯光开关时背景灯不亮

故障现象 一辆上海大众凌渡，配置 1.8T 发动机和 DQ200 变速器，行驶里程 22km。多功能转向盘所有按钮失灵且开灯光开关时其背景灯不亮。

故障诊断 PDI 发现一辆已卖且未交车的凌渡其多功能转向盘所有按钮失灵且开灯光开关时其背景灯不亮。接到故障车辆后验证上述故障现象确实存在。连接 VAS6150B 诊断仪读取故障码，查询所有系统发现：

01 发动机控制单元有故障码：U021200——失去与转向柱控制单元的通信 无通信 故障类型主动/静态；02 变速器控制单元有故障码：U021200——失去与转向柱控制单元的通信 无通信 故障类型 主动/静态；19 数据总线诊断接口：U108E00——转向盘控制单元无通信 故障类型主动/静态。以上三个故障码都是静态，清除不掉，如图 4-49 所示。

读取多功能转向盘按钮数据流。根据培训资料得知，多功能转向盘控制单元 J453 通过 LIN 数据总线与 J533 相连，如图 4-50 所示。也就是说虽然多功能按钮信号 LIN 线硬件上通过 J527，但它和 J527 不发生数据交换。因此在 16 转向柱控制单元 J527 内无法读取多功能转向盘按钮数据流。

根据故障码分析，此故障可能的原因主要有以下方面：转向柱控制单元损坏；转向柱控制单元供电及搭铁有故障；转向柱控制单元数据 CAN 线有故障；多功能转向盘控制单元损

```
地址列：01    系统名：01 - 发动机电控系统1.2 - 1.4 FSI    协议改版：UDS/ISOTP    (Ereignisse：1)
事件存储器条目
编号：                    U021200: 失去与转向柱控制单元的通信 无通信
故障类型 2：               主动/静态
症状：                    4714
状态：                    00101111
```

```
地址列：02    系统名：02 - 7档双离合器变速器0CW    协议改版：UDS/ISOTP    (Ereignisse：1)
事件存储器条目
编号：                    U021200: 失去与转向柱控制单元的通信 无通信
故障类型 2：               主动/静态
症状：                    21222
状态：                    00001011
```

```
地址列：19    系统名：19 - 数据总线诊断接口    协议改版：UDS/ISOTP    (Ereignisse：1)
事件存储器条目
编号：                    U108E00: 方向盘控制单元 无通信
故障类型 2：               主动/静态
症状：                    197169
状态：                    00001001
```

图 4-49 故障码

坏；多功能转向盘控制单元至转向柱控制单元线路故障。

先排除线路问题，根据多功能转向盘电路图依次查询：①转向柱控制单元 J527 的 30 号供电 T16a/1 有 12V 电压，正常，T16a/2 搭铁正常；②多功能转向盘控制单元 J453 的 30 号供电 T5V/2 有 12V 电压，正常，T5V/1 搭铁正常，LIN 线 T5V/3 至 J527 正常，信号线 T5V/5 至 J527 正常；③检查相关针脚接触，未发现异常。

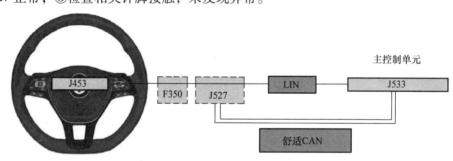

图 4-50 结构图

故障排除　查询相关电路图（图 4-51），从以上的情况分析，多功能转向盘控制单元 J453 自身损坏的可能性最大，为了进一步确认故障点，打算更换 J453 试试。但因为是新车型上市，库房无配件，所以将试驾车的 J453 与其对调，此车故障现象转移到试驾车。最后报 Anlauf 单，联系技术支持及质保部更换了转向盘总成。当时质保部说是故障件，如图 4-52 所示，是老版本的多功能转向盘控制单元，之后装配的都是更新过的。

技巧点拨：排除此故障过程中对 J453 做了一些测量和故障模拟，读取多功能转向盘按钮数据流，如图 4-53 ~ 图 4-55 所示。

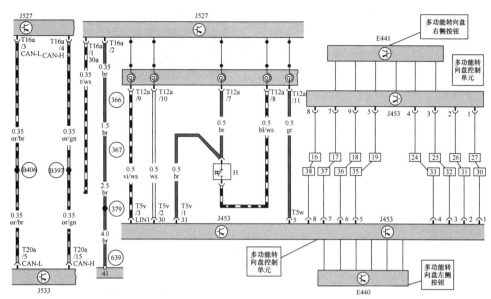

图 4-51 电路图

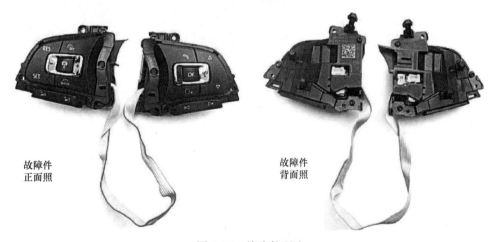

图 4-52 故障件照片

图 4-53 进入 01 发动机测量值

图 4-54 进入 19 测量值

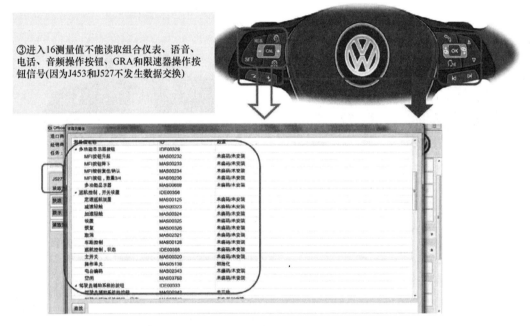

图 4-55 进入 16 测量值

八、2015 款全新朗逸转向系统无通信

故障现象 一辆 2015 款全新朗逸,配置 CSR 发动机、09G 变速器。该车为一辆未销售新车,PDI 专检人员在做销售前检查时发现,诊断仪读取多个系统存储有故障码,且无法清除。

故障诊断 接车后查看维修人员已经打印出来的故障码,分别有:01 发动机系统 U111300——由于接收到错误数值而功能受限;02 变速器系统 U042900——失去与转向柱控制单元的通信,不可信信号;09 电子中央电气系统 01326——多功能转向盘控制单元无信号通信。

根据故障码的含义分析，相关系统的硬性故障码主要是变速器与转向柱失去通信，多功能转向盘控制单元无通信，而发动机系统接收到错误数值功能受限的故障码应该是一个附加故障，是其他故障码衍生出来的故障，当其他主要故障码排除之后，该故障码就可能自己消失了。围绕故障码来看，应该重点从转向柱控制单元入手检查。

大众公司自 2012 年开始，在经济型轿车上采用该种转向助力系统，又称之为 CEPS——电子随速助力转向。该系统助力电动机和转向柱设计为一个整体，结构简单，对随速转向、主动回正功能、摩擦补偿及良好的路感控制更为精准。最主要的特点是零件数目减少，重量减轻 25%，便于装配和维修。经过多年的实际应用，其故障率低、稳定性高的优点已经得到市场的认可。一般只有在发生事故时气囊引爆后才可能损坏。而该车还是全新车辆，且目前在行驶中其转向助力没有任何异常，因此笔者并不怀疑是转向柱控制单元本身损坏导致产生的故障。

为了快速准确地确认故障，再次连接诊断仪进入系统，选择引导性故障查询，试图通过诊断仪软件给我们提供一个诊断思路。引导性故障查询结束后在检测计划中诊断仪提供了 3 个检测项（图 4-56），分别是：①U111300 接收到故障值造成功能受限；②CAN 数据总线，信息缺失/不可信；③J453 多功能转向盘控制单元。

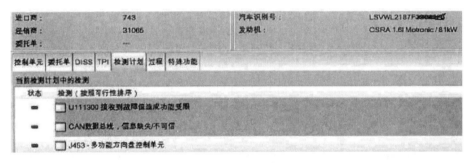

图 4-56 检测项

检测计划结果缺少了检测转向柱控制单元，继续分析诊断仪提供的 3 个检测项，唯独 J453 多功能转向盘控制单元该项目标明确，而另外两检测项的关联性非常强，分析两者的关系：CAN 数据总线信息异常→导致数据总线数据无法正常传输→引起某些功能无法正常使用（功能受限）。该车为全新车辆，理论上不大可能存在线路异常的情况，本着先易后难的原则，接下来先看看多功能转向盘控制单元为啥失去通信了。

该车不存在多功能转向盘系统，但系统却报出该车上根本没有系统的故障码？至此应该可以说明 09 里面报出的故障码 01326 纯属子虚乌有。再反过来思考下 02 系统故障码 U042900（失去与转向柱控制单元无通信），这同样令人费解，为何在驱动 CAN 系统中，唯独变速器系统失去与转向柱控制单元的通信，但是驱动系统中其他控制单元却没有储存与转向柱失去通信的故障码，这同样不合常理。

因为该车变速器和转向柱系统同属驱动 CAN 系统，而驱动 CAN 系统上还连接有发动机、安全气囊及 ABS 等多个控制单元。各个单元相互之间的通信都类似于广播形式：一人发送，大家接收，没道理唯独 02 变速器系统无法接收转向柱单元通信信息，而其他系统却能正常通信。再结合诊断仪中转向柱控制单元系统中并无记忆任何故障码，其助力转向也完全正常，因此笔者有理由相信，该车转向柱助力系统（CEPS）出现问题的可能性微乎其微。那么会不会是变速器控制单元本身存在问题而无法与转向柱单元进行信息交流呢？若将变速器控制单元与本文中的转向柱控制单元同样来考虑的话，那么变速器控制单元的这种可能性也就排除了。

针对本车来说，应该优先考虑的是中央电气系统的编码，因为正是中央电气系统报的多功能转向盘控制单元无通信故障码，而该车确实没有配备多功能转向盘。接下来应该先通过对中央电气系统进行在线编码，等编码正确了再去考虑变速器的故障码 U042900。在给中央电气系统编码之前，首先保存该控制器的原始编码（图 4-57）。接着连接 VPN，进入在线编码步骤，编码成功后再次读取新编码（图 4-58）。

图 4-57 原始编码

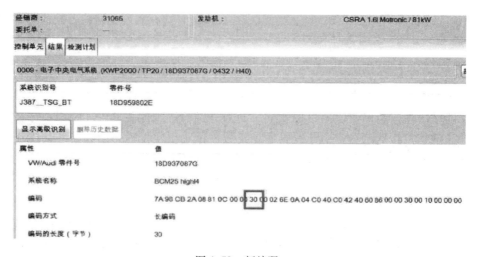

图 4-58 新编码

对比之前和现在的编码，发现之前编码和新编码中 09 字节存在不同，原始有故障的编码该字节是 38，而新编码则为 30。是不是就是编码错误所导致的呢？还需要再一次验证才能确定。

故障排除 删除系统所有的故障码之后，再次读取故障码，发现现在所有系统故障码都能够正常删除了。将车辆在外面行驶一圈后回来再次读取故障码，所有系统都已经正常。至此，才有把握确定故障已经彻底排除。

> **技巧点拨**：可以证明该车变速器系统失去与转向柱的通信故障，根本原因是 09 里面的编码错误所导致的。

九、2017 款大众朗逸助力转向警告灯点亮

故障现象 一辆 2017 款大众朗逸，搭载 1.6L 发动机，配备无钥匙起动系统，行驶里程 3.1 万 km。驾驶人反映，仪表板上的助力转向警告灯点亮。

故障诊断 接车后首先试车验证故障现象。接通点火开关，仪表板上的助力转向警告灯先闪烁，然后一直长亮。起动发动机，用故障检测仪（VAS6150D）进行检测，在转向柱锁控制单元（J764）内存储有故障码 "P3053 00——起动机起动，端子 50 返回信息，对搭铁短路/断路"，在动力转向控制单元内存储有故障码 "C10D504——电动机械动力转向指示灯损坏"。记录并尝试清除故障码，故障码可以清除。

断开点火开关，再接通点火开关，仪表板上的助力转向警告灯不再闪烁，经过系统短时自检后助力转向警告灯熄灭。起动发动机，连接故障检测仪读取故障码，在转向柱锁控制单元内再次存储故障码 P305300，此时，动力转向控制单元内无故障码存储。断开点火开关，再接通点火开关，发现仪表板上的助力转向警告灯先闪烁后长亮。此时，动力转向控制单元内再次存储故障码 C10D504。经过上述检查，判断故障码 C10D504 的生成很可能是由故障码 P305300 引起的，于是决定从故障码 P305300 着手检查，即从起动系统进行排查。

如图 4-59 所示，无钥匙起动系统由无钥匙起动控制单元（J518）、J764、低频天线、钥匙、起动按钮及车载电网控制单元（BCM）等组成。

另外，查阅相关电路（图 4-60），得知在发动机起动过程中，J764 不仅通过 CAN 总线接收 BCM 反馈的起动控制信号，同时 J764 根据端子 3 的反馈信号确认起动机是否工作。

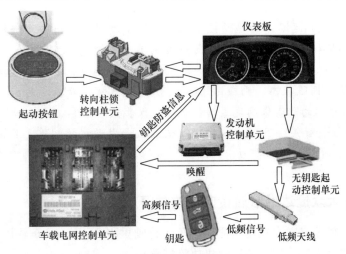

图 4-59 无钥匙起动系统的组成

根据上述无钥匙起动系统控制原理及车辆能正常起动的情况，推断故障码 "P305300——起动机起动，端子 50 返回信息，对搭铁短路/断路" 的意思是转向柱锁控制单元做出起动控

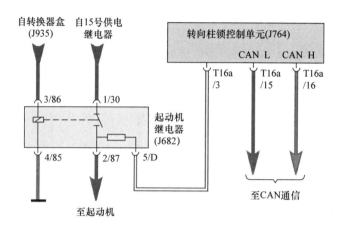

图 4-60 起动系统控制电路

制，并且收到了 BCM 通过 CAN 总线传来的起动信号，但未通过端子 3 接收到起动反馈信号。分析认为存储故障码 P305300 的可能原因有：起动机继电器（J682）故障；J764 导线插接器 T16a 端子 3 存在虚接或线路存在断路故障；J764 故障。

本着由简入繁的诊断原则，按下起动按钮，在起动发动机瞬间，用万用表测量 J764 导线插接器 T16a 端子 3 的电压，约为 12V；松开起动按钮，测得的电压迅速降为 0V。经过多次测量，测量到的电压均保持一致，说明起动机继电器及其至 J764 之间的线路是正常的。怀疑是导线插接器 T16a 端子 3 存在虚接，于是将端子 3 从导线插接器 T16a 上单独挑出，并试着将其插至 J764 上对应的端子，能明显感觉端子有插接松动的现象，判断该车的故障很可能是由端子 3 接触不良所致。

故障排除 将端子 3 进行锁紧处理，重新连接 J764 导线插接器 T16a，后经过多次测试，上述故障现象不再出现，至此，故障排除。

> **技巧点拨**：大众朗逸具体的起动控制原理是踩下制动踏板，按下起动按钮，J764 接收到起动请求，J764 请求仪表板（注：防盗控制单元位于仪表板内部）验证钥匙的防盗信息。仪表板将验证钥匙防盗的信息传递给 J518，J518 通过低频天线发送低频信号给钥匙。如果 BCM 处于睡眠状态，则唤醒 BCM。钥匙被低频信号激活后，发送高频信号给 BCM，BCM 再将钥匙的防盗信息发送给仪表板。仪表板和 J764 验证钥匙的防盗信息，验证通过后，转向柱锁解锁，15 及 S 线接通；仪表板和发动机控制单元验证钥匙的防盗信息，验证通过后，允许发动机起动。

十、一汽 - 大众捷达维修后转向机故障灯点亮

故障现象 一辆一汽 - 大众全新捷达轿车，行驶里程 3 万 km。车辆因为事故在本店进行维修，但是维修完成后，该车的转向机故障灯点亮。

故障诊断 维修人员首先使用诊断仪对车辆进行检测，发现有故障码"00018——碰撞切断已触发"，且无法进行清除。分析故障原因有可能是转向机故障、转向机相关线束或插接器故障或系统故障。

本着由简至难的维修原则，维修人员首先使用诊断仪对该车转向机系统进行检查，在进入该系统的基本设置后发现，"所有匹配值的复位"状态为"未起动"（图4-61）。而该车因为事故更换过转向机，很有可能在更换完成后，维修人员并没有对该系统进行复位，从而导致了故障码的产生。

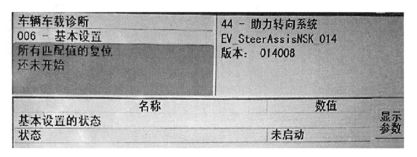

图4-61　读取到的系统状态

故障排除　对车辆转向系统进行复位后退出程序并关闭点火开关，然后重新起动车辆，故障灯熄灭，故障排除。

> **技巧点拨**：大众车系某些电子控制元件更换后需要进行相关的复位，其实就是新更换的部件与系统的其他相关部件的一个"认识"过程。

第四节　通 用 车 系

一、迈锐宝转向系统故障灯亮

故障现象　一辆2010年通用雪佛兰迈锐宝轿车，行驶里程17万km。驾驶人反映该车转向系统故障灯亮。

故障诊断　维修人员检测转向系统控制单元，发现有故障码C056E——转向控制单元校准数据未建立。检查发现，前轮胎面的磨损程度差别很大（图4-62），说明该车的四轮定位存在问题。分析认为在这种情况下，由于车辆跑偏严重，转向力矩与由轮速推算的车辆行驶方向不符，所以原有的校准数据被废除，故障灯点亮。

故障排除　更换轮胎并做四轮定位，然后对行驶稳定控制系统进行初始化，故障排除。

> **技巧点拨**：四轮定位出现问题也是可以导致转向系统故障的，找到造成问题的根源是解决问题的关键。

二、雪佛兰科帕奇行驶时转向沉重

故障现象　一辆2010年产进口雪佛兰科帕奇，搭载3.2L发动机，行驶里程6.5万km，驾驶人反映该车行驶时转向沉重。

故障诊断　故障车辆为高配科帕奇，使用速度感应式助力转向（SSPS）系统，此类转

图 4-62 胎面磨损不一致

向系统包括常规的助力转向齿轮齿条，同时还配置了电磁部件已实现转向助力的随速调节。该系统在低速行驶时，转向很轻便；而在高速行驶时，可以减少助力以提升路感。

维修人员经过试车发现，该故障车的转向有助力，只是助力的效果与没有 SSPS 系统的低配车相似。这款车的转向助力系统有独立的自诊断功能，连接 TECH2 诊断仪检测，发现有 2 个故障码：DTC01——执行器不工作或电路断/短路和 DTC02——速度感应式助力转向系统控制模块检测到系统电压高于 16V 或低于 9V。根据控制逻辑，上述 2 个故障码的应急措施是转向助力将默认为最大值（转向盘非常轻）。

故障车仪表板上的转向系统故障指示灯并没有点亮，试车时感受到的转向力回馈也不是最大的助力转向。用 TECH2 诊断仪连接 CANDI 模块检查速度感应式助力转向系统控制单元，没有故障码。

在 TECH2 诊断仪中，助力转向系统有特殊功能，可进行转向辅助系统电磁线圈的动作测试。该功能有 2 个选项，全辅助和无辅助，测试结果发现全辅助时转向沉，而无辅助时转向轻。用万用表检查控制单元线束端子 1 和 2 之间的电阻以及执行器端子 A 和 B 之间的电阻都为 3Ω，说明执行器线圈及电路正常。

因为 TECH2 不具备显示助力转向系统数据清单的功能，无法查看车速信号及执行器指令的数据。于是找来一辆同款无转向故障的科帕奇，用 TECH2 执行特殊功能测试，测试结果为全辅助时转向轻，而无辅助时转向沉，与故障车特殊功能测试的表现完全相反。

根据故障现象推测，是执行器电磁线圈的磁场极性与正常车相反。故而开始排查线束，发现在控制单元与转向机电磁线圈之间线束中的插接器导线接反（图 4-63）。这种情况，很可能是此前修理过这段线束插接器，但装回时将线束接反了，检测读到的故障码也是上次维修时留下的。

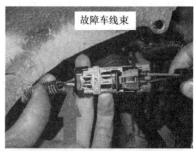

图 4-63 故障车的插接器线束接反

线束接反导致磁场极性与正常情况相比是相反的,进而导致低速时转向沉,高速时转向轻的故障现象。而且系统线路正常,无断路/短路,因此系统自检默认为无异常,没有故障警告。

故障排除 将线束的紫色线与浅蓝色线调换位置后故障排除。

> **技巧点拨**：这款科帕奇上的 SSPS 系统采用了双向电磁旋转式执行器（图4-64），此执行器由多极性环形永磁体、极芯和电磁线圈组成。控制单元根据车速信号的变化向执行器发出强度为 0~3A 但方向不同的电流指令,由电流产生的磁场强度和极性变化来影响转向助力的大小。例如,当车速在 0~50km/h 之间时,执行器所产生的磁场会与磁体相互排斥,促使滑阀柱与阀体相对偏转,电流越大磁场强度越强,排斥力也就越大,转向就越轻;而在车速超过 60km/h 时,执行器所产生的磁场会与磁体相互吸引,阻碍滑阀柱与阀体相对偏转,因此转向会变沉。

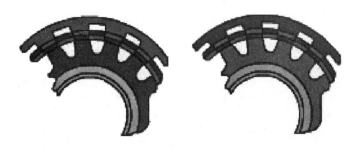

图 4-64 双向电磁旋转式执行器

第五节 其他车型

一、2018 款威马 EX5 纯电动汽车转向助力异常

故障现象 一辆 2018 款威马 EX5 纯电动车,行驶里程 770km,因车辆后部发生事故碰撞而来店维修,事故修复后发现车辆无转向助力,且组合仪表上的 ESC 灯、牵引力控制灯及陡坡缓降指示灯异常点亮（图4-65）。按下电源开关,发现车辆电源无法切除。尝试多次按压电源开关,车辆电源才能勉强切除。

故障诊断 用故障检测仪进行快速检测,在自动泊车模块（APA）内存储有故障码:"U012887——与电子驻车控制器失去通信/当前码";"U013187——与电子转向助力控制器失去通信/当前码";"U012287——与电子稳定控制器失去通信/当前码";

图 4-65 故障车的组合仪表

"U015187——与安全气囊控制器失去通信/当前码"（图4-66），同时从诊断网络拓扑（图4-67）可以看到整个底盘高速网络上只有网关模块（CGW）与APA能够通信，其他模块均处于灰色不通信状态。

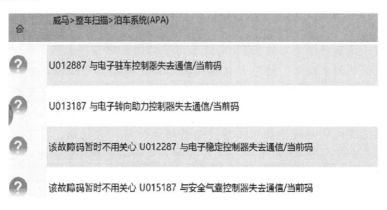

图4-66　读得的故障码

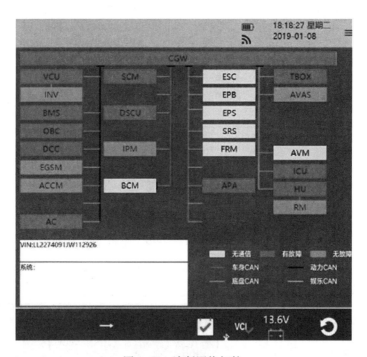

图4-67　诊断网络拓扑

查阅底盘高速网络电路（图4-68），得知底盘高速网络上的2个终端电阻分别位于CGW与安全气囊模块（ACU）内部。断开车身稳定模块（ESC）导线插接器ER21，测量ESC导线插接器ER21端子26与端子14之间的电阻，约为121.3Ω，不正常，由此判定底盘高速网络存在断路故障。为了能够尽快找到底盘高速网络上断路的故障部位，接着断开底盘高速网络上ACU（底盘高速网络上一个带终端电阻的模块）导线插接器IP60，测量ESC导线插接器ER21端子26与端子14之间的电阻，为∞，不正常，由此说明断路的部位位于CGW与ESC之间的CAN总线上。

第四章　电控动力转向系统维修技能与技巧点拨

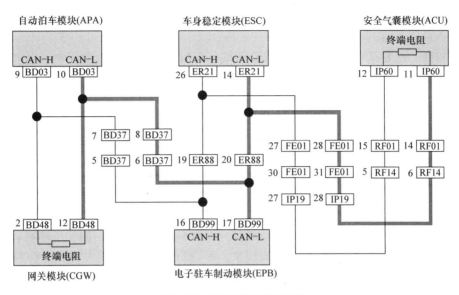

图 4-68　底盘高速网络电路

继续断开电子驻车制动模块（EPB）导线连接器 BD99，测量 EPB 导线插接器 BD99 端子 16 与端子 17 之间的电阻，为∞，说明断路的部位位于 CGW 与 EPB 之间的 CAN 总线上。断开 CGW 导线插接器 BD48，测量 CGW 与 EPB 之间 CAN–L 线（EPB 导线插接器 BD99 端子 17 与 CGW 导线插接器 BD48 端子 12 之间的线路）的导通情况，导通正常；测量 CGW 与 EPB 之间 CAN–H 线（EPB 导线插接器 BD99 端子 16 与 CGW 导线插接器 BD48 端子 2 之间的线路）的导通情况，不导通，由此判定底盘高速网络的断路部位位于 CGW 与 EPB 之间的 CAN–H 线上。

由图 4-70 可知，CGW 与 EPB 之间的 CAN 总线上存在 1 个转接插接器 BD37。查阅维修手册，在车辆后部找到转接插接器 BD37（图 4-69）并脱开，测量转接插接器 BD37 端子 5 与 EPB 导线插接器 BD99 端子 16 之间线路的导通情况，导通正常；测量转接插接器 BD37 端子 7 与 CGW 导线插接器 BD48 端子 2 之间线路的导通情况，导通正常。仔细检查该转接

图 4-69　转接插接器 BD37

插接器，发现转接插接器 BD37 端子 5 因事故碰撞有退缩现象，由此判断上述通信故障是由该处接触不良所导致的。

故障排除　修复退缩的转接插接器 BD37 端子 5 后试车，上述故障现象不再出现，故障排除。

> **技巧点拨**：威马 EX5 是威马汽车的首款量产车，这是一款纯电动智能化 SUV 车型，最大续驶里程可达 600km，定位 20 万元区间。

二、2012 款东风悦达起亚 K5 转向异响

故障现象　一辆 2012 款东风悦达起亚 K5，搭载型号为 G4NA 的 2.0L 发动机，行驶里程 13 万 km。驾驶人反映，每次转动转向盘时，车辆都会发出"哒"的一声异响。

故障诊断　接车后首先试车验证故障现象，起动发动机，无论是往左还是往右转动转向盘，车辆都会发出"哒"的一声异响，继续转动转向盘，异响消失。反复试车，发现只有在刚开始转动转向盘的瞬间，异响才会出现，正常行驶时，没有其他任何影响。结合该车的故障现象分析，认为造成异响的可能原因有：底盘零部件连接松动；转向器故障；转向十字轴故障；转向管柱故障。

将车辆举升起来，检查底盘相关零部件，连接正常，没有螺栓松动的现象。将车开出举升工位，一名维修人员趴在驾驶人侧仪表板下部，另外一名维修人员试着去转动转向盘，感觉异响来源于转向十字轴处。拆下转向管柱与转向十字轴连接螺栓，脱开转向十字轴，尝试小幅度转动转向盘（转向幅度过大，可能会导致安全气囊线圈损坏），异响还是出现，排除转向十字轴、转向器故障及底盘部件连接松动的可能，将故障点锁定在转向管柱上。

该车配备电子转向助力系统，电子转向助力电动机安装在转向管柱上面。维修人员拆下转向管柱检查（图 4-70），转向管柱外部无碰撞的痕迹，转向管柱内部轴承无松动。难道是电子转向助力电动机内部故障？维修人员拆解电子转向助力电动机发现电子转向助力电动机和转向管柱连接部位的缓冲橡胶块已经完全损坏（图 4-71）。

图 4-70　转向管柱

故障排除　本着为驾驶人节约维修成本的原则,维修人员更换上新的缓冲橡胶块(图4-72),重新装复后试车,异响消失,至此,故障排除。

> **技巧点拨:** 推测在转动转向盘时,转向柱控制模块接收到转向盘位置信号,并开始驱动电子转向助力电动机,此时电子转向助力电动机和转向管柱呈刚性连接,从而造成异响。

图 4-71　缓冲橡胶块已经完全损坏

图 4-72　新的缓冲橡胶块

三、雷克萨斯 ES250 转向盘重且故障灯点亮

故障现象　一辆雷克萨斯 ES250 车辆,行驶里程 200km 多。驾驶人致电反映早上起动车辆行驶不一会儿后,发现转向盘特别重,打不动,故障灯点亮。将车辆熄火后再次起动,故障依旧。

故障诊断　接车后检查,发现侧滑指示灯、ABS 指示灯点亮。将车辆起动后,还发现制动灯闪亮了一下,但检查脚制动踏板并没有踩下,EPS 故障灯也点亮,打转向盘很重,仪表显示器显示请检查动力转向系统。接着插入诊断仪进入 ABS,有故障码 U0073、U0100、U0124 和 U0126,全部都是通信中断的故障码(图 4-73)。

代码	说明	当前
U0073	控制模块通信总线 OFF	X
U0100	与 ECM/PCM "A" 失去通信	
U0124	与横向加速传感器模块失去通信	
U0126	与转向角度传感器模块失去通信	

图 4-73　故障码 1

进入 EMPS 系统有故障码 U0129——与制动系统模块失去通信(图 4-74)。对记录的当前故障码进行删除,发现 ABS 内的 U0073 无法删除且为当前故障,EMPS 内的故障码也无法删除。初步分析为 CAN 线通信故障，于是决定对车辆进行健康检查，可以检测其所有 ECU 的故障码和是否与某些 ECU 失去通信，最终发现空调 ECU、组合仪表 ECU、主车身 ECU、认证 ECU、间隙警告 ECU、导航系统、电源模式 ECU 都存在大量的通信故障码（图 4-75、图 4-76）。根据故障现象怀疑可能存在的故障原因有：①某个 ECU 损坏；②CAN BUS 线路问题；③有信号干扰源的存在。

图 4-74　故障码 2

图 4-75　故障码 3

图 4-76　故障码 4

将负极断开，用万用表测量诊断端口的 CAN H 与 CAN L 的电阻，电阻为 156Ω，正常情况下电阻应该有 60Ω。考虑到新车的缘故，且没有哪一个 ECU 检测不到，说明其每个 ECU 的 IG 电源和搭铁是良好的，于是重点还是检查其线路，无意中发现主控开关上贴着

3M 的禁止升降玻璃的贴纸，于是询问驾驶人得知，该车前几天刚在我们店做了贴膜，怀疑导致故障的原因是进水。查找图 4-77、图 4-78 所示电路图，找到相关接线器 HA8 和 HC2，并无任何异常。查看电路图得知，其 ECM、ABS ECU、间隙警告 ECU、多媒体接收器、认证 ECU 和空调 ECU 都连接至 2 号 CAN 接线盒，而诊断接口 DLC3、SRS、组合仪表、动力转向 ECU、主车身 ECU 和转向传感器都连接至 1 号 CAN 接线盒，其再通过接线盒的连接实现 ECU 的相互通信。如果一个一个断开每个 ECU 的插头，拆装工程比较大也耗时间，于是决定直接从 CAN 接线盒入手。

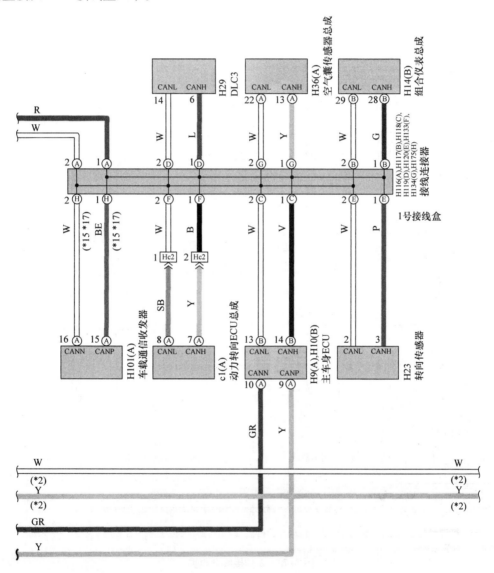

图 4-77　1 号接线盒电路

本着先易后难的原则，先找到 1 号 CAN 接线盒（图 4-79），分别断开其每个 ECU 连接至 CAN 接线盒的插头，同时测量 DLC3 诊断接口的电阻，当拔下插头 F128 时发现电阻恢复正常，起动车辆后故障消失，故障码也可以删除，转向助力恢复正常。插头 F128 的 CAN 线

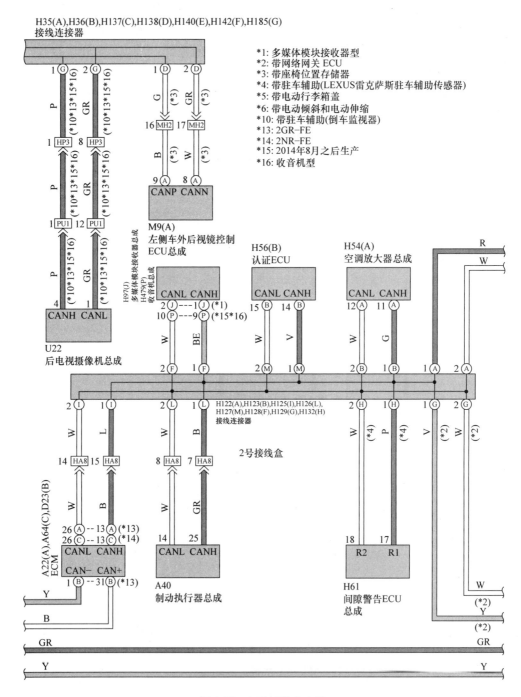

图 4-78　2 号接线盒电路

连接至多媒体模块接收器，难道是其损坏？于是测量其插头 F128 的电阻为 136Ω 左右，准备更换一个多媒体模块接收器总成，在拆装的过程中发现多媒体控制器的 2 根 CAN 线被并联到了后加装的一个模块内。

故障排除　更换一个新的倒车控制模块（图 4-80）并安装好，倒车影像恢复正常，故障彻底排除。

> **技巧点拨**：查询该车精品加装过程，发现该车还加装了倒车影像，后询问精品部门得知，该黑色小方盒通过 CAN 线接收倒车信号、转向角度信号和车速信号。挂入倒档时果然倒车影像不显示，正是因为其加装的倒车控制模块损坏，影响到了其他 ECU 之间的正常通信而造成故障的出现。

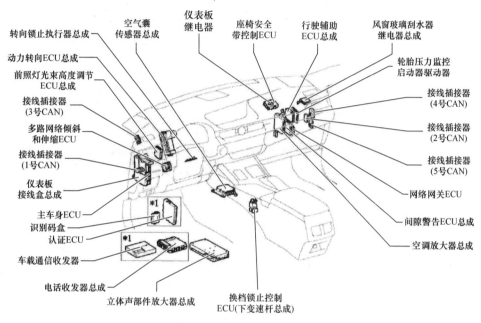

图 4-79 元件位置

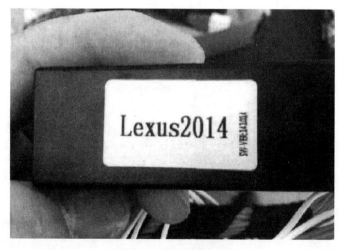

图 4-80 倒车控制模块

四、2014 款长安福特翼虎仪表提示"助力转向故障请检修"

故障现象 一辆 2014 款长安福特翼虎，配备电动助力转向（EPAS）系统，行驶里程

47336km。车辆打转向变重,仪表提示"助力转向故障请检修",同时电动助力转向失效。

故障诊断 接车维修后发现故障现象确实存在,仪表提示"助力转向故障请检修",如图4-81所示。

图4-81 仪表显示

此时电动助力转向失效。此车搭配的转向系统部件如图4-82所示。机械转向部分包括转向盘、转向管柱、万向节、转向机齿轮齿条、转向拉杆。电动助力转向系统包含转向角传感器、转向力矩传感器、位置传感器、动力转向控制模块及电动机总成。电动助力转向系统的工作原理如图4-83所示。

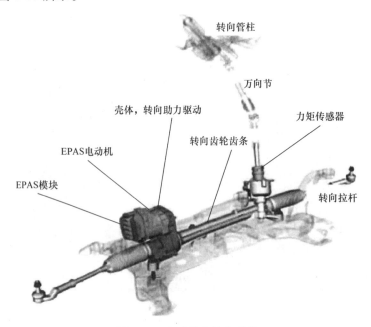

图4-82 电动助力转向系统

电动助力转向(EPAS)装置使用可逆电动机用于转向辅助。通过使用一个齿形带和滑轮/轴承总成将电动机连接到转向机的齿条。将电动机的旋转运动转换成转向机齿条的左右

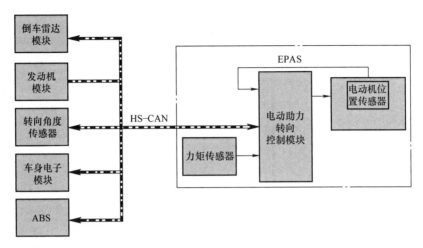

图 4-83 电动助力转向系统工作原理

直线运动。PSCM 控制 EPAS 系统的功能，它通过 HS–CAN 与其他模块通信，并监控发动机转速以激活 EPAS 并继续工作，PSCM 持续监测并根据力矩传感器、电动机位置和 HS–CAN 输入来调整转向力度，以改善转向系统的表现。随着车辆速度的加快，辅助量随之减少以提高和加强转向盘的道路感觉。随着车辆速度降低，辅助量随之增加来缓解车辆转向力的增大。同时补偿力矩可用于降低车辆在急转弯路面上行驶时经受的拉动或漂移作用力。

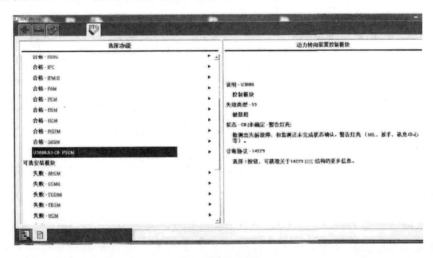

图 4-84 故障码

从电动助力转向（EPAS）系统工作原理及故障现象分析可知，造成此故障的原因有：①电动助力转向（PSCM）模块本身故障；②网络总线故障（接收不到发动机转速信号等网络信息）；③PSCM 模块电路故障（供电、搭铁）。

首先用福特专用诊断仪 IDS 进行检测，检测发现有相关故障码"U3000——PSCM 控制模块被禁用"（图 4-84）。故障码含义：如果 PSCM 检测到使用点火循环无法恢复的永久停用的内部错误，则设置此故障码。其次进行网络测试，发现 PSCM 网路测试合格，这说明 PSCM 和其他的模块可以进行通信，网络线路正常。再次依据电动助力转向系统的电路图

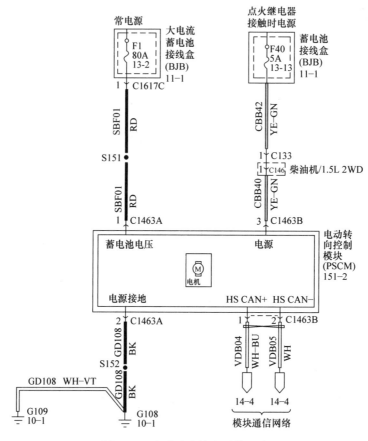

图4-85 电动助力转向系统电路

（图4-85），打开点火开关，检查发现PSCM的供电插头C1463A的1号脚和3号脚均有12V的电源电压，C1463A的3号脚搭铁线路也正常。经过以上检查初步判断故障的原因是电动助力转向PSCM模块本身故障。

故障排除 更换新的转向机总成（PSCM模块没有单独提供）并完成PSCM模块的编程后故障排除。

技巧点拨：此车的故障现象是由于PSCM内部电路存在永久性的故障，导致EPAS系统的功能失效所致。在维修过程中通过分析系统工作原理及故障码的含义并进行相应的检测以找出故障原因，最终更换转向机总成后故障得以排除。

五、2017款宾利添越转向机故障，转向助力失效

故障现象 一辆2017款宾利添越，配置6.0L W12双涡轮增压发动机，行驶里程7788km。车辆高速行驶中，仪表多功能显示器中亮起转向机故障灯（图4-86）。驾驶人反映转向非常沉重，无法正常驾驶。重新熄火再次起动故障依旧存在。

故障诊断 宾利添越是首款配备电子助力转向的宾利车型，整个系统无任何液压部件，一个电动机和转向齿条同轴安装，转向机工作原理如图4-87、图4-88所示。主要元件组如

图 4-89 所示。

与常规的助力转向一样，电子助力协助驾驶人在转动转向盘时使前方车轮指向所需的方向。EPS 与 HPS（液压助力）最主要的区别在于没有液压部件，相应地由一个绕着转向齿条同一轴向安装的电动机替代。需要助力的时候电动机转动，从而驱动滚珠丝杆机构。助力的大小直接由安装在转向齿轮总成上的转向控制单元 J550 控制。

当系统有故障时，控制单元会以黄、红两种不同颜色（图 4-90）故障灯警示驾驶人。

图 4-86 转向机故障灯

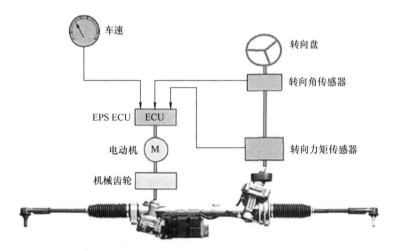

图 4-87 宾利添越转向机工作原理 1

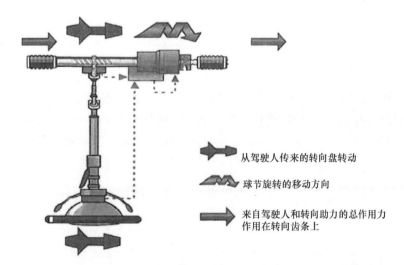

图 4-88 宾利添越转向机工作原理 2

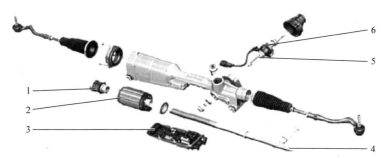

图4-89 宾利添越电子转向机元件组成

1—滚珠丝杆总成 2—电动机 3—控制单元 4—转向齿条 5—转向力矩传感器齿轮 6—转向力矩传感器

（1）黄色指示灯点亮　限位停止没有被适应。事件记录器中会记录条目并且助力转向减少到60%。其他细节信息可在仪表上看到。当进行限位停止适应的时候指示灯将再次激活后熄灭，并自动删除事件记录器中的条目。

图4-90 转向机故障灯

（2）红色指示灯点亮　接通端子15（点火）时会进行一次内部系统测试（自检测）。显示面板内的控制单元（J285）也会短时间激活指示灯进行检测。如果系统中没有任何故障，指示灯会在点亮几秒钟后熄灭。

如果故障指示灯仍然点亮，说明系统存在故障。细节信息会显示在仪表板上，同时事件记录器会记录条目。此时不能再继续驾驶，助力转向系统已减少助力到20%或已完全失效。

该车红色转向机故障灯点亮，与驾驶人反映转向非常沉重、系统失效吻合。连接ODIS测试发现转向机控制单元（地址码44）无法进入，且控制网关有故障码U101D00——Power steering control module No communication（转向机控制单元无法通信），如图4-91所示无法删除。

故障排除　通过查询Elsapro转向机控制单元线路图（图4-92），排除外围线路潜在问题，判断为转向机控制单元J500（图4-93）内部故障。更换后故障排除。

技巧点拨：更换控制单元J500得更换转向机总成，控制单元没有单独供应。更换步骤：①安装新的控制单元执行SVM在线设码。②做转向角末端自学习匹配。③删除故障码路试。个别情况下ODIS提示在线设码编程失败，此时需从特殊功能进入，输入SVM更新代码4V044PAARAM01，重新尝试软件更新即可。

图4-91 控制网关故障码

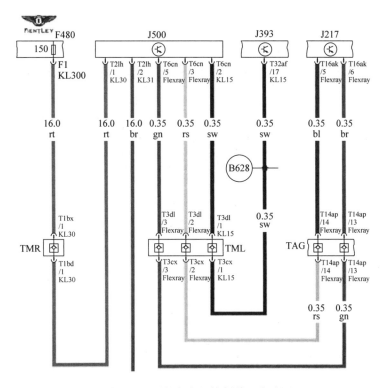

图 4-92 添越方向机控制单元线路图

F480—蓄电池切断元件，右前脚部空间内　J217—自动变速器控制单元，变速器上　J393—舒适/便捷系统的中央控制单元，后部，行李舱内左侧侧饰板之后　J500—助力转向控制单元，转向系统上　TAG—自动变速器连接位置，中间通道下方　TML—发动机舱内左侧连接位置，左前挡泥板内　TMR—发动机舱内右侧连接位置　66—右后纵梁上的接地点　B628—正极连接 4（15），在主导线束中，黑色　＊—数据总线导线（Flex Ray 总线）

图 4-93 添越转向机控制单元 J500

六、红旗 CA7201A 行驶过程中，偶发电液助力转向及变速器故障

故障现象　一辆红旗 CA7201A 豪华型，行驶里程 20710km。车辆在行驶过程中，偶发电液助力转向及变速器故障。出现故障的时候还会出现电子驻车制动有动作，前照灯调平不断上下调节，胎压显示消失。故障的时间不确定，有时几天不出一次，有时候一天出现好几次。

故障诊断　车辆进店前，驾驶人在其他修理厂维修，故障只出现过一次，测得故障码有 C104B——点火状态不协调；C1140——点火信号对蓄电池短路；U0126——SAS 超时；

U0001——总线关闭；B1067IG——硬线信号与CAN线不一致等，如图4-94所示。线路检测数据都正常，更换了电液助力转向泵。

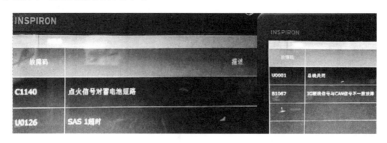

图4-94 故障码

接车后反复路试三天，车辆一直未出现故障。在这期间测量动力CAN与舒适CAN的电压（表4-1），检查了相关模块是否进水，检查了机舱以及室内搭铁点，都没有发现异常。通过驾驶人描述的现象以及故障码，可以推断故障是动力CAN或者舒适CAN通信故障引起。此前处理过由于PEPS故障导致类似故障现象的案例，所以更换了PEPS，交车。过了几天后，驾驶人打电话说又出现故障了，通过多次询问，这次驾驶人又提供了两个信息，就是出现故障的时候，左前门无法控制其他门玻璃升降功能，倒车雷达无反应。基本上可以确定故障出现在舒适CAN。电路图如图4-95所示。

表4-1 测量电压

序号	检查项目	检查结果	标准值（正常状态）	结果判定
1	动力CAN电压	CAN-H：2.7V CAN-L：2.3V	2.5V左右	正常
2	舒适CAN电压	CAN-H：2.5V CAN-L：2.49V	2.5V左右	正常

在现场不断路试时发现，车辆朝一个方向转弯时会出现故障，故障持续时间较短，每次只有几秒的时间。依次拔下舒适CAN模块，然后进行路试，验证完所有的模块后，依然没有试出故障，最后怀疑故障在舒适CAN线路方面，由于现场测量条件有限只能将车辆拖回店里进行维修。

本来以为现在会比较容易捕捉到故障信息，但是车辆放了一夜之后又回到原来的情况，故障突然无法再现了，按照救援现场的路试方法无法试出故障，不断地晃动车辆，一开始故障灯还能闪一下，后来故障灯都不闪了，沿着车身线束检查，没有发现有搭铁的地方。

故障排除 后来通过与其他服务站交流，检查驾驶人座椅线束，将线束剥开后发现故障点，线束中舒适CAN-H棕色线磨破一点皮（图4-96），在车辆晃动的时候，此点会形成反复并短暂的搭铁，造成整个舒适CAN通信故障。

技巧点拨：故障处理完之后回想，为什么驾驶人比较容易试出故障，而我们不容易试出呢，主要原因就是我们忽略了座椅位置，驾驶人的习惯和我们的习惯是不同的，所以在处理偶发故障时，保留车辆的原始状态是非常重要的。

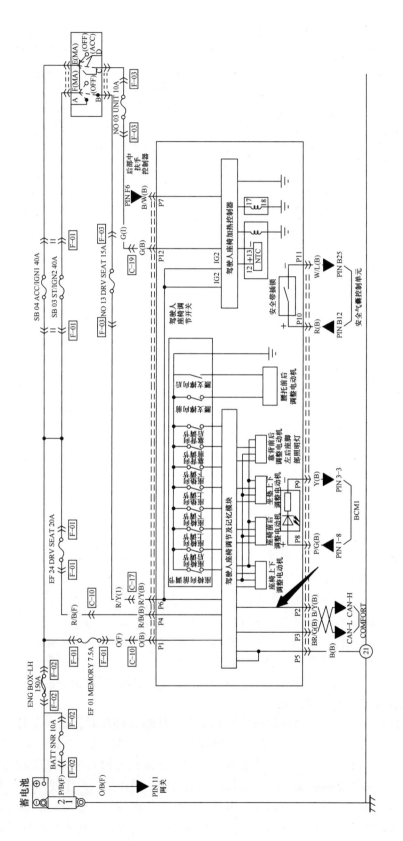

图 4-95 电路图

图 4-96 故障点

七、怎样检测本田 EPS 电感式转矩传感器

1. 本田 EPS 电感式转矩传感器的结构

广州本田飞度轿车 EPS 系统采用电感式转矩传感器,转矩传感器安装在转向器小齿轮轴上,用来检测转向盘操作力矩的大小和方向,并把它转换为电压值传给 ECU。助力电动机的助力大小与转矩传感器的转矩大小成正比,即转矩传感器转矩越大,助力电动机助力作用越大。该传感器的结构如图 4-97 所示,扭杆 2 穿在中空的输入轴 1 内,扭杆的输入端通过固定销钉 3 和输入轴固连在一起,扭杆的另一端和输出轴 8 固连在一起。在输入轴和输出轴的外面套有阀芯 4,阀芯为中空结构,通过其下端内部的滑动平键 12 和输出轴连在一起,阀芯相对于输出轴可沿轴向上下移动。在阀芯的表面上开有斜槽 5(上、下各一个),与输入轴固连在一起的固定销 13 穿在斜槽中。

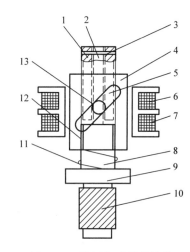

图 4-97 转矩传感器的结构
1—输入轴 2—扭杆 3—固定销钉 4—阀芯
5—斜槽 6—线圈 1 7—线圈 2 8—输出轴
9—蜗轮 10—小齿轮 11—弹簧 12—滑动平键
13—固定销

弹簧 11 通过其弹力将阀芯向上推,用来消除固定销 13 和斜槽之间的间隙。

2. 本田转矩传感器的工作原理

当转向盘在中位时,固定销在斜槽的中间位置。从输入轴端看,当向左转动转向盘时,由于小齿轮处有转向阻力,于是输入轴和输出轴之间发生相对位移,扭杆发生扭转变形。由于输入轴向左转动,输入轴上的固定销也向左转动,固定销通过斜槽预推动阀芯向左转动,但因阀芯只能沿着轴线方向移动,固定销和斜槽之间的法向作用力产生使阀芯向上运动的分力,因此阀芯向上移动。转向阻力越大,扭杆变形越大,阀芯向上移动的距离越大。通过这种结构,可将扭杆的角变形转变成阀芯的上下直线位移。同理,当转向盘向右转动时,阀芯向下移动。当阀芯在感应线圈中上下移动时，感应线圈产生感生电压，电压信号经转矩传感器中的集成放大电路放大处理后传送给 EPS 的 ECU。为保证转矩传感器信号的可靠性，转矩传感器中设计有两个线圈，向 ECU 同时输送主、辅信号，ECU 将主、辅信号进行对比，判断力矩信号的正确性。转矩传感器工作原理及输出的信号电压如图 4-98 所示。

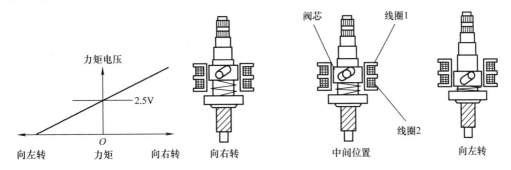

图 4-98 转矩传感器工作原理及输出的信号电压

3. 本田转矩传感器的检测

1）故障码检测。将点火开关置于 OFF 位置，HDS 与仪表板下的 16 芯数据传输插接器连接后，如果传感器有故障，必须根据 HDS 上的提示来清除故障码。

2）电压检测。打开点火开关，在 EPS ECU 的接线端进行电压测量，在插头连接的情况下，利用数字式万用表，采用背插法进行检测，转矩传感器与 EPS ECU 的线路连接如图 4-99 所示。

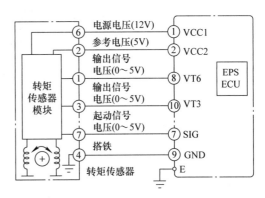

图 4-99 转矩传感器与 EPS ECU 的线路连接

3）广州本田飞度轿车转矩传感器标准电压值见表 4-2。

表 4-2 广州本田飞度轿车转矩传感器标准电压值

端子编号	导线颜色	端子符号	说明	测量（断开 ABS/TCS 控制装置的 47P 插接器）		
				端子	条件	电压值
1	棕	VCC1（12V）电压（公共1）	转矩传感器电源	1 - 接地	起动发动机	蓄电池电压
					点火开关 OFF	0V
2	红	VCC2（5V）电压（公共2）	转矩传感器参考电压	2 - 接地	起动发动机	约 5V
					点火开关 OFF	0V
6	黄	IG1（点火1）	系统激活电源	6 - 接地	点火开关 ON	蓄电池电压
					点火开关 OFF	0V
7	灰/蓝	SIG（转矩传感器 F/S 信号）	检测转矩传感器信号	7 - 接地	起动发动机	短暂出现 5V
8	黄	VT6	转矩传感器信号	8 - 接地	起动发动机	为 0~5V
9	白	GND（转矩传感器接地）	转矩传感器接地	9 - 接地	—	
10	蓝	VT3	转矩传感器信号	10 - 接地	起动发动机	为 0~5V

八、怎样进行电动转向助力系统的设置

下面以大众汽车为例，说明电动转向助力系统的设置方法。

1. 转向角度传感器中间点的设定

大众车系的动态稳定控制程序（ESP）装备了转向角度传感器（G85），它位于转向灯开关总成和转向盘之间，集成在安全气囊的螺旋电缆内（图 4-100）。该传感器用于检测驾驶人转动转向盘的角度，检测范围为 -540°~ +540°（相当于转向盘转 3 圈）。如果该传感器的信号不正常，则 ESP 控制单元（J104）无法确定汽车的行驶方向，ESP 系统不工作，J104 存储"电子故障""传感器无信号""设置错误"或者"不可靠信号"等故障信息。

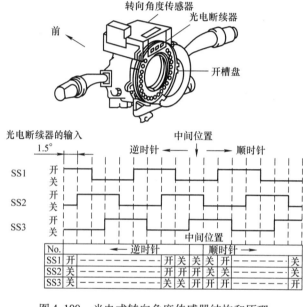

图 4-100 光电式转向角度传感器结构和原理

判定转向角度传感器（G85）中间点的操作被称为"分中"。"分中"的一般方法是，往右转动转向盘到极限位置，再往左转动转向盘到极限位置，最后转动到中间位置，再将转向角度传感器安装到转向柱上。

大众途安轿车电动转向助力系统转向零位（即转向中间位置）的设置方法如下：

1）使汽车前轮保持直线行驶状态，连接故障诊断仪 VAS5051，输入地址码"44"。

2）将转向盘向左转动 4°~5°（不超过 10°），然后回正转向盘，并且双手离开转向盘，其目的是使转向盘静止不动，以便控制单元对零位进行确认。

3）将转向盘向右转运 4°~5°（不超过 10°），然后回正转向盘，双手离开转向盘。

4）输入代码"31875"，然后按"返回"键。

5）进入设置功能"04—60"，然后按激活键。

6）退出 VAS5051，断开点火开关 6s，设置完成。

7）连接 VAS5051，进入"44—02"，查询转向系统的故障信息，如果没有故障码，设置工作完成。

注意：在进行转向零位设置的过程中，不能运转发动机。

2. 转向助力量的设置

如果驾驶人为女性，由于自身体力较小，希望转向系统有较大的助力作用；如果驾驶人是长期驾驶商用汽车的男士，可能希望转向盘"重"一些，手感好一些。可以连接诊断仪VAS5051，进入"44—10—01"，然后在VAS5051屏幕的条形块上选择一个合适的助力量（档次为1~16，由中间向左或向右最大的转动角度为90°），按"保存"键，再按"接收"键，此时屏幕会显示新设置的助力档次，最后按"返回"键。

3. 转向极限位置的设置

1）使汽车前轮保持直线行驶状态，起动发动机。
2）将转向盘向左转动10°左右，停顿1~2s，然后回正。
3）将转向盘向右转动10°左右，停顿1~2s，然后回正。
4）双手离开转向盘，停顿1~2s。
5）将转向盘向左转动到极限位置，停顿1~2s。
6）将转向盘向右转动到极限位置，停顿1~2s。
7）将转向盘回正，断开点火开关6s，设置完成。
8）连接诊断仪VAS5051，进入"44—02"，查询转向系统的故障信息，如果没有故障码，设置工作结束。

> **技巧点拨**：在下列情况下，需要对电动转向助力系统进行设置（又称为功能校准）：①对车桥进行过修理或调整；②拆卸并修理过转向柱；③更换转向控制模块并进行过编程；④更换动态稳定控制（ESP）模块并进行过编程；⑤调校过转向盘转向角度传感器；⑥更换过转向器；⑦进行过四轮定位；⑧清除有关转向盘转向角度传感器的故障码（如02546）；⑨在维修过程中断开过蓄电池电缆，或蓄电池的供电电压过低。

第五章

轮胎压力检测系统维修技能与技巧点拨

第一节 奥 迪 车 系

一、奥迪 Q3 行驶过程中胎压灯亮

故障现象 一辆奥迪 Q3，配置 CRH 发动机、0BH 变速器，行驶里程 38677km。车辆行驶过程中胎压灯亮，如图 5-1 所示。

图 5-1 仪表显示

故障诊断 用诊断仪检测车辆故障码（图 5-2、图 5-3），ABS 控制器中故障码为 01314——发动机控制单元请读取故障码；发动机控制单元中故障码为 00257——空气质量传感器 1 信号不可靠。空气质量传感器电路简图如图 5-4 所示。SC15 为空气质量传感器供电熔丝（图 5-5）。

故障原因可能在以下几个方面：空气质量传感器故障；线路故障；发动机控制单元故障；进气系统有泄漏；其他故障。

对空气质量传感器到发动机控制单元的线路进行检查：熔丝 SC15 为空气质量传感器 T5u/3 供电，经检查正常。发动机控制单元 T94/23 到空气质量传感器 T5u/1 和发动机控制

0003- 制动电子装置（KWP2000/TP20/5ND614109T/0150/H07）		
故障代码	SAE 代码	故障文本
01314		发动机控制单元
013		请读取故障代码

图 5-2　ABS 控制器故障码

0001- 发动机电控系统（KWP2000/TP20/8U0907115K/0002/H03）		
故障码	SAE 代码	故障文本
00257	P0101	空气质量传感器 1
000		信号不可信

图 5-3　发动机控制单元故障码

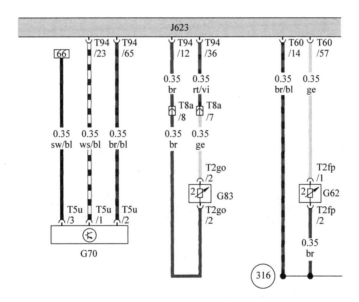

图 5-4　空气质量传感器电路简图

G70—空气质量计　G83—散热器出口温度传感器　G62—冷却液温度传感器

单元 T94/65 到空气质量传感器 T5u/2 的线路检查正常，无断路，无对正极短路和对负极短路和线路互短情况。

维修人员在确定线路无故障后，替换正常车辆的空气质量传感器 G70，试车故障没有再现，交车使用一个星期后，故障又出现了，故障码依旧指向空气质量传感器 G70。

再次对车辆线路进行检查，依旧没有发现故障。维修人员怀疑是发动机控制单元 J623 故障，替换正常车辆发动机控制单元后试车故障依旧。这一次维修人员找到笔者希望给予维修指导。

由于相关的部件已更换，线路检查无故障，考虑有可能是系统泄漏，该原因一直是维修人员没有检查的方面。查看空气质量传感器数据流，如图 5-6 所示。正常车辆为 3.0g/s，该车数值稍微有些偏大，仔细检查该车进气系统，发现涡轮增压器冷却器处接头未装好，造成

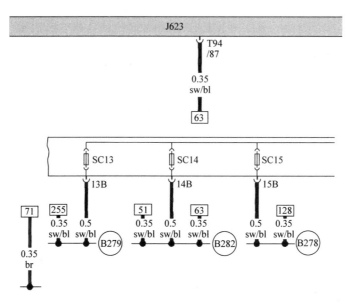

图 5-5 电源电路

进气系统泄漏，该处已有大量油迹，如图 5-7 所示。

故障排除 安装并紧固该进气管，试车故障排除。

> **技巧点拨**：该车是一起很简单的故障，由于故障为偶发，维修人员捕捉不到故障现象，并且盲目换件，无法快速准确找到故障点。

0001-发动机电控系统（KWP2000/TP20/8U0907115K/0002/H03）	
名称	值
3.1	840r/min
3.2	3.69g/s
3.3	4.31
3.4	1.50 OT

图 5-6 数据流

二、奥迪 A3 仪表显示胎压故障，电子风扇长转

故障现象 一辆奥迪 A3，配备 CSS 型号发动机和 0AM 变速器，行驶里程 28153km，仪表显示胎压故障，电子风扇长转。

故障诊断 用 VAS5054 检查车辆系统，01-发动机中存在故障码：U042300——仪表控制单元不可靠信号静态故障；03-ABS 存在轮胎压力监控控制单元无信号通信静态故障、外部温度信号不可信信号静态故障；08-空调中存在仪表板中的控制单元 J285 静态故障。

根据故障码做引导性故障查询，没有找到故障点。仔细分析故障码，发现与室外温度传感器 G17 有关系，从仪表板处读取室外温度，发现没有温度显示。于是怀疑室外温度传感

图 5-7 泄漏位置

器故障，检查室外温度传感器，发现没有插头虚接和传感器外部损坏现象。根据 ELSA 查询相关线路图，线路正常，没有短路或者断路现象。初步认定，是室外温度传感器 G17 损坏。根据零件号订购新的传感器安装后，故障现象依然存在。通过以上线路检查，故障点指向仪表，由于仪表价格有点高，当时没有现货。通过与驾驶人联系，告知驾驶人仪表损坏了，需要更换，驾驶人描述此车没有出过事故，一直按时保养，最近刚在外边做过保养，保养后没有多长时间就出现胎压报警，风扇长转，回去找修理厂检查，也解决不了问题。与驾驶人沟通，同意更换仪表。此时想起以前碰到的一些车辆，奥迪车辆保养复位比较麻烦，不像其他车辆复位那样简单，一些在外边保养过的车辆来到店中再次做保养，就会发现好多保养复位通道被改乱了。

故障排除 仔细回想驾驶人的描述，保养后才出现的故障，是不是通道号改错了？另外找一辆同款车辆，将仪表中的通道号每一项进行相互对比，发现故障车的 20 通道号为 0，正常车的为 1，把现在的通道号记录后，修改 17 仪表板中 20 通道号中的值，试着把通道号改为 1 后，故障排除。

技巧点拨：保养复位的正常操作为 17—12—02—0，17—12—40—50，外边维修保养复位操作 17—12—20—0，17—12—40—50，把 02 误输为 20，查阅相关资料，匹配通道 20 中功能为是否装配室外温度传感器，0 为未安装，1 为已安装。由于仪表匹配通道数值不对，发动机控制单元接收到错误信息而导致电子风扇长转。同样，由于仪表的错误信息导致胎压无法储存。在诊断此车时，走了不少弯路。如果当时与驾驶人交流，获得故障发生的时间、之前是否做过维修，就会尽快找到故障点，提高效率。以后再诊断故障时，一定要与驾驶人交流，详细了解故障现象和发生的时间。

三、奥迪 TT 轮胎压力警告灯长亮

故障现象 一辆 2008 年奥迪 TT，搭载 BEA 发动机和变速器，行驶里程 7 万 km。据驾驶人反映，该车在行驶途中颠簸了一下，接着轮胎压力警告灯长亮。

故障诊断 接车后试车，发现轮胎压力警告灯长亮（图 5-8）。检查各车轮的轮胎压力，

均正常；对 TPMS 进行复位（即对 TPMS 进行初始化设定，TPMS 学习各车轮的轮胎压力，并将学习值作为监测的标准值），无法完成复位。由此怀疑 TPMS 或 ESP 系统有故障。

用 VAS5054A 检测，进入 4C - 轮胎压力监测系统控制单元，存储有故障码 01317——组合仪表控制单元（J285），请读取故障码（静态）；进入 17 - 组合仪表控制单元，存储有故障码 00779——外部温度传感器（G17）断路或对电源短路（静态）。根据故障码提示仔细检查外部温度传感器与组合仪表控制单元间的线路，发现外部温度传感器导线插接器有维修过的痕迹，剥开包扎线束的胶带，发现里面的导线已严重氧化腐蚀，且外部温度传感器到组合仪表控制单元的信号线断路。由此推断该车的故障原因为：维修过的外部温度传感器线路因密封不严进水氧化腐蚀，车辆行驶中的颠簸使外部温度传感器线路断路或短路，导致组合仪表控制单元工作异常，从而点亮轮胎压力警告灯。

图 5-8　轮胎压力警告灯长亮

故障排除　修复外部温度传感器线路并清除故障码后试车，轮胎压力警告灯熄灭，长时间路试也未再点亮，故障排除。

> **技巧点拨**：该车采用间接测量轮胎压力的轮胎压力监测系统（TPMS），轮胎中没有安装轮胎压力传感器，压力不足的轮胎周长会变小，在行驶中其旋转圈数与其他轮胎不同。该车 TPMS 控制单元（J793）通过舒适系统总线接收 ESP 控制单元（J104）传送来的 4 个轮速传感器的速度信号，并以此来分析轮胎压力是否不足。

第二节　大 众 车 系

一、2017 款大众途昂胎压灯长亮

故障现象　一辆 2017 款大众途昂，仪表板上的胎压监控警告灯长亮，左前轮胎压不显示。

故障诊断　诊断地址"0065 - 轮胎压力监控"存储的故障码为"C105004——左前轮压力传感器损坏"，检查左前轮胎实际压力，读数未见异常。

查询并记录报故障车轮的轮胎压力传感器识别号（传感器 ID），可通过诊断地址"0065 - 轮胎压力监控"事件存储器记录的高级环境条件（图 5-9），或直接在测量值"轮胎压力传感器 01/02/03/04"中查询。

启用自诊断，在诊断地址"0065 - 轮胎压力监控"完成对应车轮的胎压匹配：选择"写入传感器识别号"，完成以下输入并应用（图 5-10）。

故障排除　在"传感器识别号（传感器 ID）"输入栏输入刚才记录的 9 位数字 ID。在"车轮位置"输入栏选择对应的轮胎位置"左前"。完成自适应后，轮胎压力即可正常显示，故障排除。

> **技巧点拨**：针对途昂胎压灯亮的问题，建议采用上述输入传感器识别号（传感器 ID）的方法完成对应位置轮胎的胎压监控匹配，并在匹配后完成自适应。

高级环境条件：		
车速	6	km/h
外部空气温度	18.5	℃
传感器识别号（传感器ID）	627694324	
当前压力	2.2	bar
当前温度	19	℃

图 5-9　在高级环境条件中读取传感器识别号

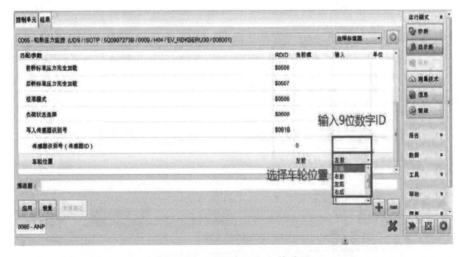

图 5-10　匹配轮胎压力传感器

二、高尔夫 A7 胎压警告灯经常点亮

故障现象　一辆 2016 年高尔夫 A7，行驶里程 4000km，因胎压警告灯点亮而进厂检修。据驾驶人反映，该车经常出现胎压警告灯点亮的现象，每次对胎压警告灯进行复位后，行驶约 100km，胎压警告灯又会再次点亮。

故障诊断　接车后试车验证故障，接通点火开关起动发动机，仪表板上的胎压警告灯长亮。测量两前轮的胎压，均为 2.3bar（1bar = 100kPa），测量两后轮的胎压，均为 2.8bar。经过测量可以确认四轮胎压均在标准范围内。目视检查 4 个轮胎的花纹和型号都一样。

连接故障检测仪 VAS6150，调取故障码，各系统均无相关故障码存储。长按胎压复位开关，胎压警告灯熄灭，说明胎压复位开关的复位功能是正常的。输入车辆的底盘号，查询厂家系统，确认该车确实配置了轮胎压力监测系统，车辆没有改装记录。

根据该车胎压监测系统的原理分析，决定以轮速传感器的信号作为突破口进行故障排查。带上 VAS6150，对车辆进行路试，用 VAS6150 读取 ABS 中的转速信号，在试车的过程中发现左前轮的转速会比其他车轮的转速稍快，当车速在 50~60km/h 时，左前轮速传感器的数值会比其他车轮快约 1km/h（图 5-11）。为了验证是轮胎问题还是轮速传感器信号的问题，维修人员将左前轮和左后轮的轮胎进行对调，并重新调整轮胎压力，再次试车，结果变成左后轮的转速比其他 3 个车轮快，而且再次路试约 500m 时胎压警告灯就再次点亮。试车结果表明，故障原因在轮胎上。该车轮的速度比其他车轮的速度快，说明该车轮在相同的时间内转动的圈数比别的车轮多，也就是其滚动周长较短，进一步可以推断出该车轮的轮胎半径比其他 3 个车轮小。安装专用工具测量对比同轴的 2 个轮胎中心与地面之间的距离，该轮胎的离地距离少了 7mm（图 5-12），由此可以确认问题就出在这个轮胎上。再次同驾驶人了解情况，得知该车行驶到约 2000km 时曾因轮胎刮伤而在轮胎店更换了一个同型号的轮胎，而警告灯大概也就是在那之后才开始报警的。

故障排除　更换轮胎后试车，故障排除。

> **技巧点拨**：目前，轮胎压力监测系统主要有两大类，一类是直接测量轮胎压力的监测系统（PDK），通过轮胎内置的轮胎压力传感器对轮胎压力进行监测；另一类是间接监测轮胎压力系统（RKA），通过轮速传感器的信号推算轮胎的动态半径的变化（轮胎半径变化通常与轮胎压力变化有关）而间接检测轮胎压力。高尔夫 A7 采用的就是 RKA，该系统是大众集团开发的，通过一个内置在 ESP 控制系统中的软件模块，对轮速传感器提供的轮速信号进行计算，从而实现胎压监测功能。

测量值名称	ID	值
▲ 左前轮转速传感器	IDE04425	
左前车轮转速	IDE00920	57.3 km/h
气隙信息适用性	IDE04441	无效
旋转方向适用性	IDE04440	无效
旋转方向	MAS01466	由于特殊系统不可用
▷ 气隙	IDE04435	
▷ 最小分度值	IDE04436	
▷ 最大分度值	IDE04437	
▷ 平均分度值	IDE04438	
▲ 右前轮转速传感器	IDE04426	
右前车轮转速	IDE00921	56.3 km/h
气隙信息适用性	IDE04441	无效
旋转方向适用性	IDE04440	无效
旋转方向	MAS01466	由于特殊系统不可用
▷ 气隙	IDE04435	
▷ 最小分度值	IDE04436	
▷ 最大分度值	IDE04437	
▷ 平均分度值	IDE04438	
▲ 左后轮转速传感器	IDE04427	
左后车轮转速	IDE00922	56.2 km/h
气隙信息适用性	IDE04441	无效
旋转方向适用性	IDE04440	无效
旋转方向	MAS01466	由于特殊系统不可用
▷ 气隙	IDE04435	

图 5-11　轮速传感器数据

图 5-12 用专用工具测量轮胎中心的离地高度

三、2012 款帕萨特胎压警告灯、防侧滑灯亮

故障现象 一辆 2012 款帕萨特，行驶里程 14407km。驾驶人反映此车行驶中胎压警告灯、防侧滑灯亮，而且无法消除。

故障诊断 根据驾驶人进站反映的现象，首先进行了常规的判断。针对胎压灯亮，维修人员检查了四轮气压，并对胎压监控系统进行复位，故障依旧。然后使用诊断仪 VAS5052 检查车辆系统，发现有如下显示：

03 制动电控系统存在"转向角传感器机械故障，静态轮胎压力监控控制单元无信号/通信，静态""转向角传感器未做基础设定或基础设定不正确，静态"故障。

既然 03 系统内存在 G85 设定不正确，那就按要求对 G85 进行了基础设定，但提示 G85 无法基础设定。同时检查相关轮速传感器信号正常，并将同类型车辆的相关控制单元与故障车编码进行比较，均为一致。

为了确认 G85 的故障，维修人员再次检查了故障码，证实在 03 组内出现的 G85 为机械故障，由于该车 G85 转角传感器安装于转向机上无法单独更换，因此决定更换转向机总成。在更换转向机总成后，按要求对其完成相关的匹配设定，然而故障灯依旧点亮，检查故障码依旧。

调取电路图（图 5-13）和查阅维修手册后，得知 NMS 采用的是 RKA 轮胎气压监控系统，该系统简单高效，无须安装额外的气压传感器，只是根据轮胎漏气将导致滚动半径发生改变，从而 4 个车轮转速不同这一原理，通过监控 ABS 轮速传感器数据，即可识别 4 个车轮的压力是否泄漏，并通过仪表中的 TPR 指示灯警告驾驶人哪个轮胎漏气，避免轮胎持续漏气而产生危险。

维修人员认为可能的故障原因有：①带转向角度传感器的转向机总成；②带 ABS 控制单元的 ABS 总成；③ABS 轮速传感器；④系统软件设定故障。

由于新帕萨特胎压监测系统未增加其他控制单元及元件，系统为 ABS 功能部分，因此在排除轮胎压力自身故障的前提下，也应考虑检查相关 ABS 部件功能。

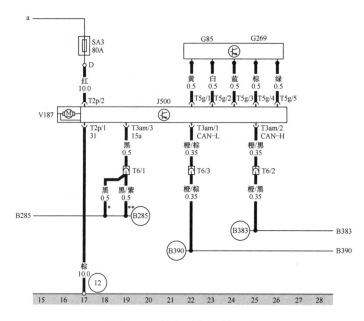

图 5-13 转向系统控制电路

G85—转向角传感器,在发动机后部转向机上 G269—转向力矩传感器,在发动机后部转向机上
J500—转向辅助控制单元,在副车架上部中间

由于之前已检查了相关部件的功能,未见异常,且已更换转向机,维修至此陷入困境。此时想到虽然将该车软件编码与同类型车进行过比对,但考虑之前亦有通过改变编码的方法解决此类故障的案例,所以,尝试使用在线编码功能对该车 03 系统进行在线编码。

故障排除 在线编码成功后,对 G85 再次进行基础设定后故障灯熄灭,经路试并检查故障码存储器,车辆不再存在故障。

> **技巧点拨**:本案例经过一番波折后最终通过诊断仪在线编码功能解决了故障,但又是什么原因导致这一故障的发生呢?在维修沟通中了解到,驾驶人在车辆发生故障前未进行过任何维修,包括更换车辆控制单元等,但车辆曾有段时间长期未使用。通过以上情况分析,车辆故障可能是由于控制单元内相关学习值丢失,导致 G85 基础设定错误,在进行基础设定时失败并最终造成 G85 机械故障的假象。

对于涉及控制单元功能故障的车辆,可考虑使用在线编码功能进行在线编码后再进行下一步维修,以免造成判断失误。

四、一汽大众 CC 胎压警告灯报警

故障现象 一辆 2013 年一汽大众 CC,配备 1.8TSI 发动机,行驶里程 20km。销售部反映,驾驶人提车后刚出大门口,胎压警告灯亮起,等驾驶人回厂后,经检查该车胎压警告灯点亮的故障现象确实存在。

故障诊断 怀疑车辆在做 PDI 时,机修工测量了轮胎气压后没有进行胎压监控复位,于是就对该车进行胎压复位,结果仪表出现轮胎压力未能存储的提示,如图 5-14 所示,并且

胎压警告灯依然点亮。

接着用VAS6150诊断仪检测车辆系统，01-发动机控制单元存在故障码"00257——空气流量计G70不可信信号"，如图5-15所示；03-制动系统电控单元存在故障码"01325——轮胎压力监控控制单元无信号"，如图5-16所示。其他系统正常。以上故障码清除后，很快就会再次出现，无法清除。

分析出现胎压报警可能的故障原因有：①ABS的编码；②ABS控制单元内部损坏；③ABS控制单元内胎压监控功能被禁止。将此车制动电控系统的编码与正常车辆对比，

图5-14　仪表出现"轮胎压力未能存储"故障提示

相同。因为是新车，控制单元损坏的可能性不大，可能是匹配不正确，功能受到限制。接着进入引导性故障查询，选择车型CC，选择悬架，选择03-制动系统中的系统故障，找到轮胎压力监控控制单元J502，如图5-17所示。按照提示进行下一步操作，最终出现"首先维修与ABS系统有关的故障"的提示，如图5-18所示。此时，思路顿开。此故障可能是发动机故障引起的ABS功能限制。

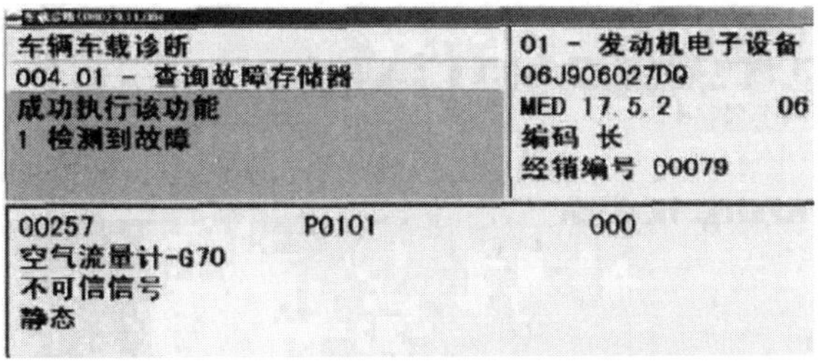

图5-15　发动机电控系统故障码 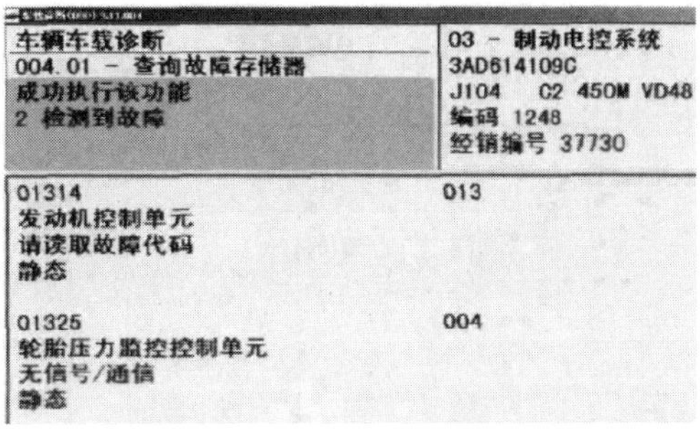　　　　　图5-16　制动电控系统故障码

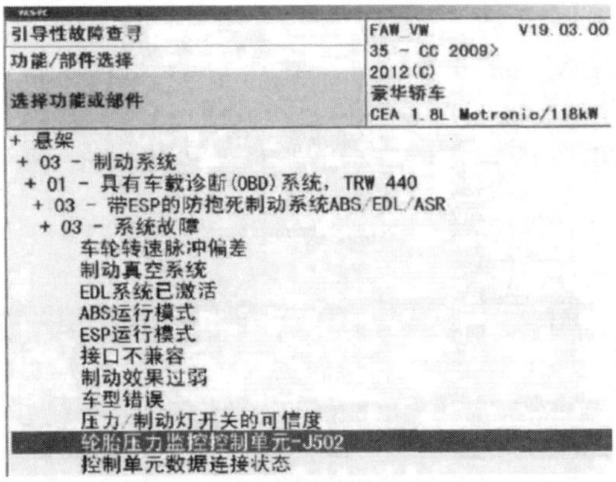

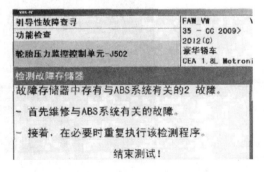

图5-17　引导性故障查询1　　　　　图5-18　引导性故障查询2

按照提示先检修发动机电控系统,从报空气流量传感器故障码来分析,发动机的故障应该是由进气系统引起的,可能的故障原因有空气流量传感器故障、线束及插脚故障、气路存在漏气、发动机控制单元故障。首先进入发动机控制单元读取数据流第 2 组(图 5-19)和第 3 组(图 5-20),从数据流可以看出,进气量偏大,节气门开度偏小,从数据流判断可能有空气从进气系统中往外泄漏。

先检查油水分离器,正常。举升车辆,顺着管路检查,发现涡轮增压器与中冷器的连接软管的密封圈缺失,如图 5-21 所示。

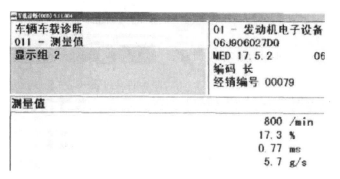

图 5-19 数据流第 2 组

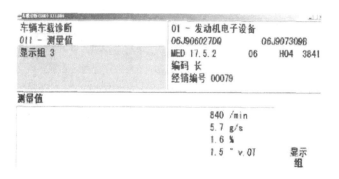

图 5-20 数据流第 3 组

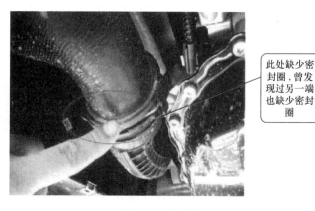

图 5-21 故障部位

故障排除 重新安装进气软管密封圈,清除故障码,试车后,故障排除。分析故障原因,车辆出厂时,进气软管密封圈漏装,导致车辆漏气。当发动机出现故障时,ABS 中的功能可能受到限制,所以出现胎压监控控制单元无通信的故障码并点亮胎压警告灯。

> **技巧点拨:** 当同时出现两个或多个故障时,多个故障可能是由于一个系统的某个故障引起的,所以,当一个故障不好解决时,要先解决其他系统的故障。同时,要注意各控制系统之间的关系。

第三节 宝 马 车 系

一、宝马 7 系胎压指示灯报警

故障现象 一辆 2006 年宝马 740Li 轿车,代号 E66,装备 N62 发动机,行驶里程 17.7万 km。驾驶人反映打开点火开关后,仪表板提示胎压报警指示(RPA)系统故障,无法进行胎压初始化设置。

故障诊断 维修人员接车后首先确认故障现象,打开点火开关,接通 Kl. 15,组合仪表(KOMBI)胎压报警显示失灵(图 5-22)。当 RPA 出现故障时,若轮胎充气压力损失超过(30±10)%,RPA 指示灯和警告灯亮起,图标为红色并伴有声音信号,行驶安全性不再有保证;图标为黄色时,RPA 已失灵,且中央信息显示器(CID)中的检查控制信息也会提示。如图 5-23 所示,CID 显示 RPA 状态"系统故障",此时胎压无法进行初始化。

图 5-22 仪表板提示胎压报警

使用宝马综合服务信息显示屏(ISID NEXT)进行快速诊断,宝马综合服务技术应用(ISTA)软件显示无相关故障码。系统检测无故障码,按以往的维修经验对动态稳定控制(DSC)单元进行更换。更换 DSC 后,对单元进行编程设码,结果故障现象依旧。

从 ISTA 查阅相关系统功能描述(FUB)文件,RPA 功能集成在中央底盘控制单元(CIM)中,CIM 对 ABS 车轮转速传感器的转速信号进行分析。ABS 车轮转速传感器将 4 个车轮的转速

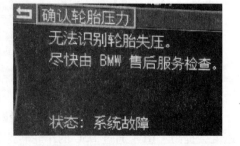

图 5-23 RPA 状态"系统故障"

信号通过 DSC 控制单元直接传送给 CIM，每一个车轮转速信号都由 DSC 控制单元用一根独立的导线传送给 CIM。RPA 的主控单元为 CIM，除此之外，CIM 还包括下列功能：半电动转向柱调整装置、全电动转向柱调整装置和电子伺服转向系统。

从 RPA 系统框图及电路图（图 5-24、图 5-25）可以分析其工作原理，RPA 监控行驶期间的轮胎压力，车辆全部质量由轮胎承载，如果轮胎压力降低，则轮胎就会愈加凹陷。一个轮胎中的压力缓慢损失，在较长时间内可能一直不被察觉。只有当轮胎几乎完全失压时，才能在行驶中准确识别到有缺陷的轮胎充气压力。

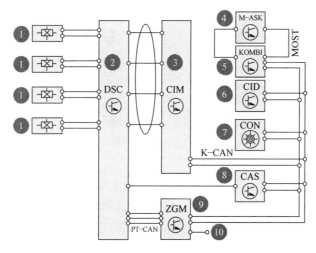

图 5-24　RPA 框图

1—车轮转速传感器　2—DSC 控制单元　3—底盘集成控制单元（CIM）　4—多音频系统控制器（M-ASK）
5—组合仪表（KOMBI）　6—中央信息显示器（CID）　7—控制器（CON）　8—便捷进入及起动系统（CAS）
9—中央网关单元（ZGM）　10—诊断导线
K-CAN—车身 CAN　MOST—多媒体传输系统　PT-CAN—传动系 CAN

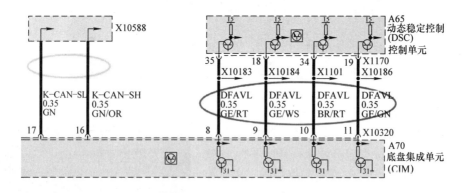

图 5-25　RPA 电路图

当出现轮胎压力损失时，轮胎半径减小且轮胎滚动周长也因此减小，相应轮胎的车轮转速就会提高。RPA 通过 DSC 的车轮转速传感器检测车轮转速。RPA 相互比较各个车轮并比较平均车速，以识别轮胎压力损失。

RPA 可识别到低于原始值（30±10）% 以上的轮胎压力损失，RPA 指示灯和警告灯显示轮胎压力损失。从一个规定的最低速度（如25km/h）到相关的最高车速，RPA在较短行驶距离后（通常在几分钟后）即可输出信息。车轮转速传感器将4个车轮转速信号通过DSC控制单元直接传送给CIM。经CIM处理后的结果，再经K–CAN传给KOMBI和CID。

在车辆测试执行过程中，调用控制单元功能读取CIM内RPA数值，RPA检测已经进入工作状态，但长时间行驶后，标准化数值一直显示为0%，不正常（图5-26）。是不是轮速信号有问题？读取DSC控制单元、CIM数据，无论直线行驶还是举升车辆单独测量，轮速信号均正常（图5-27）。为了确认这一点，分别测量DSC至CIM的4根导线导通性，线束良好，无任何线路故障。为排除CIM故障，采用替换法更换正常同型号CIM后，故障依旧。

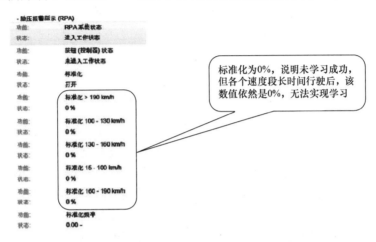

图5-26 RPA系统数据

至此，维修陷入僵局，重新整理诊断思路，思考哪里还有被忽略的地方。再次查阅相关维修说明（REP）文件，在REP–RAE6036–3611000–初始化设置RPA–V2中，发现一点蛛丝马迹。原文这样写道："提示：轮胎充气压力的检查基于转速监控，这种监控包括各个车轮相对转速的监控。当出现一定比例的转速偏差后就会识别出爆胎，并发出信号。在行驶过程中，安装在车辆上的4个轮胎受到监控。每次修正轮胎充气压力、更换轮胎、更换车轮后以及对空气弹簧系统进行维修后，都必须立即进行初始化设置。"

图5-27 DSC系统数据

每次修正轮胎充气压力、更换轮胎、更换车轮后以及对空气弹簧系统进行维修后，必须进行胎压初始化设置，RPA系统也与电子高度控制系统（EHC）有关？进一步查阅资料得知，有关后部调节和悬架系统维修说明中，在进行了更换控制单元、更换线束或更换高度传感器作业后，必须进行一次高度匹配，带有胎压报警指示的车型，还需进行初始化设置。读取EHC控制单元信息，无故障码，进行EHC功能测试及高度匹配服务功能，一切正常。但依然无法进行胎压初始化。

无奈之余，抱着试试看的心理，同型号车对调EHC控制单元后，按如下方式启动初始化设置：打开点火开关，总线端 Kl. 15 接通。车辆若有 RPA 按钮，一直按住 RPA 按钮，直到 RPA 指示灯和警告灯以黄色亮起几秒钟；车辆若有 BC 按钮（车载电脑功能），用远光灯开关上的摆动按钮在车载电脑功能中选择"RPA"和"INIT"（液晶显示器上的显示），按压 BC 按钮确认，按住 BC 按钮约 5s，直到在显示"INIT"后出现一个带小钩的方框；车辆若有 CID，通过 CID 和控制器进行初始化设置，在菜单"设置"中选择"RPA"，然后确认，选择"设置"并确认。最终能够进行胎压初始化，可以确认是 EHC 控制单元的故障。

故障排除　更换 EHC 控制单元，按规定对单元编程设码后，故障得到彻底解决。

> **技巧点拨**：一般维修人员在诊断该车胎压报警时，往往忽略 CIM，想当然地认为是 DSC 控制，再加上对该车 RPA 系统控制原理不熟悉，导致故障排除走了弯路。所以说，理论知识储备还是非常必要的。

二、2011 款宝马 X5 仪表显示"轮胎压力监控系统失效"

故障现象　一辆 2011 款宝马 X5，行驶里程 27430km。驾驶人反映车辆轮胎压力无法完成初始化，仪表和中央信息显示屏显示"轮胎压力监控系统失效！"

故障诊断　接车后，首先连接 ISID 进行诊断检测，读取故障内容为 RDC6057——右后车轮电子系统。轮胎压力监控（RDC）是一个在行驶模式下监控轮胎充气压力的系统。

RDC 控制模块安装在靠近后桥处，负责处理车轮电子系统发送的信息。在所有车轮内，都在轮辋深槽内安装了车轮电子系统。车轮电子系统用螺栓连接在加注阀上（金属制造）。所有车轮电子系统都是相同部件，有效工作温度介于 -40~125℃ 之间。车轮电子系统监控轮胎内的温度，当温度高于 115℃ 时，RDC 转为一个功能度有限的模块，可能会关闭硬件。车轮电子系统在静止状态下执行循环滚动识别，以便识别启动过程。在启动过程中，测量周期为 3s。在行车过程中，执行测量周期为 60s 的重复循环滚动识别，以便确认以及退出行驶模式。车速达到 20~30km/h 时，每个车轮电子系统会发出以下信息：①轮胎充气压力；②轮胎充气温度；③蓄电池剩余的使用寿命；④加速传感器数据和车轮电子系统的身份识别（ID）。

这些信息将通过高频（433MHz）直接传输给 RDC 控制模块并在其中进行分析。这些信息的当前状态将发送至控制器区域网络总线（K-CAN）并在那里转换成可以在仪表中显示的形式。

在更改轮胎充气压力、更换整组车轮、更换了装备正确的车轮电子系统的车轮以及在车辆上更换同轴车轮的情况下，必须对轮胎压力监控进行一次初始化设置。

诊断说明：进行初始化设置时，当前的轮胎充气压力将被接收为额定压力规定。驾驶人应自己负责在车轮处于冷态时根据操作说明调整轮胎充气压力。根据车型系列，可以通过不同方式进行初始化设置：

① 通过中央信息显示器（CID）操作。

② 通过转向摇臂进行组合仪表（KOMBI）操作。

③ 通过车用收音机操作。

④ 通过按钮操作。

此操作必须在车辆静止且总线端 KL.15 接通时进行。RDC 通过组合仪表、车用收音机或 CID 中的显示确认初始化设置。直到初始化设置结束都能观看信息，在初始化设置结束时，所有警告灯熄灭。RDC 控制模块负责检查标准值的可信度（最小压力）。当所有车轮的轮胎充气压力至少达到 160kPa 时，才能进行初始化设置。当某个车轮的轮胎充气压力低于该极限时，将立即输出一条检查控制信息。

补救措施：将轮胎充气压力调整到正确值，然后重新进行初始化设置。如果在更换车轮或更新车轮电子系统后忘记初始化设置，系统将会要求驾驶人进行初始化设置。触发初始化设置（复位）后的内部过程为：

① 识别安装的车轮电子系统。
② 车轮电子系统的位置识别。
③ 通过将额定压力与最小压力进行比较，检查其可信度。
④ 将规定压力接受为额定压力。

温度每升高 10℃，轮胎充气压力提高 10kPa。当低于根据温度算出的极限值时，轮胎压力监控输出一条检查控制信息。初始化设置时，在车轮分配完成前，在控制模块功能中（车轮 1~4 的测量值）一直存在替代值（如 640kPa 时，127℃）。为了能够成功完成车轮分配，必须以大于 30km/h 的车速行驶至少 12min。

通过诊断仪读取故障码的描述，见表 5-1、表 5-2，故障类型当前存在，左后车轮电子系统不能接收。

查看数据流，见表 5-3。右后轮胎的温度和轮胎压力均为替代值 638kPa 和 127℃，说明轮胎一直没有初始化成功，查看其他 3 条轮胎都是这样。通过故障描述可以看出，故障当前存在，所以轮胎压力初始化无法完成，可能的故障原因为右后车轮电子系统。选择故障内容执行检测计划，分析也是右后车轮电子系统故障引起。

表 5-1 故障码环境条件

环境条件	故障码存储记录
频率	-1
逻辑计数器	40
里程数	27128km
速度	55km/h
温度	28.5℃

表 5-2 故障码 RDC 6057 右后车轮电子系统

故障描述	如果出现以下故障原因，将识别到故障： ◆RDC 控制模块中的内部诊断报告传感器故障 ◆在 12min 行驶时间内连续接收不到右后车轮电子系统的信息。单个故障原因将以相应的故障类型保存。相应故障类型的故障设置条件：车轮电子系统损坏故障类型，RDC 识别到车辆的车轮，并且设置车轮转速传感器诊断位；未接收车轮电子系统故障类型：分配超时（最大 12min）已结束，车轮电子系统不发送
故障识别条件	总线端 KL1.30 介于 9~17V 之间相应故障类型的行驶状态： ◆车轮电子系统损坏故障类型：无 ◆未接收车轮电子系统故障类型：车辆正在行驶

故障码存储记录条件	相应故障类型的故障消除： ◆车轮电子系统损坏故障类型：120s/270s ◆未接收车轮电子系统故障类型：120s/600s
故障影响和抛锚说明	无
保养措施	可能的故障原因：右后车轮电子系统 根据测试模块（ABL）进行故障查询
驾驶人信息	警告灯已激活 检查控制信息（149）：轮胎压力监控失灵
服务提示	无

故障排除 更换右后车轮电子系统，把轮胎压力添加到规定值，然后对轮胎进行初始化设置，故障排除。

> **技巧点拨**：此种轮胎压力监控系统一般安装在美规车型上。系统由5个组件构成：RDC控制模块（带集成接收天线的控制模块）和4个车轮电子系统。

表5-3 功能和状态显示

将车轮4的压力变化测量值设置为50kPa
功能：车轮电子系统号码 状态：4028498404
功能：车轮电子系统蓄电池剩余使用寿命 状态：0.00月
功能：车轮位置分配 状态：后右
功能：车轮旋转方向 状态：未定义
功能：轮胎充气温度 状态：127.00℃
功能：规定的轮胎压力标准值（绝对压力减去100kPa） 状态：398kPa
功能：最近有效的轮胎压力（绝对压力减去100kPa） 状态：638kPa

三、宝马X5多个故障指示灯报警

故障现象 一辆2013款宝马X5，行驶里程5万km。驾驶人反映，下雨天仪表安全气囊故障指示灯、ABS故障指示灯、DSC故障指示灯会报警。

故障诊断 接车后，未发现驾驶人所述的故障现象。因驾驶人反映下雨天才会报警，于是进入洗车机洗车模拟下雨的情况，进入洗车机后故障现象重现（图5-28）。连接故障检测仪，读取的故障码，如图5-29所示。

根据读取的故障码分析，故障点应该在K-CAN总线上。读取故障细节发现RDC的频率高达200多次，查阅相关资料得知该车配备RDC系统，怀疑RDC模块有问题。维修人员

图 5-28　故障车多个故障指示灯报警

故障代码存储器列表	
故障代码	说明
009D12	SINE 内部蓄电池
00E5C4	CID，K-CAN：线路故障
00D104	RDC：K-CAN 线路故障
00E219	信息（后视摄像机限定词状态，0x37A）缺失
00E1C4	RAD / CIC / CHAMP：K-CAN 线路故障
00D904	CAS：K-CAN 线路故障
00E147	CBX-ECALL，K-CAN 线路故障

图 5-29　读取的故障码

拆下 RDC 模块，检查相关插接器的连接情况，均正常。吹干 RDC 模块上的水后，发现故障现象消失了。用宽胶带把 RDC 模块包扎好，再次进入洗车机，故障现象再现。读取故障码发现和图 5-29 一致。利用示波器测量 K–CAN 的波形如图 5-30 所示，异常，正常波形如图 5-31 所示。再次梳理一下排查思路，决定采用节点法排查故障，在检查到行李舱右侧 K–CAN 线束节点处，发现低速 CAN 节点线束腐蚀（图 5-32）。

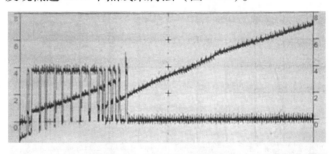

图 5-30　K–CAN 异常波形

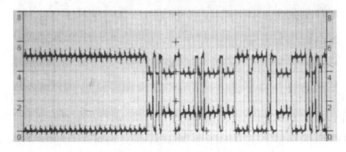

图 5-31　K–CAN 正常波形

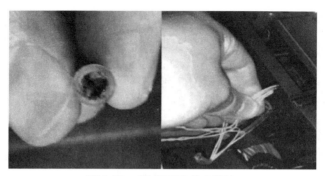

图 5-32　低速 CAN 节点腐蚀

故障排除　重新焊接线束后故障没再出现，测量波形正常。

> **技巧点拨**：轮胎压力监控（RDC）系统是一个在行驶模式下监控轮胎充气压力的系统。根据 RDC 控制单元的请求，车轮电子系统以一定间隔测量轮胎充气压力和轮胎充气温度，并通过遥测技术将信号传送到 RDC 天线。RDC 天线通过总线把信号导回 RDC 控制单元。RDC 控制单元分析接收的数据，然后，根据需要将信息传递给驾驶人，驾驶人以此得知各车轮的轮胎压力情况。

第四节　现代车系

一、2011 款北京现代第八代索纳塔轮胎警告灯点亮

故障现象　一辆 2011 款北京现代第八代索纳塔轿车，行驶里程 11 万 km，在行驶的过程中轮胎压力过低警告灯突然点亮（图 5-33）。

图 5-33　警告灯点亮

故障诊断　TPMS 是轮胎压力监测系统的缩写，此系统监测轮胎充气压力，当压力低于规定压力时，TPMS 的 ECU 控制警告灯点亮，告知驾驶人。此系统包括 TPMS 的 ECU（或 TPMS 接收器）、TPMS 传感器，在 TPMS 系统部件中，TPMS 传感器安装在各个轮胎里面，其作用是测量轮胎的充气压力及温度，将信号发送到 TPMS 的 ECU，以一定的频率通过 RF

（无线电）频率信号完成 TPMS 传感器的通信。

接车后，连接北京现代原厂诊断仪 HI-DS 读取 TPMS 轮胎监控系统的故障码，发现有 3 个故障码：C1334——传感器 3 硬件故障；C1662——自动学习失败；C1314——传感器 3 无线电通信 RF 故障（图 5-34）。看来这 3 个故障码为同一故障，系统存储的故障码 C1314 含义为左后传感器无线电通信不良，只有当 TPMS 控制单元没有接收到左后轮压力传感器的 RF 信号时，才会记录此故障码。

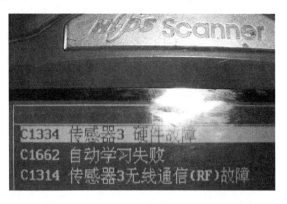

图 5-34　故障码

那么，该车的故障原因很有可能是左后轮传感器本身故障或是 TPMS 控制单元故障。用原厂诊断仪 HI-DS 读取了轮胎监控系统的数据流，在 HI-DS 诊断仪所显示的数据流中，该车的 3 号传感器（左后轮压力传感器）关于传感器的输出类型和传感器都显示为"UNKNOWN"，含义为不确定的或是未知的，而正常的压力传感器数据流在传感器输出类型上应显示为"INITIATED"，含义为触发，传感器电压应显示"NORMAL"，含义为正常。

通过对传感器数据流的对比，判断该车的故障原因为左后轮压力传感器故障。TPMS 相关电路如图 5-35 所示。

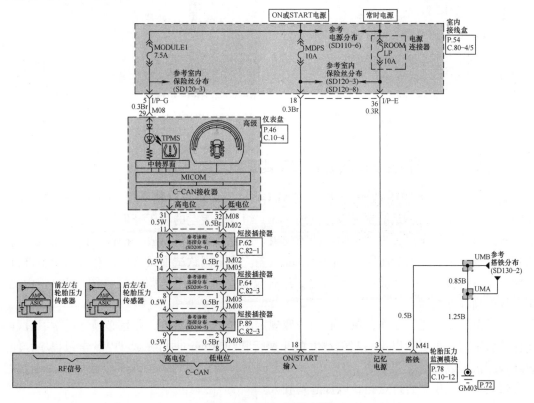

图 5-35　TPMS 相关电路

询问驾驶人得知，该车的左后轮胎原来扎漏过，在外面的补胎店补过胎，没几天就出现了轮胎压力警告灯点亮。将左后轮胎完全拆下后，发现轮胎压力传感器已经断裂并且完全分开了（图 5-36、图 5-37）。那么基本确定该车的故障原因是外面补胎店没有按照规范操作导致的。从零部件部拿来新的压力传感器更换后，发现轮胎压力警告灯还是点亮。找到维修手册，发现在更换新的压力传感器后需要对压力传感器进行注册，注册的方式有两种，一种是自动注册，另一种是利用原厂控制单元 GDS 注册。

故障排除 自动注册就是在更换新的压力传感器之后，驾驶车辆以 20km/h 以上的速度行驶 7min，就能完成自动注册。于是将车以平均 30km/h 的速度行驶 5min 后，轮胎压力警告灯自动熄灭，故障排除。

技巧点拨：对于配备轮胎监控系统的车辆，在拆装轮胎的过程中，一定要避开气门嘴（压力传感器），必须规范操作，以免带来不必要的麻烦。

图 5-36 已经分开的轮胎压力传感器

图 5-37 损坏的轮胎压力传感器在轮胎的位置

二、2018 款现代悦动胎压警告灯不能正常点亮

故障现象 一辆 2018 款现代悦动，搭载 G4FG 发动机，行驶里程 700km。驾驶人反映，车辆在左后轮胎压力不足的状况下行驶约 3km，组合仪表上的胎压警告灯始终没有点亮。

故障诊断 接车后首先试车验证故障现象。对左前轮胎进行放气操作，进行路试，行驶约 8km，组合仪表上的胎压警告灯的确不能点亮。找来同款试乘试驾车，对左前轮胎进行放气操作，进行路试，当行驶约 2.5km 时，组合仪表上的胎压警告灯点亮（图 5-38），由此说明车辆的确存在故障。

为了保证系统正常工作，系统必须按照规定的程序进行重置，并且必须通过学习过程来保存轮胎压力。重置后以 40～120km/h 的车速行驶约 30min 即可完成 TPMS 学习程序，使用故障检测仪可以查看学习状态。TPMS 学习完成后，当检测到一个或多个轮胎压力不足时，组合仪表上的胎压警告灯点亮，以提醒驾驶人。

将试乘试驾车的左前轮胎压力调整至标准压力 230kPa，按下胎压设置按键 3s 以上从而

图 5-38　组合仪表上的胎压警告灯点亮

完成 TPMS 重置。进行路试学习，用故障检测仪读取 TPMS 数据流，发现车轮半径模块学习指标值会在 0%~100% 不停上浮。当车轮半径模块学习指标值达到 100% 时，再次对左前轮胎进行放气操作，继续读取 TPMS 数据流，发现预警指标值和刺穿检查模块预警指标值从 0%~100% 不停上浮，当两者的值达到 100% 时（图 5-39），组合仪表上的胎压警告灯立即点亮。按照上述测试方法对驾驶人的车辆进行重置和路试学习，行驶约 30min，发现车轮半径模块学习指标值一直显示为 6%，无法达到 100%。根据上述检查结果，分析认为造成车轮半径模块学习指标无法完成的可能原因有轮胎型号存在不一致，轮速传感器故障，ESC 控制模块故障。

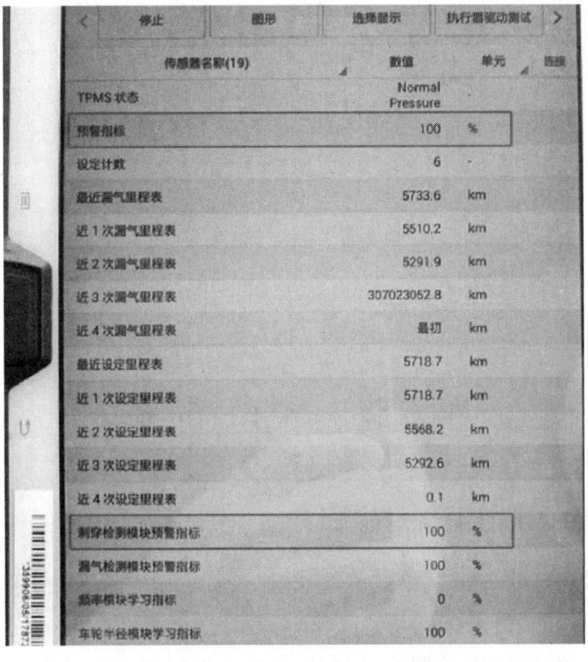

图 5-39　读取的 TPMS 数据流

本着由简入繁的诊断原则，首先对轮胎型号进行检查，未发现异常。难道是轮速传感器有故障？但是在路试学习过程中发现 4 个轮速传感器数据并无异常，且 ESC 控制模块内也无故障码存储。为了保险起见，维修人员将试乘试驾车的 4 个轮速传感器更换到故障车上，进行重置和路试学习，发现车轮半径学习模块指标值能够达到 100%。怀疑是轮速传感器故障，但 4 个轮速传感器不可能同时出现故障，为了判断故障究竟是由哪个轮速传感器引起的，维修人员将故障车的轮速传感器逐一安装到试乘试驾车上进行测试，未发现任何异常。难道拆装一下轮速传感器就正常了？带着这样的疑问，仔细检查故障车的轮速传感器，发现右前轮速传感器表面有划伤（图 5-40）。检查右前轮速传感器安装孔，发现仍然有少许细小的铁屑吸附在轮毂轴承内壁上，推测之前在路试学习过程中，铁屑的量可能更多，进而影响到路试学习。

故障排除　清除右前轮毂轴承内壁上的铁屑，按照上述方法继续测试，组合仪表上的胎压警告灯正常点亮，故障排除。

> **技巧点拨：**查阅相关资料得知，为了确保车辆的行驶安全，当轮胎压力不足时，轮胎压力检测系统（TPMS）向驾驶人发出警报。间接式 TPMS 利用电子稳定控制系统（ESC）的轮速信号分析车轮旋转半径和轮胎刚性的变化，以此判断轮胎压力是否充足。系统由 ESC 控制模块、4 个轮速传感器、胎压警告灯和胎压设置按键组成。

图 5-40　右前轮速传感器表面有划伤

第五节　丰田车系

一、丰田塞纳轮胎压力警告灯报警

故障现象　一辆 2010 款丰田塞纳轿车，驾驶人借出车辆后，因为轮胎漏气，在外修补了轮胎，从此轮胎压力警告灯开始报警。

故障诊断　首先，根据使用手册中的操作步骤，进行轮胎压力警告灯的初始化操作，方法是按住转向盘左侧仪表板左下方的轮胎压力"SET"（设定）按钮，打开点火开关至 ON 档，保持 5s 以上，然后松开，当听到 3 声蜂鸣器的报警后，设定完成，如系统正常，则仪表板上的轮胎压力警告灯熄灭。但进行如上操作后，故障灯依旧闪烁。

使用专用检测仪，选择底盘/轮胎压力检测系统/DTC，得到故障码 C2123——接收不到发射器 ID3 的数据。

查看图 5-41 所示数据流，ID3 发射器的代码，其数字编码信息前面带有一"i"号。查看 4 个轮胎压力传感器的数值，发现 ID3 的数值为 100kPa，而其余 3 个轮胎压力传感器的数值为 370kPa 左右。

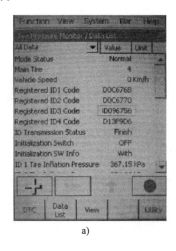 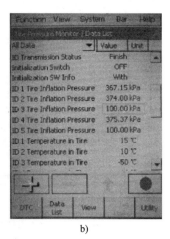

图 5-41　故障数据流

接下来确定哪个轮胎是 ID3 发射器所在车轮。从左前轮开始，边观察数据流，边排放轮胎中的空气，如轮胎压力数据随轮胎气压减少而降低，则说明该气压传感器工作正常。根据以上方法，当检查到右后轮胎时，发现无论如何改变轮胎气压，ID3 的数据也不变，而其余几个传感器 ID1、ID2、ID4 的气压数据均与 3 个轮胎的压力变化成正比。这说明，问题发生在右后轮胎。拆检右后轮，发现传感器 ID3 已损坏。

故障排除　订购一新的轮胎压力传感器，装置到轮辋上。将新换上的 ID3 传感器编码写入到轮胎压力检测 ECU 中。

> **技巧点拨**：在完成轮胎压力传感器认证以后，维修工作并没有完全结束，还需要对轮胎压力传感器的数据进行初始化操作，如未进行初始化操作，ECU 就不会接收来自传感器的信息，同时 ECU 会记录 C2126 未收到主发射器信号的故障码。此时，只要按下轮胎压力设定按钮并保持 5s，则 ECU 将记录其中任一发射器代码，再依次按下轮胎压力设定按钮，ECU 将记录所有发射器发送的轮胎压力数据。图 5-42 所示是所有 4 个发射器轮胎压力数据记录完成的情况，此时，仪表板上的轮胎压力指示灯熄灭，系统恢复正常。

二、雷克萨斯 ES250 胎压监测无法显示

故障现象　一辆雷克萨斯 ES250，配置 2AR 发动机。驾驶人反映车辆的胎压无法正常显示，一直显示为横线，胎压灯不报警，但是有的时候行驶一段时间后，胎压又可以正常显示。驾驶人表示前几天刚出现此故障，最近也没动过什么东西，平时开车之前总要先检查每个轮胎的压力，现在无法检测到胎压对行驶造成一定影响。要求给予解决。

故障诊断 接车后，首先验证故障现象，确实如驾驶人反映的一样，胎压显示不出来，如图 5-43 所示。

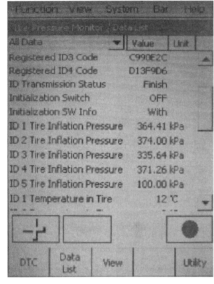

图 5-42　正常数据流

图 5-43　故障现象

胎压灯不亮，尝试重新做初始化，但是故障依旧。重新做初始化后，开出去行驶了一段时间，但是胎压依旧无法正常显示。初步分析为系统故障或轮胎位置识别未完成。

怀疑：①初始化未完成；②胎压未注册到位；③胎压传感器；④车门控制接收器；⑤信号干扰。

重新测量 5 个轮胎的压力，调整至标准值 2.5，接着重新对胎压灯重置，在重置过程中发现胎压灯闪烁 3 次，然后熄灭，说明胎压系统能正常进行初始化操作。重置之后，仪表依旧无法显示胎压。接着连接诊断仪，进入胎压监测 ECU 模块，无任何故障码存在，如图 5-44 所示。查看当前数据，5 个轮胎的胎压压力和胎压温度都能正常读取，

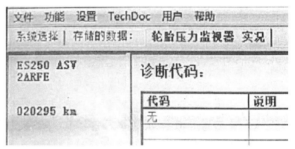

图 5-44　无故障码存在

如图 5-45 所示，且胎压系统状态显示为正常，每个胎压传感器的电量也正常。从数据上分析，没有任何异常，一时没有了思路。冷静下来仔细分析，怀疑是轮胎 ID 注册时没有注册好，于是抄写 5 个轮胎的 ID 代码，重新登记和录入，在登记好之后重新做初始化，然后起动车辆，故障依旧，仍然无法显示轮胎压力。

难道是轮胎位置无法识别？通过观察电路图，得知胎压监测 ECU 将轮胎压力等信息输出至主车身 ECU，主车身 ECU 通过 CAN 通信输出至组合仪表，然后在仪表内显示胎压信息。难道是 CAN BUS 系统有故障？于是进入车身网络系统，没有任何故障码，说明车身网络系统是正常的。那仪表为什么接收不到胎压信息呢？难道是有干扰？于是查看车内是否有

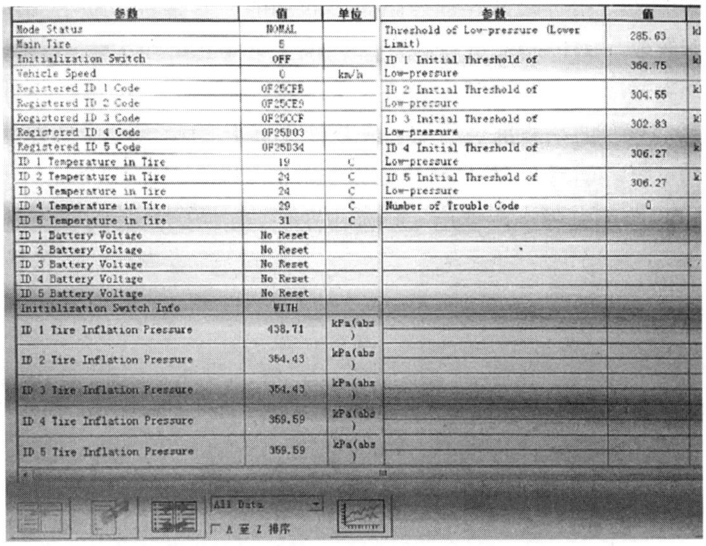

参数	值	单位
Mode Status	NOMAL	
Main Tire	5	
Initialization Switch	OFF	
Vehicle Speed	0	km/h
Registered ID 1 Code	0F25CFB	
Registered ID 2 Code	0F25CE9	
Registered ID 3 Code	0F25CCF	
Registered ID 4 Code	0F25B03	
Registered ID 5 Code	0F25B34	
ID 1 Temperature in Tire	19	C
ID 2 Temperature in Tire	24	C
ID 3 Temperature in Tire	24	C
ID 4 Temperature in Tire	29	C
ID 5 Temperature in Tire	31	C
ID 1 Battery Voltage	No Reset	
ID 2 Battery Voltage	No Reset	
ID 3 Battery Voltage	No Reset	
ID 4 Battery Voltage	No Reset	
ID 5 Battery Voltage	No Reset	
Initialization Switch Info	WITH	
ID 1 Tire Inflation Pressure	438.71	kPa(abs)
ID 2 Tire Inflation Pressure	354.43	kPa(abs)
ID 3 Tire Inflation Pressure	354.43	kPa(abs)
ID 4 Tire Inflation Pressure	359.59	kPa(abs)
ID 5 Tire Inflation Pressure	359.59	kPa(abs)

参数	值
Threshold of Low-pressure (Lower Limit)	285.63
ID 1 Initial Threshold of Low-pressure	364.75
ID 2 Initial Threshold of Low-pressure	304.55
ID 3 Initial Threshold of Low-pressure	302.83
ID 4 Initial Threshold of Low-pressure	306.27
ID 5 Initial Threshold of Low-pressure	306.27
Number of Trouble Code	0

图 5-45　轮胎数据可以正常读取

加装物品，发现该车只加装了飞歌导航，没有其他加装物品。怀疑是由于导航引起的干扰（倒车时的倒车轨迹需要从 CAN BUS 上接收转向盘转角度信号）。于是查阅电路图，拔下 5A RADIO－ACC 和 15A TV 熔丝后，导航和收音机都无法工作，再次起动车辆，发现故障依旧，说明并不是 CAN 信号干扰导致的，那还有什么原因呢？胎压系统又没有任何故障码，数据流也看不出任何问题，再次陷入僵局。

故障排除　再次询问驾驶人，驾驶人说就前一段时间才出现这种情况，询问驾驶人有没有在外面补过轮胎，驾驶人说没有做过任何项目。进行一番思索之后，怀疑还是某个胎压传感器有间歇性故障，为了快速判断是否是胎压传感器的问题，于是对每个轮胎进行放气，看放气后的胎压是否与数据流中显示的胎压一致。经测试终于发现了异常，在对左后轮胎进行放气的时候，其数据流 ID2 Tire Inflation Pressure 显示的轮胎压力会间歇性地变化成 NG（错误）。说明该胎压传感器存在间歇性不良，将其拆下后，发现胎压传感器损坏，更换之后重新注册，发现仪表可以正常显示胎压，至此故障排除。

技巧点拨：再次与驾驶人沟通后得知，是驾驶人的朋友在外面补过轮胎，所以在检查问题的时候，驾驶人所给的信息不一定正确，我们在诊断的时候一定要仔细。

第六节　其 他 车 型

一、长城哈弗 H1 胎压故障灯和 ESP 故障灯点亮

故障现象　一辆长城哈弗 H1，行驶里程 34002km。在出事故后进行了维修，之后仪表上的胎压故障灯和 ESP 故障灯点亮。

故障诊断　用诊断仪读取故障码，显示胎压位置未学习的故障码（图 5-46）。

用道通 TS508 胎压专用解码器，选择高级诊断功能，直接选择激活胎压传感器的检测方式，对 4 个车轮的轮胎压力传感器进行触发，发现 4 个车轮的压力传感器都有正常反馈，说明 4 个车轮内部都安装了可以使用的传感器。接下来，根据仪器提示，进行位置学习。

根据仪器提示，对左前、右前、右后、左后 4 个车轮的胎压传感器进行学习，位置学习完成后，按仪器提示将诊断线与 OBD 插座连接好，按确定后仪器显示"正在将传感器 ID 写入 ECU"，如图 5-47 所示。写入完成后，仪器显示"学习成功"，如图 5-48 所示。

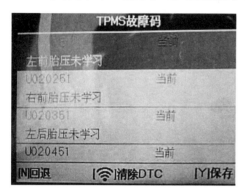

图 5-46 故障码

图 5-47 OBD 学习

再次进入车身系统，清除故障码后，重新读取故障码，显示系统正常。此时仪表上的胎压故障灯熄灭，中央显示屏出现 4 个车轮的胎压数据，如图 5-49 所示。

再用诊断仪进入系统，显示防滑驱动系统有两个转向角未学习的故障码，按仪器提示进行转向角学习，直接按压相关按钮，学习完成。清除故障码后，再次读取故障码，显示系统正常，但仪表上的故障灯仍旧点亮。

故障排除 在驻车制动手柄下面找到 ESP 开关后，将开关拆下，发现插头松脱，重新插紧插头后，故障灯熄灭，经过试车，各项功能正常，确认全部故障排除。

图 5-48 学习成功

技巧点拨：该车有两个故障，分别是胎压传感器未进行位置学习、转向角未学习。用专用设备进行学习后，故障排除。胎压传感器位置学习完成后，通过 OBD 插座写入车身 ECU，完成整个学习流程。

二、2015 款捷豹 XFL 胎压警告灯异常点亮

故障现象 一辆 2015 款捷豹 XFL，搭载 2.0GTDi 发动机，行驶里程 8.2 万 km。驾驶人反映，车辆行驶过程中，组合仪表上的胎压警告灯异常点亮，同时组合仪表信息中心提示"轮胎压力系统故障"（图 5-50）。

图 5-49 仪表显示

图 5-50 组合仪表信息中心的故障提示

故障诊断 接车后首先试车验证故障现象。接通点火开关，起动发动机，组合仪表上的胎压警告灯并没有点亮。询问服务顾问得知，组合仪表上的胎压警告灯有时会点亮，有时又会自行熄灭，车辆已来店检查过多次。询问之前的维修人员得知，第一次车辆来店检查时胎压警告灯的确是点亮的。当时用故障检测仪进行检测，读取到的故障码为"C1A56-31——左前轮胎压力传感器和发射器总成-无信号"。在检查过程中，发现4个轮胎都是刚换的，怀疑轮胎压力传感器在更换轮胎时损坏。在征得驾驶人的同意下，更换了左前轮胎压力传感器，清除故障码后试车，胎压警告灯不再点亮，于是将车辆交还给驾驶人。几天后车辆因相同的故障再次来店检查，用故障检测仪进行检测，读取到的故障码为"C1A56-31——左前轮胎压力传感器和发射器总成-无信号""C1A58-31——右前轮胎压力传感器和发射器总成-无信号""C1A60-31——左后轮胎压力传感器和发射器总成-无信号""C1A62-31——右后轮胎压力传感器和发射器总成-无信号"（图 5-51）。难道是更换的轮胎对轮胎压力传感器信号传递有干扰？带着这样的疑问，维修人员将店内试乘试驾车的轮胎（含轮胎压力传感器）全部替换到故障车上，并让驾驶人后期使用中继续观察，结果今天驾驶人来店反映故障现象依然存在。

经过再次分析认为，所有轮胎压力传感器同时损坏的可能性非常小，应该找到引起4个轮胎压力传感器信号传递错误的公共故障点。为此查阅轮胎压力监测系统相关介绍，判断造

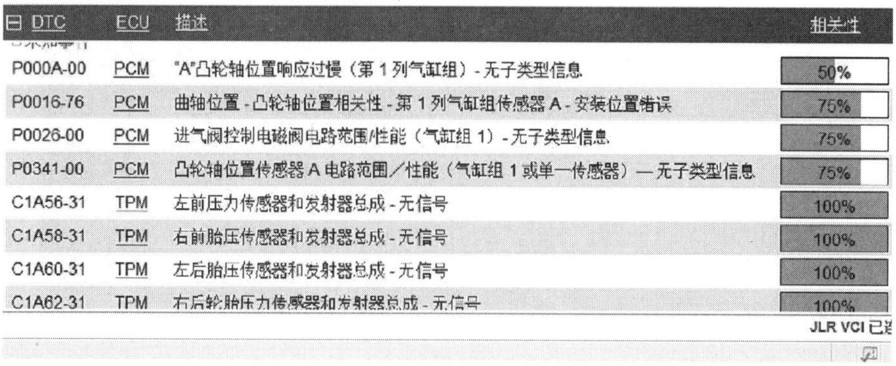

DTC	ECU	描述	相关性
P000A-00	PCM	"A"凸轮轴位置响应过慢（第1列气缸组）- 无子类型信息.	50%
P0016-76	PCM	曲轴位置 - 凸轮轴位置相关性 - 第1列气缸组传感器A - 安装位置错误	75%
P0026-00	PCM	进气阀控制电磁阀电路范围/性能（气缸1）- 无子类型信息.	75%
P0341-00	PCM	凸轮轴位置传感器A电路范围/性能（气缸组1或单一传感器）— 无子类型信息	75%
C1A56-31	TPM	左前压力传感器和发射器总成 - 无信号	100%
C1A58-31	TPM	右前胎压传感器和发射器总成 - 无信号	100%
C1A60-31	TPM	左后胎压传感器和发射器总成 - 无信号	100%
C1A62-31	TPM	右后轮胎压力传感器和发射器总成 - 无信号	100%

图 5-51　读得的故障码

成 4 个轮胎压力传感器信号传递错误的故障原因有：轮胎压力监测系统（TPMS）接收器故障；TPMS 模块故障；相关线路故障；外部信号干扰源。

本着由简入繁的诊断原则，首先对车辆进行常规检查，发现在前风窗玻璃上安装有一个 ETC（电子自动缴费）卡，未发现车辆有任何其他改装。建议驾驶人暂时先拆除 ETC 卡，驾驶人表示同意。另外，根据上述故障码的维修指引，在排除轮胎压力传感器和轮胎这两个因素后，给出的修理指导意见是更换 TPMS 接收器。于是更换 TPMS 接收器，同时将 TPMS 模块配置到最新版本。进行路试，故障未再出现，将车辆交还给驾驶人，并嘱咐驾驶人后期使用中继续观察。

3 天后驾驶人来店反映故障依然存在，根据驾驶人拍摄的视频，发现故障的出现没有任何规律，城市道路和高速公路均会出现，且未发现周围有任何信号干扰源。根据相关电路（图 5-52），连接外接电源，接通点火开关，用万用表测量 TPMS 接收器供电端子 C3MC45 - 3 的电压，为 13.05V，测量搭铁端子 C3MC45 - 2 的电压，为 0.01V，由此说明 TPMS 接收器的供电和搭铁正常。测量 TPMS 模块供电端子 C3MC39B - 16 的电压，为 13.10V，测量 TPMS 模块点火控制信号端子 C3MC39B - 8 的电压，为 13.10V；断开点火开关，测量 TPMS 模块点火控制信号端子 C3MC39B - 8 的电压，为 0.01V；测量搭铁端子 C3MC39B - 12 的电压，为 0V，由此说明 TPMS 模块的供电和搭铁也正常。断开 TPMS 接收器导线插接器 C3MC45 和 TPMS 模块导线插接器 C3MC39B，测量 TPMS 接收器导线插接器 C3MC45 端子 1 与 TPMS 模块导线插接器 C3MC39B 端子 4 之间的线路，无短路、断路故障，怀疑是 TPMS 模块故障。尝试更换 TPMS 模块后试车，故障依旧。

诊断至此，维修彻底陷入了僵局，厂家技术人员经过调查，认为安装在中央控制台处的 TPMS 接收器可能受到车辆其他控制模块的电磁干扰，特别是附近的娱乐系统控制模块，建议调整 TPMS 接收器的安装位置。根据厂家技术人员给出的修理指导意见，延长 TPMS 接收器的线路至前排乘客侧车顶内衬上方，并将 TPMS 接收器安装到前排乘客侧车顶内衬上方相应位置，调整后反复试车，上述故障现象不再出现。

故障排除　调整 TPMS 接收器的安装位置，将车辆交还给驾驶人，1 个月后进行电话回访，驾驶人反映上述故障现象未再出现，至此，故障彻底排除。

第五章 轮胎压力检测系统维修技能与技巧点拨

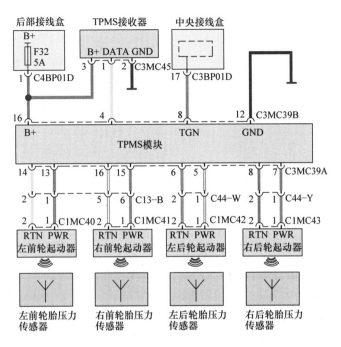

图 5-52 轮胎压力监测系统控制电路

技巧点拨：2015 款捷豹 XFL 轮胎压力监测系统（TPMS）主要由 TPMS 模块、TPMS 接收器、起动器及轮胎压力传感器等组成。

三、2012 款雪铁龙 C5 仪表显示右后轮胎压低

故障现象　一辆 2012 款雪铁龙 C5，配置自动变速器和自动空调系统。仪表显示右后轮胎压低，但用胎压表检测压力，压力不低，并且给右后轮补充气后，也无法排除故障。驾驶人怀疑是右后轮胎压传感器损坏，打算更换新的胎压传感器。

故障诊断　用道通 508 专用胎压匹配仪进行检测，进入智能诊断菜单后，根据仪器提示选择正确车辆生产日期后，仪器提示需激活胎压传感器。

首先从左前轮开始，依照左前、右前、右后、左后的顺序逐个激活 4 个车轮的胎压传感器，4 个车轮的胎压传感器顺利激活，完成了位置学习。接着仪器提示连接 OBD 插头，如图 5-53 所示。再按仪器提示进行操作后，将 4 个车轮的胎压数据写入车身控制单元，最后显示"写入成功"。

然后起动车辆进行路试，行车几十米，仪表提示"左后轮气压过低"，用胎压表检测左后轮胎压确实偏低，才 150kPa。重新打到 230kPa，再检查其他 3 个车轮，都按要求补足气后，再次进行了位置学习。

图 5-54 所示是往车身控制单元写入胎压传感器数据界面。从图 5-54 可以看到，完成位置学习后，每个车轮的实际胎压就会显示，并且从图 5-55 右下角可以看到无故障码，以及每个轮胎压力传感器的位置、编码、压力、温度和电量信息。按图 5-54 显示，该车 4 个胎

压传感器工作正常。

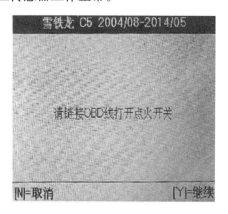

图 5-53　仪表提示连接 OBD 插头

传感器状态

位置	ID(Hex)	P(Kpa)	T(°C)	电量
左前	CE25C6F6	219	28	正常
右前	CE24C34C	212	28	正常
右后	CE25C73A	238	27	正常
左后	CE25C79D	220	29	正常

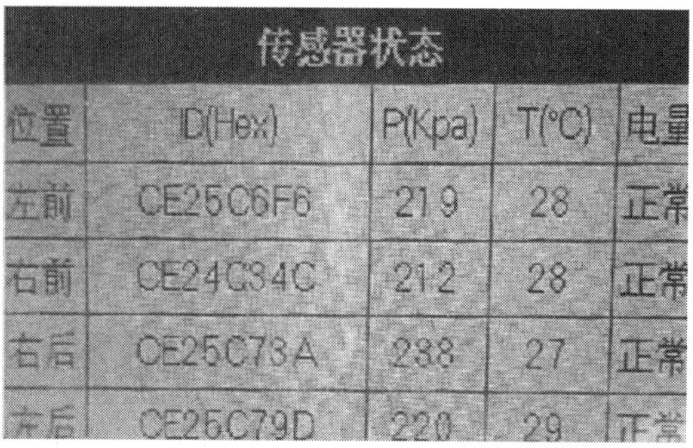

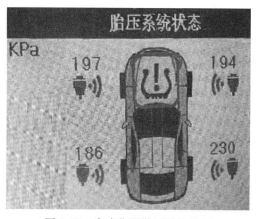

图 5-54　传感器数据写入车身控制单元前的界面

按仪器提示，重新将设备连接到诊断座上，连接好诊断线后，打开点火开关，按继续后，仪器提示“将各传感器数据写入”，按确定键后，显示“写入成功”。再次试车，仪表不再显示胎压故障，故障排除。

该车故障排除过程中有一个疑问，为什么驾驶人建议更换右后轮胎压传感器，而检测出左后轮胎压低呢？与驾驶人沟通后得知以前的维修经过，该车仪表一直提示“右后轮气压低”，在其他修理厂给右后轮补气后无效，所以怀疑是胎压传感器损坏。

图 5-55　完成位置学习后的界面

故障排除　逆向分析推理，可能是在上一次维修中，将两后轮轮胎左右位置装反，并且没有进行位置学习，这样当左后轮气压过低时，仪表收到信号后，根据原来记忆判断为右后轮胎压过低（实际上当前位置是在左后），误将左后轮报告成右后轮，当然，给右后轮补气不能排除故障。在进行位置学习后，已经将正确的轮胎位置信息进行了重新改写，所以仪表所报告的信息与实际情况一致，经过补气后问题解决。

技巧点拨：此车是因为两后轮轮胎换位后，没有进行位置学习，从而引起仪表误报故障，经过位置学习操作后，顺利排除了故障，没有专用设备很难想象会有这样的问题。此车胎压传感器激活时，点激活键后，仪器显示激活图标动态变化，大约需 20s，才能完成一个传感器的激活操作，激活完成后，显示当前轮胎的胎压数据。该车 OBD 诊断座位置变速杆前的扶手箱内，打开扶手箱后就能看到，我们在查找诊断插座时费了点时间。

四、江淮瑞风 S7 胎压警告灯点亮

故障现象　一辆 2017 年江淮瑞风 S7，车辆型号为 HFC6480E1CTV，搭载 HFC4GC1.6D 发动机，行驶里程 1700km，因仪表板上的胎压警告灯点亮而进厂检修。

故障诊断 接车后首先试车验证故障现象,接通点火开关,起动发动机,进行路试,行驶一段时间后,仪表板上的胎压警告灯点亮(图5-56),同时仪表板信息显示中心提示"胎压过高"。分析认为造成故障的可能原因有:轮胎压力过高;轮胎压力标定有误;轮胎压力信号传输受到干扰;胎压控制器及其相关线路故障。

图5-56 仪表板上的胎压警告灯点亮

用电子胎压检测仪测量4条轮胎的实际压力,均约为240kPa,比标准压力偏高一些(瑞风S7轮胎的标准压力为230kPa),将4条轮胎的压力调整至标准压力,重新完成胎压监测系统学习后试车,故障依旧。用手机蓝牙诊断进入胎压控制系统(TPMS)进行检测,无当前及历史故障码存储。读取胎压控制器实时数据时,发现轮胎标准压力的设定值为96.25kPa(图5-57)。正常情况下,瑞风S7胎压控制器的轮胎标准压力设定值应为230kPa,也就是说胎压控制器实际标定的轮胎标准压力低于控制器设计的轮胎标准压力(标准压力是根据报警阈值计算的,报警阈值为标准压力的75%～125%),故在行驶过程中误报胎压过高的故障。

图5-57 读取胎压控制器实时数据

故障排除 使用手机蓝牙进入胎压控制系统，先点击"数据写入"，再点击"标准压力"，输入瑞风 S7 的轮胎标准压力值 230kPa（图 5-58），点击"确认"。陪同驾驶人共同试车，胎压警告灯不再点亮，至此，故障彻底排除。

> **技巧点拨**：江淮瑞风 S7 配备航盛轮胎压力监测系统，在对调车轮位置和更换轮胎压力传感器后，需要使用手持式 TMPS 多功能测试仪（图 5-59）实现轮胎位置绑定学习及轮胎压力传感器的更换学习。

图 5-58 输入瑞风 S7 轮胎的标准压力值

图 5-59 手持式 TMPS 多功能测试仪

五、福特锐界胎压监测系统偶尔无法正常显示

故障现象 一辆 2016 年福特锐界，搭载 Ecoboost 2.7T 发动机和自动变速器，行驶里程 1.5 万 km，因胎压监测系统偶尔无法正常显示而进厂检修。

故障诊断 接车后试车验证故障现象，故障现象并未出现。经询问驾驶人得知，该车胎压监测系统有时会出现不显示胎压的故障现象，故障现象发生时，仪表上的胎压显示为"－－－"。由于故障为偶发故障，维修人员首先对车辆进行常规检查。连接福特专用故障检测仪（IDS），调取故障码，无故障码存储。对车辆进行网络测试，各系统均显示为"合格"。

根据该车的故障现象分析可知，故障发生时，仪表上 4 个车轮的胎压均显示为"－－－"，而 4 个轮胎压力传感器同时损坏的可能性不大，因此可以初步排除轮胎压力传感器故障的可能。

使用轮胎压力校准工具校准胎压，可以成功执行校准程序，考虑到故障具有偶发特性，怀疑线路接触不良的可能性较大。尝试将车辆开到颠簸路面上测试，不久故障现象果然出现了，这说明车身的剧烈晃动与故障具有相关性，接下来的排查重点就落在线路上了。

理清轮胎压力监测系统的工作原理后，维修人员决定对涉及的各模块及其相关线路进行逐一排查。首先根据电路（图 5-60）检查 RTM 的相关电路，找到 RTM 的导线插接器 C9026

所在的线束，晃动此线束，故障现象出现，看来故障点就在 RTM 的线路上。接着断开导线插接器 C9026，测量其端子 6 的电压，为 12V，正常；测量其端子 1 与搭铁之间的导通情况，导通良好；测量端子 3 所在的 MS CAN－导线，发现端子 3 较其他端子有轻微的退缩现象，怀疑故障现象就是由此产生的。

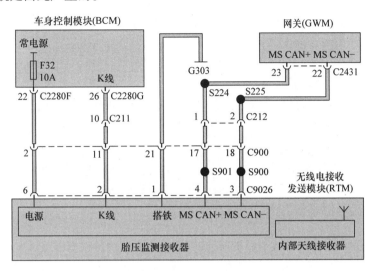

图 5-60　RTM 相关电路

故障排除　在对导线插接器 C9026 各端子进行仔细测量后，未发现其他异常。于是对导线插接器 C9026 端子 3 进行修复后装复试车，故障现象始终未再出现，将车交还给驾驶人。1 个月后进行电话回访，确认故障现象未再出现，故障彻底排除。

> **技巧点拨**：由图 5-61 可知，轮胎压力传感器将监测到的轮胎压力信息通过无线电信号传递给车辆的无线电接收发送模块（RTM）；RTM 再通过 MS CAN（中速 CAN 总线）将获取到的信号发送到网关（GMW），然后再经过 HS CAN1（高速 CAN 总线 1）传递给 BCM；BCM 对信号进行处理后，将轮胎压力通过 GWM 传递给仪表进行显示。

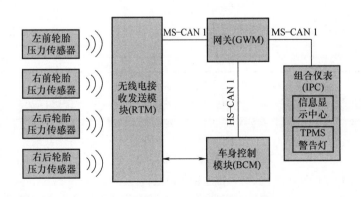

图 5-61　轮胎压力监测系统工作原理

六、2016 款荣威 E550 HYBRID 有时无法起动,侧滑灯/胎压灯亮

故障现象　一辆 2016 款荣威 550 HYBRID,配置 1.5L 发动机,行驶里程 4327km。驾驶人反映在起动时,有时侧滑灯和胎压灯同时报警(图 5-62),有时无法起动。

图 5-62　仪表显示

故障诊断　接车后经多次试车,故障未再现。连接诊断仪检查发现 ESCL 有故障码,见表 5-4。根据故障码检查 ESCL 模块电源、搭铁及接插件未见异常。对换了同车型 ESCL 模块试车多次,故障不再出现。一时也无法判断结果如何,先把车辆交给驾驶人,跟踪一下使用情况。

过了两天驾驶人又进站反映,使用中故障还是多次出现。维修人员详细询问驾驶人得知:出现故障时车辆可以正常行驶,READY 灯正常,打方向正常,重新起动车辆故障灯会熄灭。

经上述现象分析初步认为:ESCL 工作正常,车辆各系统工作正常。造成此故障的原因很可能是加装的设备干扰或车辆其他模块软件不是最新版本造成不匹配,但实际检查均未发现问题。再进一步检查发现 ABS 有故障码,如图 5-63 所示。

表 5-4　故障码说明

序号	故障码	故障类型	定义	状态	MIL 灯	次数	冻结帧
1	B1701	29	ACC 状态不匹配	当前			
2	U1176	00	车速信号异常	当前			

WIN:LSJW26761GS040599	路径:ABS/SCS/诊断/故障码
故障码	定义
C0040	制动灯开关故障:不可信

图 5-63　故障码

维修人员认为从故障码和电路图(图 5-64、图 5-65)分析,有可能是制动开关信号干

扰，试换一个制动开关，在所有检查结束后清除故障码，然后试车多次故障未再现。用VDS检查，故障码B1701、U1176仍然存在，只不过故障码变成偶发存在。

怀疑之前的维修仍没有找到故障根源，于是重新整理思路，暂时不考虑驾驶人描述的现象，重点对故障码动态数据进行分析，如图5-66所示。

从上面的冻结帧可以发现，出现故障时附件档处于关闭状态（注：附件档即ACC点火开关1档位置时的蓄电池电源，也就是电路图中"KLR"的电源编号）。于是通过给附件档断电来模拟车辆现象，发现驾驶人描述的故障灯点亮了，同时转向无法工作，制动灯不亮，车辆无法上电，车辆无法挂档。与驾驶人描述的转向正常、行驶正常完全矛盾。但根据冻结帧和电路图说明车辆应该会出现故障灯点亮，同时转向无法工作，制动灯不亮，车辆无法上电，车辆无法挂档的现象。不得已只有不停试车看故障再现到底什么情况。

故障排除 在和驾驶人沟通中驾驶人反映早上冷车出现频率高些。通过两日试车终于试出故障，此时检查点火开关附件档FC007-6根本没电，与我们断电模拟的现象一样，最终可以确定故障点为点火开关问题，更换点火开关试车一切正常。

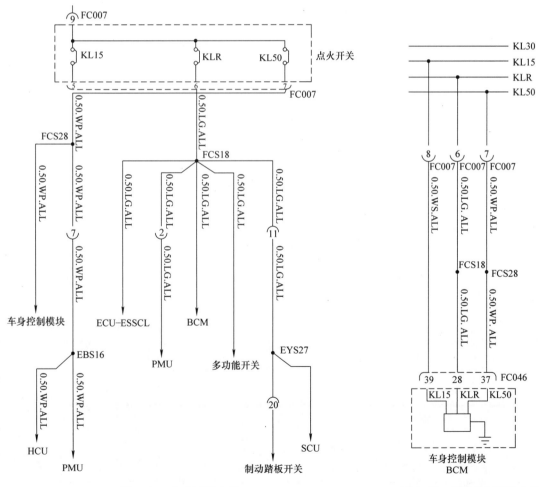

图5-64 点火开关电路　　　　　　　　　　图5-65 车身控制模块电路

冻结帧信息

VIN：LSJW26761GS040599　　路径：ESCL ECU/诊断/故障码

故障码	定义	
B1701	ACC状态不匹配	当前

序号	项目	数值
1	ECU 电压	14.3
2	点火开关 1 挡（辅助）电路信号	关闭
3	发动机运行状态网络信号	关闭
4	点火开关 2 挡（运行）网络信号	打开
5	点火开关 3 挡（启动）网络信号	关闭
6	点火开关 1 挡（辅助）网络信号	打开

图 5-66　数据流

技巧点拨：维修中要抓住问题的重点，从造成故障的系统原理着手。做到面面俱到的系统分析。抓住驾驶人描述的故障重点，同时不能过于相信驾驶人的所有描述。此故障中驾驶人描述的现象实际为第一次起动发现故障灯点亮后，再次起动故障灯亮是系统正常工作的现象。